墨香禅意

邓绍秋 著

中国古代禅宗书画观研究

U0453919

管基金项目（项目编号：16BZW018）

知识产权出版社

全国百佳图书出版单位

——北京——

图书在版编目（CIP）数据

墨香禅意：中国古代禅宗书画观研究 / 邓绍秋著 . -- 北京：知识产权出版社，2021.10
ISBN 978-7-5130-7970-9

Ⅰ.①墨… Ⅱ.①邓… Ⅲ.①禅宗—美学思想—研究—中国—古代 Ⅳ.① B946.5

中国版本图书馆 CIP 数据核字（2021）第 262440 号

内容提要

本书在借鉴禅宗书画美学研究、中国古代书画研究、图像本体诠释与当代美育话语建构研究成果的基础上，以禅宗书画观为切入点，运用图像本体诠释方法，考察了禅宗书画观的生成语境、演变历程、本体诠释及美育价值。本书不仅对禅宗书画观进行了本体诠释，而且比较了禅宗书画观与图像本体诠释之异同。全书包括生成论、本体论、价值论三编内容。

本书系国家社科基金项目成果，适合美学研究者阅读。

责任编辑：李　婧　　　　　　　　　　责任印制：孙婷婷

墨香禅意——中国古代禅宗书画观研究

MOXIANG CHANYI——ZHONGGUO GUDAI CHANZONG SHUHUAGUAN YANJIU

邓绍秋　著

出版发行：**知识产权出版社** 有限责任公司	网　　址：http://www.ipph.cn
电　话：010-82004826	http://www.laichushu.com
社　址：北京市海淀区气象路50号院	邮　　编：100081
责编电话：010-82000860转8594	责编邮箱：lijing@cnipr.com
发行电话：010-82000860转8101	发行传真：010-82000893/82003279
印　刷：北京中献拓方科技发展有限公司	经　　销：新华书店、各大网上书店及相关专业书店
开　本：720mm×1000mm　1/16	印　　张：17
版　次：2021年10月第1版	印　　次：2021年10月第1次印刷
字　数：280千字	定　　价：85.00元

ISBN 978-7-5130-7970-9

目　录

上编 禅宗书画观的生成论

中编 禅宗书画观的本体论

墨香禅意
——中国古代禅宗书画观研究

导　论

当我们回顾禅宗美学思想研究走过的历程，以及所取得成果的时候，发现较多学者都侧重于禅宗人生美学研究，而很少涉及禅宗艺术美学方面的问题，即对禅门高僧大德书画艺术观进行系统、深入研究的论著较少。其实，禅宗典籍中存在大量的书画美学论述与独特的艺术主张（即禅门中人的书画艺术见解与中国智慧）。禅宗书画观到底是如何形成与发展的？它的本体内涵是什么？禅宗书画观中的这种中国智慧对当下美育实践有哪些启发价值？笔者面对这些问题，激发了探索欲望，力求深入探讨禅宗书画观的生成演变、本体诠释和美育价值。笔者在导论部分将重点阐述四个问题：一是禅宗书画观的研究现状；二是禅宗书画观的研究内容；三是禅宗书画观的研究方法；四是本书的基本结构。

一、研究现状

有关禅宗书画观的研究现状，可从禅宗书画美学研究、对象相关性研究、方法相关性研究和目标相关性研究四个方面来了解。

（一）禅宗书画美学研究

学术界对禅宗美学的研究，大都注重从生命哲学的视角去发掘和解说，而很少关注禅宗艺术美学方面的问题。

皮朝纲先生作为当代禅宗美学研究园地的拓荒者，于 2009 年提出建立"中国美学文献学"的倡议，并对中国禅宗诗歌、书法、绘画等文献进行了精细化的发掘、整理与诠释，出版了"禅宗美学三书"：《丹青妙香叩禅心：禅宗画学著述研究》《墨海禅迹听心声：禅宗书学著述解读》《中国禅宗书画美学思想史纲》。皮先生通过具体实践探索，不仅为中国美学文献学建构积累了丰富的经验，同时也为新时代禅宗艺术美学思想研究指明了方向，他的"禅宗美学三书"是我们"接着说"的重要参考资料。

这里需要强调的是，皮先生对中国禅宗书画美学思想的研究思路十分清晰，将禅宗美学置于中国古典美学的大框架中，不断拓展研究领域。其中，《丹青妙香叩禅心：禅宗画学著述研究》《墨海禅迹听心声：禅宗书学著述解读》两书主要是从文献整理角度分别对中国禅宗画学和书学著述做的精细解读，为中国美学提供宝贵的文献支撑。《中国禅宗书画美学思想史纲》一书则是从纵向维度深入梳理、描述禅宗书画美学思想的发展轨迹，该书针对学术界忽视禅门艺术论研究的现状，重点研究历代禅门高僧的书画美学思想，对我们认识中国古代书画美学观念、范畴及具体问题均有佐证和借鉴意义，尤其对于本书研究禅宗书画观的内涵特质、美育价值具有重要的启发作用。

除了专著外，皮先生还发表了系列论文，如《南能北秀美学思想异同论》❶《论"观"——佛教美学札记》❷《紫柏真可的"文字般若"说与禅宗的审美主义》❸《对进一步拓宽、夯实中国美学学科建设基础的思考——以禅宗画学文献的发掘整理为例》❹《栖心大乘，每以笔墨而作佛事——"禅宗书学思想的现代诠释"之一》❺《拓宽中国美学史研究范围的新途径——开展禅宗书画美学思想史研究》❻《笑隐大䜣书画美学思想简论》❼《澹归今释书画美学思想的现代诠释》❽等，对禅宗书画美学范畴、命题、具体问题做出了深入独到的解析。皮朝纲先生的论著论文对本书的进一步研究，具有很重要的参考价值与借鉴意义。皮朝纲先生在禅宗书画美学文献整理方面表

---

❶ 皮朝纲.南能北秀美学思想异同论［J］.四川师范大学学报（社会科学版），1997（3）.

❷ 皮朝纲.论"观"——佛教美学札记［J］.绵阳师范学院学报，2008（3）.

❸ 皮朝纲.紫柏真可的"文字般若"说与禅宗的审美主义［J］.四川师范大学学报（社会科学版），2009（1）.

❹ 皮朝纲.对进一步拓宽、夯实中国美学学科建设基础的思考——以禅宗画学文献的发掘整理为例［J］.四川师范大学学报（社会科学版），2011（4）.

❺ 皮朝纲.栖心大乘，每以笔墨而作佛事——"禅宗书学思想的现代诠释"之一［J］.四川师范大学学报（社会科学版），2012（4）.

❻ 皮朝纲.拓宽中国美学史研究范围的新途径——开展禅宗书画美学思想史研究［J］.四川师范大学学报（社会科学版），2013（1）.

❼ 皮朝纲.笑隐大䜣书画美学思想简论［J］.宁波大学学报（人文社科版），2013（1）.

❽ 皮朝纲.澹归今释书画美学思想的现代诠释［J］.西南民族大学学报（人文社会科学版），2013（5）.

墨香禅意——中国古代禅宗书画观研究

现出无私奉献、一丝不苟、创新开拓的治学态度与执着精神。

除了皮朝纲先生之外，国内外还有少数学者对禅宗书画观进行了局部或细节研究，发表过一些对本课题有借鉴意义的观点。

首先，从国外学者来看。

英国学者苏立文在《山川悠远：中国山水画艺术》一书中指出："禅画实质上不是事物，而是行动。在不受时间限制的实际存在中，禅宗艺术超然于地域和历史之外。一说到它的历史，马上就陷入了自相矛盾之中。"他还做出解释："禅宗艺术家并不像文人画家或院派画家，他不在乎自己的风格来源或在传统中的地位。就此而言，在中国禅画是完全反历史的。"❶苏立文在《中国艺术史》中，对清画僧石涛的《画语录》深入论述，认为石涛的美学思想来源于早期宗炳和谢赫的美学理论，也受到佛家和道家隐喻传统的影响❷。这位酷爱中国艺术的外国学者对禅画的认识与独特的见解，值得我们认真借鉴和反思。

美国学者高居翰在《图说中国绘画史》一书中，充分肯定了南宋画僧牧溪的禅画及在日本的影响。高居翰还提醒我们，中国人从来没有对牧溪重视。现存出自其手的，或者鉴定为其所画的作品，大部分都保存在日本。❸高居翰对牧溪禅画的评价，给本书的研究带来极大的启发与鼓舞。

美国学者卜寿珊的专著《心画：中国文人画五百年》，阐述了绘画南北宗与禅宗关系问题。她说："禅宗术语确实构成了南北宗定义的基础"❹，这种做法受到当时文人诗学理论的影响。

日本学者松冈正刚的专著《山水思想》主要讨论日本山水画思想问题，并始终可见中国禅宗思想与禅宗书画的影响因素。他曾提到宋画僧牧溪在日本受欢迎的情况。说他的画格外有"味道"。有他那独特的"逸格"，并且还有"留白"。特别是"潇湘八景"当中的《烟寺晚钟图》好像整个被吸收进去一样❺。

❶ 迈珂·苏立文.山川悠远：中国山水画艺术［M］.洪再新，译.上海：上海书画出版社，2015：7.

❷ 迈珂·苏立文.中国艺术史［M］.徐坚，译.上海：上海人民出版社，2014：281-282.

❸ 高居翰.图说中国绘画史［M］.李渝，译.北京：生活·读书·新知三联书店，2014：104-105.

❹ 卜寿珊.心画：中国文人画五百年［M］.皮佳佳，译.北京：北京大学出版社，2017：273-274.

❺ 松冈正刚.山水思想［M］.韩立冬，译.北京：中国友谊出版公司，2017：164-165.

其次，国内也有部分学者对禅宗书画思想发表过有意义的观点，现简要介绍如下。

陈中浙的《一超直入如来地——董其昌书画中的禅意》，主要探讨了董其昌为何将禅宗引入绘画理论的缘由、具体表现和产生的影响三个大问题[1]。

张郁乎的《画史心香：南北宗论的画史画论渊源》一书，运用历史还原的方法，梳理了明代画家董其昌提出的南北宗论的兴起、形成过程，在绘画史中分析了南北宗论的丰富内涵与特殊价值[2]。

杨成寅的《搜尽奇峰：石涛画学全解》，是一部以清代画僧石涛画学思想为研究对象的巨著[3]。该书分上下两册，对石涛画学的基本概念、生平事迹、《画语录》《画法背景》、绘画形式和重要作品进行了全面深入的思考和解读。

关于论述石涛书画美学思想的专著还有郑拙庐的《石涛研究》[4]、韩林德的《石涛与画语录研究》[5]、苏荟敏的《石涛〈画语录〉美学思想研究》[6]、乔迅《石涛：清初中国的绘画与现代性》[7]。

朱良志的《八大山人研究》是以清代画僧八大山人作为研究对象的专著。该书分上下两编，上编九章主要阐述八大山人人生和艺术发展的重要思想，尤其对八大山人与禅宗曹洞宗的关系做了深入探究；下编十六章是关于八大山人生平事迹的考证，针对一些争议问题发表了独到的见解[8]。

卢辅圣的专著《中国文人画史》，专门讨论了文人画与禅学、禅画之间的异同。他引用弗洛伊德、荣格等人的理论，把禅宗画归结为幻想式艺术的范型。在这种创作情境中，题材、内容、形象诸构成要素不再受客观事物自然形态的拘束，大大淡化了乃至取消了艺术审美传统和创作规律的制约性[9]。

[1] 陈中浙.一超直入如来地——董其昌书画中的禅意 [M].北京：中华书局，2008.
[2] 张郁乎.画史心香：南北宗论的画史画论渊源 [M].北京：北京大学出版社，2010.
[3] 杨成寅.搜尽奇峰：石涛画学全解 [M].北京：故宫出版社，2015.
[4] 郑拙庐.石涛研究 [M].北京：人民美术出版社，1961.
[5] 韩林德.石涛与画语录研究 [M].南京：江苏美术出版社，1989.
[6] 苏荟敏.石涛《画语录》美学思想研究 [M].北京：中国社会科学出版社，2011.
[7] 乔迅.石涛：清初中国的绘画与现代性 [M].邱士华，刘宇珍，译.北京：生活·读书·新知三联书店，2010.
[8] 朱良志.八大山人研究 [M].合肥：安徽教育出版社，2008.
[9] 卢辅圣.中国文人画史 [M].上海：上海书画出版社，2015：122.

墨香禅意
——中国古代禅宗书画观研究

陈滞冬的《中国书画与文人意识》一书，阐述了慧能禅法与文人画之间的关系。他指出："禅宗以独特的方式介入绘画，给中国文人画增添了精神上的支持，特别是其无心而出的一枝一叶一点一画都可以是作者心灵相通的关窍所在这一观点，更给文人画笔墨须得于无心但又与作者精神息息相通的理论，开拓出更广阔的思想背景。"❶ 陈滞冬关于文人画与禅宗、禅画关系的见解，对本书的研究很有参考价值。

王伯敏的《敦煌壁画山水研究》，研究了佛教绘画的空间意识问题。他从佛像、菩萨塑像来分析，认为其中展示了多种可视的空间，例如佛像的头像，是佛教空间的表现；身旁的山林花朵便是空间与生命存在的关系；佛或者菩萨的足下所画的云或水，莫不是空间意识的表现❷。

朱剑的专著《澄怀观道——中国山水画精神》共十章，以"道"为内核展开，深入探讨山水画的审美特征，认为传统山水画以"澄怀观道"为至高境界。该书第二章重点论述了禅宗道论的核心——"本心"，描绘题材的增加——"小景"，审美境界的拓展——"静寂"，主观成分的加强——"重意"，厘清了禅宗道论与山水画之间的关系❸。

美国普林斯顿大学艺术及考古学博士、我国台湾学者石守谦的专著《移动的桃花源：东亚世界中的山水画》，认为东亚文化意象包括四种类型：理想世界的文化意象、胜景/圣境的文化意象、典范人物的文化意象、轶闻/传奇的文化意象。其中，桃花源意象、观音意象、维摩诘意象、寒山意象等就与佛禅存在密切关联。有四点值得我们注意和借鉴的地方：一是作者强调佛教在东亚的传布多运用尊像与雕刻等形式，而尊像间忠诚链接的保证则是传布成功与否的症结所在；二是将山水画置于东亚文化意象中去考察，认为具有独立"画意"的山水画要到 10 世纪才真正出现；三是山水画得以形成跨越时空的传统，基于它所表现的人与自然的关系之理念。石守谦分析，海景为何在东亚山水画未曾扮演任何鲜艳的角色，因为海洋意象与东亚山水画主流表现理念相反❹；四是在分析 12 世纪到 14 世纪的中国潇湘八景图时特别提到，南宋画僧牧溪的画被流传到日本，现存

❶ 陈滞冬.中国书画与文人意识［M］.桂林：广西师范大学出版社，2017：43.
❷ 李月林.中国古代绘画空间观物法研究［M］.北京：人民出版社，2017：3-4.
❸ 李松.中国美学史学术档案［M］.武汉：武汉大学出版社，2017：412.
❹ 石守谦.移动的桃花源：东亚世界中的山水画［M］.北京：生活·读书·新知三联书店，2015：10-24.

四幅画，分别是《远浦归帆》《烟寺晚钟》《渔村夕照》《平沙落雁》。石先生向我们阐明一个现象：牧溪画中的构图蕴藏着一个共有图式。当时另外一位僧画家玉涧《潇湘八景图》也可用来验证这种共有图式的存在。玉涧的描写与牧溪的图式简化似乎有着异曲同工之妙。玉涧的八景图也现藏日本❶。石守谦先生将东亚文化意象考察与绘画图式的精细分析相结合的研究方法，给我们深刻的启示。

徐小虎在《画语录：听王季迁谈中国书画的笔墨》一书中，与知名收藏家王季迁一道探讨中国书画中的笔墨问题。尤其在谈及禅门中的石涛、八大山人、牧溪、梁楷等绘画时，颇有见地。例如，王季迁先生说牧溪用一种表现自我的笔墨，即写意的笔墨。一方面，牧溪发明了以笔墨来表现自我，另一方面，他对笔墨优雅和精细的了解，却不能与院体画家或文人画家相比。不是他太不注意笔墨，就是他认为笔墨不那么重要。王先生还分析道，牧溪故意避开正统风格，就某种意义说，牧溪的出现可与八大山人和石涛相提并论，他是有创意的天才❷。对待笔墨的不同态度，确实是禅画区别于院体画、文人画的重要标志。

徐小虎的《南画的形成：中国文人画东传日本初期研究》，是以中国文人画作流传日本的初期情况为研究对象。该书研究了文人画东传至日本的历史情境，以及日本禅僧如何向中国学习茶道、绘画等情况❸。该书认为，宋元时期的非线性风格影响到日本，与宋画僧牧溪（法常）、玉涧（若芬）有关❹。值得注意的是，徐小虎指出"逸品在中国逐渐与干而线性的作品画上等号，而在日本它还是连接到牧溪、玉涧的润湿、无定形与非线性作品。换句话说，牧溪、玉涧等宋画僧在中日两国的地位是不同的"❺。徐小虎和前面提到的英国学者苏立文、美国学者高居翰、日本学者

❶ 石守谦.移动的桃花源：东亚世界中的山水画［M］.北京：生活·读书·新知三联书店，2015：79–84.

❷ 徐小虎.画语录：听王季迁谈中国书画的笔墨［M］.王美祈，译.桂林：广西师范大学出版社，2014：61–62.

❸ 徐小虎.南画的形成：中国文人画东传日本初期研究［M］.刘智远，译.桂林：广西师范大学出版社，2017：30–31.

❹ 徐小虎.南画的形成：中国文人画东传日本初期研究［M］.刘智远，译.桂林：广西师范大学出版社，2017：37–38.

❺ 徐小虎.南画的形成：中国文人画东传日本初期研究［M］.刘智远，译.桂林：广西师范大学出版社，2017：44.

松冈正刚、我国台湾学者石守谦都很重视牧溪等禅画家的特殊地位。这对我们当代学者的启示是：我们必须高度重视中国禅宗书画研究，发掘其中蕴含的生态美育智慧。

韩天雍在《中日禅宗墨迹研究——及其相关文化之考察》中指出，中日高僧墨迹构成了中日文化关系的一个重要领域。韩天雍的博士论文借用比较学的研究方法，对禅宗墨迹在中日之间传播和接受进行了科学的认识，为我们认识禅宗书画在中日文化遗产交流中的地位和作用具有重要的参考价值。

此外，叶朗的《中国美学史大纲》，敏泽的《中国美学思想史》，张文勋的《儒道佛美学思想探索》，皮朝纲、董运庭的《静默的美学》，王建疆的《修养·境界·审美：儒释道修养美学解读》，李泽厚的《美学三书》，潘知常的《生命美学论稿》《中国美学精神》，蒋述卓的《佛教与中国古典文艺美学》，祁志祥的《中国佛教美学史》，蒋勋的《写给大家的中国美术史》，杜哲森的《中国传统绘画史纲：画脉文心两征录》，上海博物馆编的《翰墨荟萃：细读美国藏中国五代宋元书画珍品》，张露主编的《宋元绘画研究：庆贺薄松年教授从教 60 周年》，范景中、严善錞主编的《艺术及其历史》等著作提出了有价值的见解；贾云娣《董其昌书画禅实践与理论研究》、李静《南宋禅宗绘画研究》、张文广《法常禅画艺术探究》、王芳《南宋巴蜀禅僧画研究》等论文，对禅宗书画均有所论述，他们的学术观点值得重视。

综上所述，禅宗书画美学研究对本书研究具有禅宗书画文献整理、图式生成、笔墨简化或无定形、人与自然和谐关系理念四个方面的启示。

（二）中国古代书画空间研究

在中国古代书画空间研究方面，主要包括空间哲学、境界和观照三个层次的研究成果。

1. 空间哲学范畴研究

空间哲学范畴研究，就是把空间视为哲学范畴去研究。

宗白华先生早在 20 世纪 30 年代发表的《介绍两本关于中国画学的书

❶ 韩天雍. 中日禅宗墨迹研究——及其相关文化之考察［D］. 北京：首都师范大学，2007.

并论中国的绘画》一文中，以老庄思想为基础，肯定了中国画中空白存在的积极意义。他说："万象皆从空虚中来，向空虚中去。所以纸上的空白是中国画真正的画底。❶"他在《中国诗画中所表现的空间意识》一文中，借用18世纪名画家邹一桂对于西洋透视画法的评价、宋代学者沈括所说的"以大观小之法"、《周易》"无往不复，天地际也"的观点，阐述了中国诗画中所表现的有节奏的音乐化了的中国人的宇宙感❷。

徐复观先生的《中国艺术精神》，认为中国艺术精神是以庄学为根源的，并从道家、玄学、禅学等角度讨论了中国山水画的空间问题。他在论及文人画时，列专节分析了古文运动与文人画之关系，而苏轼在文人画兴起过程中发挥了重要的作用。在评述郭熙的《林泉高致》时又指出，远望不是地平线的远望，而是在登临俯瞰情形之下的远望。徐复观非常欣赏郭熙的"三远"说："要了解三远在艺术中的真实意义，还得追溯到庄子和魏晋玄学上面去"❸。徐复观把中国艺术精神归结为庄子精神，学界对此形成了正反两方面的意见。汪频高等人认为，徐复观抓住了庄子追求自由的实质；而章启群等反对派则认为，艺术精神不能仅从艺术本身进行考察，还应该从哲学宗教去寻找原因❹。

2. 空间生命真性研究

空间生命真性研究是指从人的生命本原、真性问题出发进行绘画空间研究。

褚哲轮《变易美学：中国书法绘画艺术哲学》一书，以中国书画为主线，从生命本原出发，力求揭示艺术的本质。认为中国书法绘画的深层规律在于"变"与"不变"的辩证统一性❺。书画中的空间，当然也是在"变"与"不变"之中存在。

朱良志先生的《南画十六观》一书探讨了支配文人画发展的根本因素——生命真性问题，并不是一般的画论。他认为，采用一般画论之外的

---

❶ 宗白华.生如蚁，美如神：怎样平凡而有诗意地过一生［M］.贵阳：贵州人民出版社，2016：189.

❷ 宗白华.中国诗画中所表现的空间意识［M］//美议.北京：北京大学出版社，2010：95-97.

❸ 徐复观.中国艺术精神［M］.上海：华东师范大学出版社，2001：208-209.

❹ 李松.中国美学史学术档案［M］.武汉：武汉大学出版社，2017：123.

❺ 李松.中国美学史学术档案［M］.武汉：武汉大学出版社，2017：411.

一种方式，其实就是将绘画空间视为画者生命的体现。中国文人画的存在状态只能在生命真性之上。该书选择了元代至清代十六位画家作为观照生命真性的对象（元代三位，明代七位，清代六位）。例如，在"观"元代倪瓚绘画时，指出其画潜藏的是"呈现生命的困境并追求困境的解脱"❶。具体来说，这种生命真性表现于幽深、幽远、幽静、幽秀等方面。对于龚贤的"荒原意识"，八大山人的"涉事"概念，他都做出了精辟的论述❷。

3.空间观照方法研究

空间观照方法研究，是指将空间作为观照诠释方法的研究。

美国国家文理学院终身院士、著名美术史专家巫鸿在《"空间"的美术史》一书中强调美术的"空间"观念，他认为空间概念可以帮助我们打破图像、雕塑、器物和建筑物这些美术史材料的传统类别划分；空间概念可以帮助我们将注视点从孤立的图像和作品转移到图像和作品的关系上来；空间概念可以帮助我们连接和综合艺术的内在属性和外在属性。他的美术史讲演系列的终极目的是"把空间概念在美术史研究中的地位提升到图像和形式的层次上来"❸。

李月林的《中国古代绘画空间观物法研究》，是一部中国古代绘画空间研究的重要专著。该书对中国古代画学中有关空间问题的文献资料进行梳理和分析；发掘了中国古代绘画空间观物法的观念土壤；最后总结了中国古代绘画空间观物法的基本框架❹。

除此以外，潘运告主编的《唐五代画论》《宋人画评》《元代画论》《明代画论》《清代画论》，陈师曾的《中国绘画史》，陶明君的《中国书论辞典》，周积寅的《中国画论大辞典》，郑昶的《中国画学全史》，王世襄的《中国画论研究》，谢巍的《中国画学著作考录》，徐书城的《绘画美学》，金学智的《中国书法美学》，王树人、喻柏林的《传统智慧再发现》，俞剑华注释的《中国古代画论类编》，刘墨的《中国画论与中国美学》，彭修银的《中国绘画艺术论》，彭修银、刘建蓉的《中国画美学探骊》，张强的《中国绘画美学》，周雨的《文人画的审美品格》，张乾元的《周易意象

---

❶ 朱良志.南画十六观［M］.北京：北京大学出版社，2013：97.
❷ 朱良志.南画十六观［M］.北京：北京大学出版社，2013：6-7.
❸ 巫鸿."空间"的美术史［M］.上海：上海人民出版社，2018：11.
❹ 李月林.中国古代绘画空间观物法研究［M］.北京：人民出版社，2017：318.

学与中国书画美学》，程抱一的《中国诗画语言研究》，刘长林的《中国象科学：易道与兵医》，陈中浙的《中国艺术与哲学》，陈传席的《中国绘画美学史》，姜宇辉的《画与真：梅洛·庞蒂与中国山水画境》，王伯敏等主编的《画学集成》，陈燮君等人的《翰墨荟萃：细读美国藏中国五代宋元书画珍品》，张露主编的《宋元绘画研究：庆贺薄松年教授从教 60 周年》，范景中、严善錞主编的《艺术及其历史》，王海龙的《视觉人类学》，徐小虎：《画语录：听王季迁谈中国书画的笔墨》《南画的形成：中国文人画东传日本初期研究》，王杰的《审美幻象研究：现代美学导论》等著作，对中国古代书画空间问题均有涉猎或专门论述。

纵观上述有关中国古代书画空间研究成果，我们发现一条规律，中国古代书画空间意识不断地走向主观化、生命化、心灵化，有向禅宗心性论靠拢的倾向。这些研究成果，对本书研究禅宗书画观的相关问题具有较大参考意义。

（三）图像本体诠释研究

图像本体诠释是由本体诠释和图像诠释结合而成的研究方法，也是本书研究禅宗书画观采用的主要方法。

1. 本体诠释研究成果

美国夏威夷大学成中英教授提出本体诠释的概念和方法。他认为，本体诠释包括自本体和对本体两层意思。本体诠释作为认知模式，包括"观""感""思""悟""通"五种模式。它将知识论与本体论结合起来而且能够跟西方理论配合起来 ❶，这种诠释方法特别适合诠释审美活动（包括禅宗书画活动），同时也与马克思主义实践美学观有某种相通之处。马克思说："人不仅在思维中，而且以全部感觉在对象世界中肯定自己……因为对我说来任何一个对象的意义（它只是对那个与它相适应的感觉说来才有意义）都以我的感觉所能感知的程度为限。"❷马克思在这里一是肯定了人的观感的重要意义，二是强调了对象与人的感觉之间的同构

---

❶ 成中英，杨庆中.从中西会通到本体诠释——成中英教授访谈录［M］.北京：中国人民大学出版社，2013：276-287.

❷ 马克思.1844 年经济学—哲学手稿［M］.刘丕坤，译.北京：人民出版社，1979：79；关于这段话的理解可参见张震.《巴黎手稿》与作为文化哲学的美学［J］.马克思主义美学研究，2018（2）。

对应关系。成中英教授的本体诠释方法从"观""感"出发，接着发展到"思""悟""通"，最终还是不忘传统哲学智慧。因此，成中英提出的本体诠释方法，为我们发掘中国传统哲学美学（包括书画美学）智慧提供了重要的思路。

成中英教授的高足、台北大学中文系教授赖贤宗先生，发挥了德国哲学家海德格尔的存在主义思想以及成中英教授的本体诠释学，对中国哲学的佛教、儒家、道家和意境等领域作了深入的本体诠释。北京大学出版社出版了赖贤宗教授的《佛教诠释学》《儒家诠释学》《道家诠释学》《意境美学与诠释学》。

在上述专著中，赖贤宗的《佛教诠释学》对本书研究禅宗书画观具有更为直接的参考意义，因为佛教诠释学是禅宗诠释学的母体与源泉，而禅宗书画观的本体诠释又是禅宗诠释学在禅宗书画研究领域的落实与深化。

2. 图像诠释研究成果

关于图像诠释，有认识论与本体论两种完全相反的观点。

传统的认识论认为，图像是人的意识观念的再现。而图像本体论则认为图像是生命本体的呈现。存在论的图像论认为，图像是本体存在的呈现。图像存在论其实属于本书提出的图像本体诠释的范畴。它是由现实图像世界向存在境界的超越，也即从理性意识形态向身体感性存在的超越。图像本体诠释具有两层意思：一是把握图像世界的本体，二是自本体出发对图像进行诠释。前者注重图像的主观性，而后者注重图像的客观性。图像本体诠释学认为，图像不是存在于头脑观念的东西，而是存在人的身体感应活动之中，是身体感性的显现，即生命本体的呈现。

李鸿祥博士的专著《图像与存在》❶，是从存在论视角探讨图像本体问题的一部重要著作。李鸿祥认为，我们必须回到活生生的感性存在上，才能揭示图像的本体。感性是联系人和世界的纽带，图像的来源就是人的感性存在。感性是通过身体感受自行领会，理性则是用语言符号进行推理的思维活动。人的观念，各种形象之间的因果逻辑都是理性的表现形式。人的存在意志是我们创造和观看图像的根本动机。

上述关于图像诠释的研究成果，不但超越了传统认识论图像观的局限

❶ 李鸿祥. 图像与存在［M］. 上海：上海书店出版社，2011.

导
论

性，而且克服了就图像来谈图像的肤浅看法，与本书研究采用的图像本体诠释方法相契合。本书将本体诠释与图像诠释相结合，首次提炼出图像本体诠释方法，作为研究禅宗书画观的内涵特征、价值意义的重要方法。

（四）当代美育话语建构

禅宗书画观的目标相关性研究成果，主要是当代美育话语研究。

对于中国学者而言，无论是禅宗书画研究还是本体诠释研究，都应该把理论研究与社会实践结合起来，尤其要落实到中国当代美育话语建构之中。20 世纪 80 年代以来，美育理论日趋成熟。

首先，具有代表性的美育专著、教材。如赵伶俐的《人生价值的弘扬：当代美育新论》，曾繁仁的《现代美育理论》《美育十五讲》，蒋冰海的《审美世界的灵魂》，杜卫的《现代美育学导论》《美育论》等。

其次，当代美育具有标志性的话语体系。中国当代美育话语主要有蔡仪的"典型说"，朱光潜、宗白华的"意象说"，李泽厚的"积淀说"，蒋孔阳的"精神活动说"，杨春时的"超越说"，曾繁仁的"生态存在论"，杜卫的"审美功利主义"，潘知常的"生命美学"，王建疆的"别现代"理论和刘成纪的艺术美育观等。中国当代美育话语如何在前人基础上接着说下去？上述立足传统文化、面向美育实践的成果和话语体系对本书研究具有参考价值。

二、研究内容

以上所述禅宗书画观的相关研究成果较为丰富，但仍然存在许多问题需要深入探究。本书以禅宗书画观为切入点，以图像本体诠释为方法，以构建当代美育话语体系、服务于当代美育实践为目标，主要研究禅宗书画观的生成基础、演变历程、本体诠释和美育价值。

禅宗书画观的相关研究主要包括如下四个方面。

（一）禅宗书画观的生成语境研究

本书的第一个问题是关于禅宗书画观的生成语境问题。禅宗书画观的生成基础包括哲学生成因素（本体范畴）、文化生成因素（文化蕴藉）和艺术生成因素（诗性智慧）三个方面。

墨香禅意——中国古代禅宗书画观研究

一是从禅意作为本体范畴的维度（以禅为本），揭示禅对禅宗书画观生成的重要影响。

其一，禅的初义。禅有两种涵义：习禅之禅与禅意之禅。根据汤用彤、麻天祥等学者的研究，禅之初义即禅定之禅，是偏向于禅定的"坐禅"或"静虑"方法，具有修行成就佛果的手段的意思。这与禅意之禅有着较大的区别。

其二，禅的真谛。禅宗创立之后，禅的涵义发生了由禅定方法向禅悟本体的根本改变，禅之真谛与创立之前的习禅初义相距甚远。禅不是抽象概念、不是偶像崇拜、不是神秘主义、不是语言表达。禅意之禅，是偏向智慧的精神力量与意境。禅意之禅作为现象直观的产物，是禅宗的本体范畴。禅宗书画观是在禅宗之禅基础上形成和发展起来的书画观。

二是从禅意作为文化蕴藉的维度（以禅为文），发掘禅宗书画观中的文化生成因素。即禅宗以及禅宗书画观与儒道玄的相关性。儒道玄学是禅宗思想形成的主要文化渊源，并且也为禅宗书画观的生成提供了文化背景。当然，不能否定大乘佛教经典对禅宗思想形成的直接影响。

三是从禅意作为诗性智慧的维度（以禅为诗），阐明禅宗书画观的艺术生成因素，即禅意对儒道玄学思想的突破与创新。

禅意作为诗性智慧，包括现象直观与自性自悟两个方面。

首先，现象直观是禅宗在佛教中道观基础上的方法论，即强调禅意突破传统儒家、道家与玄学的地方。由于禅宗书画观是禅意之禅（体）在禅宗书画领域中的具体体现（用），因此，现象直观也是禅宗书画观的方法论。

其次，自性自悟是禅宗继承儒、道、玄学基础上突破佛教的本体论。

儒、道、玄学思想作为禅意的文化渊源，也影响着禅宗书画观的形成和发展。换言之，禅宗书画观中也隐含着儒、道、玄学的思想。

（二）禅宗书画观的演变历程研究

本书的第二个问题是禅宗书画观的演变历程研究。禅宗书画观作为一定历史条件下的禅师或居士所发表的书画观点，具有历史性。它的演变历程大致可分为唐五代、宋元和明清三个阶段。

一是唐五代禅宗书画观的形成背景、内涵及特征研究。唐五代禅宗观是禅宗书画观演变历程中的第一阶段，表现出本土化与直觉化的转向。唐五代时期的禅宗书画观，是在印度佛教话语与中国儒道本土话语相结合的基础上形成，主要体现在价值层面上，承接着祖师禅"顿悟成佛"与"不立文字"的禅宗语言观。禅宗书画目的根本不在于书画图像本身，而在于"空"即书画图像敞开的空灵开悟境界。这一时期的禅宗书画观体现了当时本土化、直觉化的特点，蕴含了丰富的身体感应意蕴。

二是宋元禅宗书画观的形成背景、内涵及特征研究。这个时期的禅宗书画观，即从农禅空间向文人空间转向，是在心理层面上由前一时期的"不立文字"的口头禅向"不离文字"的文字禅转向，同时也是从宗教信仰领域向艺术审美领域的转向，即"见山不是山，见水不是水"的阶段。宋元禅宗书画观的特点表现在文人化与境界化两个方面。宋元时期的禅宗书画观反映了这一时期禅宗文学化的特点。这阶段的禅宗书画观蕴含丰富的生命沉思意蕴。

三是明清禅宗书画观的形成背景、内涵及特征研究。这个时期的禅宗书画观，是在当时社会背景下形成的，主要是从文人空间向世俗社会空间的转向。这种转向是在社会层面上由前一时期的心灵化、文人化向社会现实世俗化和感性化的转向，同时出现禅宗与儒道佛文化之间的大融合。明清禅宗书画观的特点是实现了融合化和世俗化的转向。

（三）禅宗书画观的本体诠释研究

本书的第三个问题是关于禅宗书画观的本体诠释。

首先，禅宗书画观的对本体诠释和自本体诠释。

所谓禅宗书画观对本体诠释，是对禅宗书画观的本体内涵及特征进行诠释。禅宗书画观的本体，由禅宗的本体范畴禅（心）派生而来，其特征主要表现为顿悟生成、直接接受、视域超融和禅艺合流四个方面。所谓禅宗书画观的自本体诠释，是指从生命本体出发对禅宗书画观所处的禅宗、中国美学、古典书画论进行具体诠释，把禅宗书画观诠释为整合的对象，即视为生命本体的派生物。禅宗书画观中的禅宗，是指禅宗不同于一般的宗教，它是注重佛教中国化的生命体验活动。生命本体诠释中的书画，是指体现生命活动的符号表达。中国古典画论，充满生命智慧。

其次，禅宗书画观与图像本体诠释的共通性与差异性研究。

将禅宗书画观与图像本体诠释进行比较，有利于深入把握禅宗书画观的本体。禅宗书画观与图像本体诠释的共通性：

一是两者都超越了认识论，把身体感性存在作为图像的根源；二是两者都具有可见与不可见的双重性；三是两者都存在表现本体的局限性；四是两者可以相互转化，走向视界融合。

禅宗书画观与图像本体诠释之间还存在明显的差异性：即两者产生背景、表达方式和沟通效果不同。

（四）禅宗书画观的美育价值研究

本书的第四个问题是禅宗书画观的本体在美育实践活动中的运用，即禅宗书画观的美育价值研究。从存在论来看，禅宗书画观的美育价值包括三个层面。

其一，身体感应层面。在禅宗看来，身体感性是现量真实的存在，超越观念的纯粹身体感性是禅宗书画观中的核心，也是禅宗书画观中超融智慧的起点和基础。当代美育实践面临视觉文化的强烈刺激，首先就要立足现代人的身体感知。在图像存在论的意义上，图像是存在的感性显现，身体观看活动是对象与主体的中介，离开了身体观看活动，就不存在观看主体和被观看对象。禅宗书画观是禅门中人对书法和绘画的诗性智慧与审美主张。简言之，禅宗书画观乃是禅宗的书画观点或观念。因此，身体感性是禅宗书画观与当代美育话语构建之间的契合点和逻辑起点。

禅宗书画观的本体诠释，包括观、感、思、悟、通五个阶段。其中，"观"是经验的认识，"感"是生命个体对宇宙外物的感受，"观""感"主要属于生物生命（身体）层面的活动。

其二，生命沉思层面。生命存在是指处于身体与宇宙两极的生命体存在。当代美育话语构建的目的：立足当下，发掘本土资源，揭示更深刻的人性，实现更整合的审美理想。我们提倡的当代美育话语构建，就是在禅宗书画观启发下，对生命本体的诠释。"思""悟"则是对生命本体的直觉把握与沉思，属于精神生命层面。

其三，宇宙超融层面。"通"就是"思""悟"的超融，即进入宇宙生命层面，达到古今会通、中西交融、感性与理性并行的生命自由境界。人的存在不是观念的存在，而是处于宇宙之中的存在。禅宗书画观集中体现了禅师重视自我生命与宇宙之间的融合，即禅师通过书画活动及其评述向宇宙敞开自身，宇宙也同时呈现本来面目，生成"天人合一"的超融境界，也就是人与自然合一❶。自我生命的本体包含在宇宙的本体之中，宇宙的本体包含在自我的本体之内❷。在牟宗三先生看来，个体生命理应与宇宙生命完全融通，人的"精诚"所至，可以不断地向外感通，感通的最后就是与天地契接，与天地打成一片❸。

从以上三种生命存在方式来看，禅宗书画观的本体在当代美育实践中的价值创造具有三个层面的美育价值：一是身体超融美育价值，即获得身体感应之美；二是生命超融美育价值，即获得生命沉思之美；三是宇宙超融美育价值，即获得宇宙超融之美。

本书将从上述四个方面进行探索，本书的研究价值与意义具体表现于方法新颖、问题深刻、目的明确三个方面：

首先，研究方法较新颖。率先运用图像与本体诠释相结合的图像本体诠释方法，解析禅宗关于书画的观念与智慧，不仅借鉴了禅宗美学中的时间体验的研究经验，而且吸收了中国古代书画空间意识，实现了禅宗书画观的超融一体把握。

其次，研究问题较到位。一是确立当代美育重建为研究目标，以适应培养社会主义新人的国家需要和当代视觉文化的时代要求（"顶天"）；二是选取最能彰显中国传统文化艺术特色的禅宗书画观为切入点（"立地"）；三是发掘禅宗书画的内观智慧和美育思想，探寻重直觉感悟的民族文化之根和重人生修养的生命本体之根，为当代美育话语体系构建提供重要学术资源。

最后，研究目的较明确。对禅宗书画观的本体诠释，不仅拓宽禅宗美学研究领域，而且促进禅宗书画观中的美育思想的现代转换，即实现直觉与理性、本土与世界的相互融合，而且为中国当代美育话语建构与实践提供本土资源与参考思路。

❶ 季羡林. "天人合一"新解［M］//禅与文化. 北京：中国言实出版社，2006：268-281.
❷ 成中英. 美的深处：本体美学［M］. 杭州：浙江大学出版社，2011：154.
❸ 牟宗三. 中国哲学的特质［M］. 上海：上海古籍出版社，2008：33.

三、研究方法

本书按照"点"（禅宗书画观）—"线"（本体诠释）—"面"（超融美育价值）三个步骤展开研究，并遵循理论与文献并重、逻辑与历史相关的原则。

首先，运用本体诠释法对禅宗书画观的生成土壤、内涵特质进行诠释，以见出禅宗书画观所蕴藏的民族文化之根（直觉）与生命本体之根（修养），同时动态考察禅宗书画观的演变历程；

其次，对禅宗书画观与图像本体诠释两种体系方法进行比较研究；

最后，从生命存在的角度，探讨禅宗书画观的美育价值（身体、生命、宇宙），以及从当代审美实践的角度研究禅宗书画观的超融美育价值。

本书采用的研究方法主要有以下三种。

一是历史文献法：将禅宗书画美学思想置于古代视觉文化语境，作一个历史的梳理，在整理国内外相关文献的基础上，忠实于史料的梳理和辨别，完整呈现禅宗美学思想演变轨迹。

二是参证比较法：将禅宗书画观与图像本体诠释进行比较，检出两者的差异与联系。通过相互解读、相互阐释，在求"异"的基础上分析禅宗书画美学思想中的佛教中国化及禅宗图像化的基本路径与理论内容。

三是本体诠释法：本体诠释法包含两层意思，即从本体出发诠释图像（含禅宗书画），对图像（含禅宗书画）的本体进行诠释。本书兼顾以上两个方面，并借用成中英、赖贤宗、李鸿祥等学者的本体诠释观点，综合分析禅宗书画美学思想在当代美育话语构建中的现代价值。此外，通过专家咨询并定期召开小型专题研讨会，进行学术交流，汇报研究进展。

四、结构安排

本书主要论述禅宗书画观的生成语境、演变历程、本体诠释与美育价值等问题。全书按照禅宗书画观的生成论、本体论、价值论的思路，阐述禅宗书画观的相关问题，包括上、中、下三编内容，共分九章。

上编：禅宗书画观的生成演变，以禅宗书画观为研究对象，以禅宗思想文化为研究背景，以马克思主义的辩证法为理论指南，揭示禅宗书画观的生成基础及演变历程。包括四章内容：首先，从本体范畴、文化蕴藉、诗性智慧三个维度揭示禅宗书画观的生成基础；然后分三章梳理禅宗书画观从唐五代经宋元再到明清时期的演变历程。

中编：禅宗书画观的本体诠释，从中国哲学"虚"的角度，应用本体诠释的方法，对禅宗书画观的本体进行诠释。这一编包括两章：第五章禅宗书画观的本体诠释、第六章禅宗书画观与图像本体诠释。

下编：禅宗书画观的美育价值，从人的生命存在方式，探究禅宗书画观的身体、生命和宇宙超融美育价值。本编包括三章内容：第七章禅宗书画观的身体超融美育价值，第八章禅宗书画观的生命超融美育价值，第九章禅宗书画观的宇宙超融美育价值。

上编·禅宗书画观的生成论

引　言

　　本编以禅宗书画观为研究对象，以禅宗思想文化为研究背景，以辩证唯物主义为思想指南，从静态和动态两个维度揭示禅宗书画观的生成基础及演变历程。

　　本编先从禅意作为本体范畴、文化蕴藉和诗性智慧三个层次，逐层探讨禅宗书画观的生成问题，然后从动态的角度（第二章、第三章、第四章）考察唐五代、宋元和明清三个时期禅宗书画观的演变历程。本编包括以下四章内容。

　　第一章：禅意作为禅宗书画观的生成基础，可从本体范畴、文化蕴藉、哲学智慧三个层次去探索。由于禅宗书画观生成于禅宗思想基础之上，因此，禅宗的本体范畴、文化渊源与诗性智慧也就成为其生成基础。第一节侧重于"禅"这个基本概念及其与禅宗书画观生成的相关性，第二节侧重于禅意与儒道玄学思想的渊源关系，第三节侧重于禅意在诗性智慧上对儒道玄学思想的突破与创新。

　　首先，从本体范畴之禅意来看。其一，禅定之禅。禅有两种含义：禅定之禅与禅宗之禅。根据汤用彤、麻天祥等学者的研究，禅之初义即习禅之禅，是偏向于禅定的"坐禅"或"静虑"方法，具有修行成就佛果的手段的意思，这与禅意之禅特别是南宗禅的顿悟法门有较大区别。其二，禅宗之禅。禅宗创立之后，禅的含义发生了根本改变，由禅定方法向禅悟本体，禅之真谛与创立之前的习禅初义相距甚远。我们运用禅宗的遮诠（否定）方法，认为禅之真谛即禅意，包含四个方面：禅不是抽象概念、偶像崇拜、不是神秘主义、不是语言表达。禅意之禅，是偏向智慧的精神力量，是一种意境。简言之，禅之真谛（本心）就是禅宗哲学的本体范畴。

　　其次，从作为文化蕴藉之禅意来看。禅宗之禅的真谛应该从中国传统文化土壤中去寻找深层原因。禅宗形成的思想渊源就是禅宗书画观的文化生成语境。吴言生先生的《禅宗思想渊源》一书，探讨了《楞伽经》《大乘起信论》等佛教经典对禅宗思想形成的影响。我们主要阐述儒家、道家、玄学等中国本土思想对禅宗思想的影响，进而揭示禅宗美学思想（含禅宗书画观）如何在中国本土文化土壤上生根、开花、结果的轨迹与奥秘。

最后，从作为诗性智慧之禅意来看。禅意的诗性智慧体现在现象直观与自性自悟两个方面。现象直观主要强调禅意突破传统道家、玄学与心学的地方。由于禅宗书画观是禅宗之禅（本）在书画领域的体现（体），因此现象直观也是禅宗书画观的生成基础。而自性自悟则是从本体揭示现象直观的根据。

第二章：唐五代禅宗书画观的形成背景、内涵及特征。从第二章到第四章，我们勾画出禅宗书画观的演变历程。唐五代禅宗观是禅宗书画观演变历程中的第一阶段，表现出本土化与直觉化的转向。唐五代时期的禅宗书画观，是从印度佛教话语向中国儒道本土话语转变，主要是在价值层面上，承接着祖师禅"顿悟成佛"与"不立文字"的禅宗语言观。禅宗书画根本不在于书画图像本身，而在于"空"，即书画图像敞开的空灵开悟境界。这一时期的禅宗书画观体现了当时本土化、直觉化的特点，蕴含了丰富的身体感应意蕴。

第三章：宋元禅宗书画观的形成背景、内涵及特征。这一时期的禅宗书画观，即从农禅空间转向文人空间，是在心理层面上由前一时期的"不立文字"的口头禅转向"不离文字"的文字禅，同时也是从宗教信仰领域转向艺术审美领域，即"见山不是山，见水不是水"的阶段。宋元禅宗书画观体现了宋元时期文人化与境界化两个方面。宋元时期的禅宗书画观与同一时期的禅宗文学化倾向具有密切的关联性。此时的禅宗书画观蕴含丰富的生命沉思意蕴。

第四章：明清禅宗书画观的形成背景、内涵及特征。这一时期的禅宗书画观，是在当时社会的产物，即由禅宗文人化向禅宗世俗化的根本转向。这种转向是在社会层面上由前一时期的心灵化、文人化向世俗化和感性化转向，同时出现禅宗与儒道佛文化大融合的现象。

由于禅宗呈现融合化和世俗化的特征，这一时期的禅宗书画观与此前两个阶段的禅宗书画观相比，更具有深厚的宇宙超融意蕴。作为禅宗艺术美论中的组成部分的禅宗书画观，其生成背景如何？这是本编生成论要探究的核心问题。它又包括禅宗本体范畴（本心）、儒道玄学思想渊源和现象直观、自性自悟的哲学智慧三个方面。

第一章　禅宗书画观的生成语境

根据系统论的观点，一个系统的局部性质是受整体性质制约的，因此，在探究禅宗书画观的本体内涵之前，我们首先要考察禅宗书画观的生成基础。笔者认为，慧能所谓的"无念为宗""无相为体""无住为本"的禅意，正是禅宗书画观的原点，它又包括本体范畴（哲学因素）、文化蕴藉（文化因素）和诗性智慧（艺术因素）三个层次。为什么我们要从禅意这一原点出发探讨禅宗书画观的生成问题？因为禅宗书画观与禅宗哲学及其美学思想之间存在着本体生成关系。具体言之，禅宗美学是在禅宗哲学基础上以禅为本体的生命美学，而禅宗美学包括人生美论与艺术美论，禅宗书画观则是禅宗艺术美论中的重要组成部分。

第一节　禅意作为禅宗书画观的本体范畴

一、禅定之禅

"禅"发源于东方，盛行于东方。"禅"的内涵究竟是指什么呢？禅与禅宗是互相关联的不同概念，"禅"是佛教的主要修持手段之一，禅宗则是中国佛教的一个宗派❶。谈到禅，我们要辨析禅定之禅与禅意之禅❷。禅的汉文音译为"禅那"，"禅那"在梵文 Dhyāna 中的本义为"静虑""思维修"，本来是一种瑜伽术（yoga）。其做法是通过静坐、调息等手段达到心注一处❸。中国佛教一般将禅与定并称为"禅定"❹。东汉时期的安世高翻译

---

❶　孙昌武.禅宗十五讲［M］.北京：中华书局，2016：19.
❷　苏渊雷.禅风、学风、文风［J］.法音，1984（1）.
❸　孙昌武.禅宗十五讲［M］.北京：中华书局，2016：19.
❹　洪修平.中国禅学思想史［M］.北京：中国人民大学出版社，2007：9.

的《安般守意经》明确提出"坐禅数息"方法，认为修习数息观必须采取静坐的形式❶。姚秦时期的佛经翻译家鸠摩罗什对禅定解释为："定有二种：一者观诸法实相，二者观法利用❷。"强调禅定的关键在于"观诸法实相"。当时的"禅定"或者是"禅"，只是一种与本书后面要强调的"禅意之禅"相对的修习方法。

　　禅在早期包括两个方面：一是作为修习方法的禅。类似印度 Yoga 和 Dhyāna 以定为核心的修习方法，有的称为禅定，有的谓之禅法，或者叫习禅之禅；二是已经开始老庄化，特别是庄子化的哲学范畴❸。第一个方面就是禅宗成立之前作为修行方式的禅定之禅，第二个方面是指作为开悟智慧的禅，也就是我们强调的禅宗之禅。

　　关于禅定之禅与禅意之禅的区别，近代名僧太虚大师为我们解释得很清楚："禅宗以前的禅，是依教修观的禅。依教就是依教理，如天台教观，即可说为依教修禅，即依教理摄心修定之理❹。"汤用彤先生也是把达摩的禅法视为禅定之禅，认为达摩'四行'非大小乘各种禅观之说，语气似婆罗门外道，又似《奥义书》中所说。关于达摩的记载，可见杨炫之的《洛阳伽蓝记》和道宣的《续高僧传》❺。还有学者对禅定做出这样的界定："所谓禅定，是通过精神的高度集中，观想特定对象，摒弃杂念，以臻明镜般的宁静、空纯状态，同时在身心上产生异乎常人的功能，以泯灭主与客、今与来、可能与现实的对峙。"❻就是说，禅定是慧能之前的佛教修养实践活动。

　　根据上述各位学者的研究可知，禅定之禅偏向于禅定的"坐禅"或"静虑"，即修行成就佛果的手段的意思。显然，这是与禅意之禅特别是祖师禅的顿悟法门有较大区别。

❶ 洪修平.中国禅学思想史［M］.北京：中国人民大学出版社，2007：14.
❷ 鸠摩罗什.禅法要解（卷上）［M］//大正藏（第15卷）：290页中.
❸ 麻天祥.中国的佛教［M］.北京：东方出版社，2016：227.
❹ 太虚.中国佛学特质在禅［M］.北京：东方出版社，2016：6.
❺ 汤用彤.隋唐佛教史稿［M］.武汉：武汉大学出版社，2008：175-176；麻天祥.中国禅宗思想史略［M］.北京：中国人民大学出版社，2009：8。
❻ 普慧.禅宗的主体实践论［M］//释妙峰.曹溪禅研究.北京：中国社会科学出版社，2002：192.

二、禅意之禅

以慧能创立中国禅为分水岭，禅定之禅（手段）与禅意之禅（目的）之间存在着明显的差异 ❶。也就是说，禅宗创立之后，禅的含义发生了由禅定方法向禅悟本体的根本改变，禅之真谛与创立之前的禅定之禅相距甚远。

南朝梁代慧皎（497—554）在《高僧传》卷十一《习禅篇》中对禅作了诠释："禅也者，妙万物而为言，故能无法不缘，无境不察。然缘法察境，唯寂乃明……心水既澄，则凝照无隐。" ❷ 慧皎所谓的禅，侧重由定生慧，是老庄化的"以道释禅"的理解。正如学者所言："这与禅宗思想的禅非常接近了，而与印度传来的瑜伽行法，静、定的方法无疑是貌合神离的 ❸。"禅意之禅犹如一种意境，难以用语文诠释。陈健民先生将禅分判为四种：第一圣教如来禅；第二直指祖师禅；第三机用儿孙禅；第四口头恒河沙禅。陈先生认为，唐朝五家之后，真实的禅已中断了，现在只能找到口头禅而已 ❹。陈先生对禅的诠释很中肯，值得我们重视和反思。

本书试图从四个方面领悟禅意之禅的内涵。

（一）禅意之禅：超越概念

哲学是运用概念、判断与推理进行真理探索的抽象体系。作为智慧之禅，它不是用逻辑推理出来的现成概念，而是一种直觉的空观 ❺。只能用"以言遣言"方式为读者提示几点。

一曰境界。只有把一切思维、理论构架抛开，你才有可能体验它的境界。换言之，你只要把二元对立的东西舍得放下，当下就是禅的境界。二曰生活。禅向往诗意的生活，艺术化的生活。禅者的生活，是艺术化的生活，如赵州禅师"吃茶去"那样的潇洒自由。三曰体验。禅是"如人饮

❶ 杨曾文.隋唐佛教史［M］.北京：中国社会科学出版社，2014：385-386.杨曾文认为，道信、弘忍的"东山法门"为禅宗的正式产生。也就是把"东山法门"作为禅意之禅与禅定之禅的分水岭。不过多数学者还是主张把慧能视为中国禅宗的实际创始人。

❷ 慧皎.高僧传·卷十一·习禅篇［M］//大正藏（第50卷）：400页中.

❸ 麻天祥.中国的佛教［M］.北京：东方出版社，2016：216.

❹ 无忧子，译.佛教禅定［M］.北京：宗教文化出版社，2010：279-280.

❺ 成中英.美的深处：本体美学［M］.杭州：浙江大学出版社，2011：135.

水，冷暖自知"的切身体会。它是用直观洞察当下生活的本来面目，这是东方独一无二的智慧。四曰快乐。禅最终目标就是超越烦恼，达到永恒的幸福，获得属于自己的快乐。从修行目标来看，禅与一切言教的佛法是一致的，但是禅要一步到位（顿悟），把握当下，顿超直入。用我们的生命，去真实体悟自己的清净本性，这就叫"禅"❶。

虽然世界上众多思想家对禅悟发表了很多见解，但多数领域研究者都把它归结为东方神秘主义的不可知论。日本铃木俊隆禅师说："没有必要费劲去以某种特定的方式去思考，你的思考不应该是偏向一边的。我们只应该用整个心来思维，不费力气地以万物本然面貌来看待它们❷。"所谓万物本然面貌，指的是禅悟在宇宙无意识瞬间的呈现，回归生命原初本真的智慧。禅不是一种抽象的概念，而是一种生命原初的本真状态。禅师主张，禅应该站在事物自性立场上，按照事物呈现的本来样子理解它当下的状态，不要格外用一些概念范畴去分析，必须打破时间观念的连续性和逻辑因果关联性。不离当处，咸是妙明真心。总之，禅意之禅不是西方理性主义传统中的"观念"，而是中国古代直觉思维传统尤其是深受老庄思想影响的智慧内观与内向追求。它不能脱离具体的生活场景，不做抽象的和不切实际的想象和思辨，所以我们说禅意之禅不同于一般的哲学理论观念❸。

（二）禅意之禅：主张自由

禅意之禅主张独立自主，例如，唐代的丹霞禅师曾"于慧林寺遇天大

---

❶ 释果如.参禅要义［M］.北京：中央编译出版社，2013：22-23.
❷ 铃木俊隆禅师.禅者的初心［M］.梁永安，译.海口：海南出版社，2012：174.
❸ 要把握禅意之禅首要区别本体与本质：本质是对象化的存在，本体是基于人对对象化的感受。西方传统哲学比较强调本质，中国传统哲学自《周易》以来则强调本体。本体是多元一体的，体现了多元性，又体现了整合性。中国讲"本"字是个因果，是创造性的发展，把宇宙也看成是生命体。（参见成中英《本体诠释学三论》，《安徽师范大学学报》人文社会科学版，2004年第4期；王治东、成中英《"本体诠释学学"之本、体、用——成中英教授访谈录》，《南京林业大学学报》人文社会科学版，2011年第2期）。禅意之禅是从本到体、从体到本的生命整体，即无法与主体经验分开的本体，所以不能用西方本质主义的本质概念去界定。本书中编第五章将运用本体诠释方法去把握禅宗书画观（本心在书画领域的具体呈现、展开）的本体，下编价值论就是讨论禅宗书画观的本体（本心）在当代美育实践中的具体运用。

寒，取木佛烧火"，竟说："吾此间无道可修，无法可证。"❶禅门中像丹霞那样呵佛骂祖的还大有人在。世界上没有哪一种宗教派别，竟如这些和尚"超佛越祖"，打破一切偶像，把人直接引入自由自在的境界。禅意之禅，以自性为宗旨，反对向外求佛，而把每个人看作"无价大宝"，大珠慧海禅师强调参禅要守住"自家宝藏"，还对人声称"我不会禅，并无一法可示人。不劳久立，且自歇去"❷。

总之，禅师们的意思就是，禅即自性自悟、一切现成，并非外来的什么偶像权威。

（三）禅意之禅：面向生活

在西方的学者看来，禅是东方文化中的难以科学论证和解释的内容。所谓神秘主义，是指超越理性知识、获得上帝、宇宙不可知的神秘洞见。《简明不列颠百科全书》对"神秘主义"的解释：神秘主义的目标是与神融为一体；神秘主义修行就是返回本原，防止人神之间进一步相疏❸。禅意之禅，由于超越逻辑思辨，同时也反对偶像崇拜，所以它不是神秘幽暗的东西，也不具有高不可攀的神圣性。禅宗不同于佛教中密宗等其他流派的地方，就是把修行悟道落实于"挑水砍柴""行住坐卧"的日常感性生活经验。我们从这个意义上得出结论，禅宗属于无神论的审美的修行方式，简单地说禅即初心。禅的修行实践与西方神秘主义完全不同，它没有超自然的神秘力量，也没有神通广大的外在偶像。禅摒弃一切神秘现象，甚至对神通、特异功能都不许宣扬。众生与佛之间差别也仅仅在于是否开悟，悟即佛，不悟即众生。禅的最终权威在于自性，而不在于什么救世主和外在权威。禅如果依赖权威偶像，则会丧失禅的智慧、创造精神与风趣幽默。确如世界著名佛学大师圣严法师说："因此，若把禅与神秘主义拿来比较，我们可以说，禅者经历了神秘经验，但禅本身不是神秘主义，而是踏实、平凡的生活。"因为站在开悟者立场来看，"这种经验将被视为实际和真实的，并没有什么神秘可言，只是正常、平常的生活"❹。

普济.五灯会元·卷五·丹霞天然禅师［M］.苏渊雷，点校.北京：中华书局，1984：261–263.

❷ 普济.五灯会元［M］.苏渊雷，点校.北京：中华书局，1984：155.

❸ 毛峰.神秘主义诗学［M］.北京：生活·读书·新知三联书店，1998：45、58.

❹ 圣严法师.圣严法师教禅坐［M］.上海：华东师范大学出版社，2014：156.

《金刚经》中写道："不应住声、香、触、味、法，应无所住而生其心"，"过去心不可得，现在心不可得，未来心不可得"❶，所以，立足当下，顿悟瞬间，除此以外并没有什么深奥的道可修。这样，拉近了人与佛、迷与悟之间的距离，彻底打破了对"佛"的神秘感。佛教中有平等的观念和十分民主的色彩，人人有佛性，人人均可成佛，大大拓宽了成佛的范围与途径，就这么简单。我们之所以明白不了如此简单的道理，是因为被"无明"干扰——世俗观念、习惯思维、分别逻辑等遮蔽了眼睛，而不能直面本来面目、明心见性。禅与"ABC"理论有点相似。其中 A 代表引发你情绪的外在事件，B 代表人的立场、观念，C 则是产生的负面情绪，即结果。在一般情况下，我们不满意 C 的结果，往往把责任推到 A 有关的因素，而没有转变思路，在 B 上面找原因。其实 B 才是佛教禅宗"境由心转"的禅义。与其改变外在事件，不如改变内在观念，你的情绪 C 马上就会发生变化。禅宗和"ABC"理论一样简明，对于人的心理调节和精神健康大有裨益。

禅意之禅其实就很简单、自然、平常，让腿自己走路，而不是用手拉着自己的腿走路，根本不需要装腔作势，或成为装睡的人，禅就是你放下执着之后自然而然的那段生活，那种平常自在的状态。

（四）禅意之禅：直觉本真

禅是反传统、反习惯、反形式，甚至于反语言、反表象，它一切都是从自己回到本性❷。禅意之禅，经历了不立文字到不离文字的发展演变过程。当然，即使到了文字禅阶段，禅意与文字间仍存在张力。在文字禅的叙事中，禅是不能直接运用文字表达的，必须在一定契机中去参"活句"，千万不能参"死句"。禅师常以一种游戏的态度去言说。如僧问："如何是超佛越祖之谈？"云门文偃云："饼！"❸ 这里，禅师用日常的"烧饼"来回答僧人的高论，显然是答非所问。僧人别当具体的"烧饼"来理解，也不做高论来理解，这才算领悟禅意的活路。换言之，云门的回答是一种被

❶ 陈秋平，尚荣译注.金刚经·心经·坛经［M］//赖永海.佛教十三经.北京：中华书局，2013：49，84.
❷ 成中英.美的深处：本体美学［M］.杭州：浙江大学出版社，2011：130.
❸ 雪窦重显法师，圆悟克勤法师.碧岩录［M］.北京：东方出版社，2013：478.

解构的游戏语。

禅宗逃离语言文字的约束，追求自由洒脱的精神，源于佛教"缘起性空"。例如《心经》首段说"观自在菩萨，行深般若波罗蜜多时，照见五蕴皆空，度一切苦厄❶。"即以自心般若智慧观照身心世界，不为万物所动，自由自在，通达无碍。这种境界无法用语言描述，只能亲身体验。禅师认为，语言文字上的"认知"与亲身"实证"是两回事。五蕴皆空，是指物质形态（色蕴）和精神现象（受、想、行、识蕴）都因缘所生，唯有假名，并无实体，所以这个"空"如此广大，不能用逻辑语言去限定它。慧能《坛经》推出"对法"："若有人问法，出语尽双，皆取法对，来去相因，究竟二法尽除，更无去处❷。"或用矛盾、混乱、荒诞语，或用动作、圆相等非语言手段去暗示禅意。如僧问："和尚为什么说即心即佛？"曰："为止小儿啼。"曰："啼止时如何？"师曰："非心非佛。❸"马祖道一禅师的"即心即佛"与"非心非佛"构成语言逻辑上的悖论，而禅意正是两者间隙处的"不可说之说"。禅意本不可说，但为了启发弟子开悟，禅师又不得不说。对于禅师而言，他说的只是"指"（能指），而不是"月"（所指），因为"月"是靠参禅者实证（自觉自悟），万万不可用直说取代禅意本身。清凉文益禅师的公案能给我们很大的启示。僧问："指即不问，如何是月？"师曰："阿那个是汝不问底指？"又僧问："月即不问，如何是指？"师曰："月。"曰："学人问指，和尚为什么对月？"师曰："为汝问指。"……问："如何是第一义？"师曰："我向汝道是第二义❹。"如同以"手指"指"月"，"禅意"永远不停留在语言文字上。所以，禅意逃脱语言文字的限定，才会有活泼泼的精神力量。美国著名文艺理论批评大师斯坦纳曾就精神"逃离语言"问题发表见解："有些知识和感官的现实模式不是建立在语言上，而是建立在其他诸如图像、音符等可以交流的力量上。有些精神行为扎根于沉默❺。"接着，斯坦纳赞赏禅宗公案帮助学者逃

❶ 陈秋平，尚荣译注.金刚经·心经·坛经［M］//赖永海.佛教十三经.北京：中华书局，2013：129.

❷ 慧能.坛经校释［M］.郭朋，校释.北京：中华书局，1983：92.

❸ 宗文.禅宗经典精华·下册卷十五·历代禅师语录（后集）［M］.北京：宗教文化出版社，2015：851.

❹ 道原.景德传灯录［M］.张华，释译.北京：东方出版社，2017：318-319.

❺ 乔治·斯坦纳.逃离言词［M］//语言与沉默：论语言、文学与非人道.李小均，译.上海：上海人民出版社，2013：19-20.

离言词的训练。禅意之禅（禅意）作为东方独特的智慧，比起注重理性分析的西方文明，更是"逃离语言"最彻底的一种精神行为与力量。

综上所述，禅意之禅是超越概念、主张自由、面向生活和直觉本真的。如果要说的话，禅意之禅不是抽象概念，不是偶像崇拜，不是神秘玄想，不是花言巧语，而是独特的人生智慧，诗意的生存方式。禅究竟如何，还得自己去亲身体会，即"如人饮水，冷暖自知"。

三、本体范畴

在讨论了禅意之禅的四个特性之后，我们还要进一步追问："禅"为何成为禅宗的本体范畴？禅宗本体范畴对于禅宗书画观的生成到底有何意义？

（一）"禅"是禅宗哲学美学的本体范畴

"禅"是禅宗哲学与美学的本体范畴。"在禅宗那里，已把'禅'作为本体范畴，是以'立心'（佛性论是禅宗哲学的基本理论，而佛性论的实质是心性论）来建构其心性本体论的。因为禅宗是把心性论作为自己的理论基础，而'心'这个概念又是整个禅宗哲学与美学的理论基石[1]。""禅"作为禅宗哲学与美学的本体范畴，我们能够从禅宗思想史料中找到大量的论述。

唐代宗密在《禅源诸诠集都序》指出："禅是天竺之语，具云禅那，中华翻为思维修，亦名静虑，皆定慧之统称也。源者是一切众生本觉真性，亦名佛性，亦名心地。"宗密把禅分为四个层次：外道禅、凡夫禅、小乘禅与大乘禅[2]。在宗密看来，禅是禅宗哲人在终极信仰中所设定的、作为安身立命的本体范畴。元代禅师中峰明本指出："禅何物也，乃吾心之名也；心何物也，即吾禅之体也。""是知禅不离心，心不离禅，惟禅与心，异名同体。[3]"明本强调，禅即是心，心即是禅，就是禅宗本体。明本

❶ 皮朝纲.禅宗美学思想的嬗变轨迹［M］.成都：电子科技大学出版社，2003：24—25.
❷ 宗密.禅源诸诠集都序·卷一［M］.北京：东方出版社，2017：15—16.
❸ 中峰明本.示舞庵居士·天目中峰和尚广录（卷五）［M］//兰吉富.禅宗全书（第48册）：73.

把禅与心视为一体，明确界定了"禅"的内涵，对禅宗哲学美学作出了重要贡献。明代高僧憨山德清承继中峰明本之说，直接界定："禅者，心之异名也"[1]，明确提出"殊不知禅乃是自心"[2]，是禅宗书画美学观达到成熟的标志性成果。

以上各例都是强调禅宗时时处处以禅（心）为本，"直指人心，见性成佛"是指"心"；实相无相是指"心"；教外别传正是传心。禅宗以"禅"（"心"）为本体，这个"禅"具有两层意思：一是人的自性与宇宙万物的法性圆融一体的境界；二是指洒脱自在的理想人格。临济义玄提出的"无位真人"，就是现实生活中自由活泼的理想人格。禅宗的"心"，已不像天台、华严二宗的"心"那样具有浓厚的抽象本体性质，而是更加人性化、具体化。从这个意义上说，禅宗的本体"心"带有自由人格的性质。

（二）本体范畴与禅宗书画观的相关性

禅意之禅（本心）成为唐代以来禅宗书画观的本体论基础和重要命题，同时也成为其他一切问题的前提。例如，洞山良价禅师与云岩之间的公案，讨论了"写真"（图像）与本心佛性（禅宗本体范畴）的关系问题。洞山良价禅师问云岩："拟写和尚真，得也无？"岩云："几得成？"师曰："寻常写真得七八。"岩云："犹是失在。"师曰："不失时如何？"岩云："直得十成。"师曰："古人道直得十成不似时如何？"岩云："他无成数。[3]"这则洞山良价跳出了老师故意设置的"直得十成"这个圈套，超离物理时空，悟出本体之空。老师云岩昙晟以"他无成数"向高足洞山良价开示：画像只不过是一种符号而已，哪怕是画得十分像，也不能揭示佛性本心——本真生命，因为本真生命是不可限量的。本真生命就是禅意之禅所要追求的目标。洞山良价向去岩咨询：能不能通过画画来表达出老师的真实面目（本心、佛性）？暗藏机锋。

---

[1] 德清.春秋左氏心法序·憨山老人梦游集（卷十九）[M]//新编卍续藏经（第127册）：486页下.

[2] 德清.示玉觉禅人·憨山老人梦游集（卷五）[M]//新编卍续藏经（第127册）：275页下.

[3] 洞山悟本禅师语录之余·禅宗语录辑要[M]//大正藏（影印）.上海：上海古籍出版社，1992：23.

第一章 禅宗书画观的生成语境

31

再如宋僧无门慧开提出"法身无相，徒更形容"❶的命题，他还在"评唱"与"颂"六祖慧能开示慧明的"不思善恶"公案时说："描不成兮画不就，赞不及兮休生。本来面目没处藏，世界坏时渠不朽❷。"慧开认为，既然法身无相，那么欲以绘画呈现法身就只能是徒劳无益的。宋临济宗高僧印肃也指出："法身非相，安可以泥像丹青。法界弥纶，何必造银楼金屋？""此法身无变坏，鼻孔里许藏三界。水月空花点不成，非相光中常自在。"❸印肃所谓的"法身非相"出自《金刚经·法身非相分第二十六》。意思是"法身"即"实相"，离开一切具体的相，因为一切具体的相都是虚妄，只有法身不坏不变，真实存在。所以，要想用丹青（绘画）来描绘这个法身，恰如"水中月""空中花"一般，是万万办不到的。禅师们的"前理解"（这本是海德格尔提出的术语，在此说明禅师对绘画的理解与禅宗心性本体论的相关性）就是以"禅"为本，亦即慧能主张的"不立文字，直指人心"。

禅门大师认为书画是本心之产物。诸如宋代政禅师云："书，心画也，作意则不妙耳❹。"政禅师所谓"心画"之说，其实道明禅宗书绘画观源自本心（禅宗本体范畴）。禅宗主张："万法皆从心生，心为万法之根本❺。"禅宗书画观为什么反复强调本心在书画中的重要作用，其根源正在此。延寿《宗镜录》曾八处引用《华严经》第十九《夜摩宫中偈赞品》第二十之"觉林菩萨"的十首偈，反复说明"心"的不可思议之强大功能，包括创造千姿百态的大千世界："犹如画师，能画一切人天五趣形象，乃至佛菩萨等形象❻。"明代临济宗僧人密云圆悟也以禅论书："无法可说，何字可写？作字观时，眼中著屑"❼。其《泰华程居士乞偈》云："只欲纸来求法语，谁知法语无启口。无启口处眼忽开，处处头头唯自偶。❽"圆悟显然是

---

❶ 慧开.无门慧开和尚语录·禅宗语录辑要［M］.上海：上海古籍出版社,1992：527（上）.

❷ 无门慧开.不思善恶·禅宗无门关［M］//禅宗语录辑要.上海：上海古籍出版社，1992：866（上）.

❸ 印肃.述普光明殿·普庵印肃禅师语录（卷一）［M］//新编卍续藏经（第120册）：568（下），646.

❹ 慧洪.题昭默自笔小参·石门文字禅（卷二十六）［M］//兰吉富.禅宗全书（第95册）：354（下）.

❺ 江西马祖道一禅师语录［M］//新编卍续藏经（第119册），第1321号：812（上）.

❻ 延寿.宗镜录（卷五十九）［M］//大正藏（第48册），第2016号：754（中）.

❼ 圆悟.天钧徐居士乞偈·密云禅师语录［M］//嘉兴藏（第10册），第158号：64（下）.

❽ 圆悟.泰华程居士乞偈·密云禅师语录［M］//嘉兴藏（第10册），第158号：64.

反对从字句法语上求法的。清代高僧为霖道霈也把丹青与本心关系作为关注中心，即丹青是"本来面目"之"影上现影"❶。道霈对画像与禅的关系论述颇有理论色彩，其禅宗书画观充分体现了禅的核心地位。

总之，中国禅宗书画美学史贯穿一条以禅论艺、禅艺合流的主线。明代的董其昌是以禅论画的杰出代表。肖燕翼先生在《评析董其昌的"画禅"》一文中，以董其昌的"画禅"为例，指出"以禅入画"，是以所描绘的景物组成一种禅境，表现他"对境无心""无住为本"的禅意❷。

关于禅宗本体范畴的两点说明：一是第五章禅宗书画观的本体诠释，就包括了从禅宗本体范畴出发的自本体诠释；第六章禅宗书画观与图像本体诠释的比较，也就是从图像诠释角度进一步揭示禅宗书画观的本体；二是下编第七、八、九章探讨禅宗书画观的本体在美育实践中的作用，即禅宗书画观的超融美育价值，超融美育价值的三个层次恰好与禅宗本体范畴（本心）密切相关。禅宗书画观的本体与美育价值之间就存在体用不二的关系。

概言之，禅宗本体范畴（禅即本心）是本书中下编内容的根源和归宿，因此，我们首先要深入把握禅宗的本体范畴。以上讨论了禅意作为禅宗书画观的本体范畴问题，下一节我们将对禅意作为禅宗书画观的文化蕴藉进行溯源。

第二节　禅意作为禅宗书画观的文化蕴藉

一、禅意与儒家

为什么禅意之禅不同于突出修定功夫的习禅之禅？这应该去中国传统文化长河中寻找深层原因。这便涉及禅意作为禅宗书画观的文化生成基础问题。吴言生先生的《禅宗思想渊源》一书，以《楞伽经》《大乘起信论》《心经》《金刚经》《维摩经》《楞严经》《华严经》《法华经》《圆觉经》

---

❶　道霈. 鼓山诸祖道影记·为霖道霈禅师还山录（卷四）[M] // 新编卍续藏经，第 125 册：971（下）.

❷　肖燕翼. 评析董其昌的"画禅"[J]. 北京：故宫博物院院刊，1989（3）.

《涅槃经》等十部经典详细论述了佛教思想渊源。吴先生认为，"探讨唯识、佛性、般若、华严思想对禅宗思想的影响，是研究禅宗思想的基本前提"❶。本书首先阐述禅意与儒家思想的相关性，进而揭示禅宗思想（含禅宗书画观）如何在中国本土文化土壤上生根、开花、结果的轨迹与奥秘。

印度佛教传入中国之后，要与中国本土文化融合之后才能得到广泛传播与持续发展。隋唐时期，禅宗形成并发展，这是佛教文化与儒道思想相结合的产物。它是佛教中国化的典范。"禅宗中国化最关键的一步，就在于它顺应了儒、道、佛河流的总趋势。"❷ 其中，慧能的"即心即佛"说与孟子的"性善"论是一脉相通的。孟子主张，人人都有成为圣人的可能性，慧能受此影响，认为人人都有成佛的可能性。著名佛学专家赖永海先生认为，"六祖革命"的核心或者说根本点，并不在于"即心即佛"，而是慧能对于"心"本身所做的根本性变革，把传统佛教所说的"真心"变成众生当前现实之"人心"❸。慧能为何能够对传统佛教进行改革呢？这里要从儒家关注现实的入世精神寻找原因。我们知道，儒家文化是最通人情的，其核心就是仁，出发点和落脚点都是人。《论语》讲"修己以敬"❹，《孟子》讲"存其心，养其性"❺，《大学》讲"止于至善"❻，《中庸》讲"天命之谓性，率性之谓道"❼，这一切都是强调自身修心养性的重要性，以及转凡成圣的道理。慧能祖师禅提倡的"即心即佛""顿悟自性"，其思想渊源主要是儒家人性论。

在明代，憨山德清禅师早就指出："孔圣若不知老子，决不快活；若不知佛，决不奈烦……孔、老即佛之化身也。后世学佛之徒，若不知老，则直管往虚空里看将去，目前法法都是障碍，事事不得解脱；若不知孔子，单单将佛法去涉世，绝不止世道人情，逢人便说玄妙，如卖死猫头，一毫没用处。"❽ 关于佛儒交融状态，他指出："所谓不知春秋，不能涉世；

❶ 吴言生.禅宗思想渊源［M］.北京：中华书局，2001：2.
❷ 吴平.《坛经》与儒道思想［M］//黄夏年.六祖慧能研究.郑州：大象出版社，2013：317-318.
❸ 赖永海.佛学与儒学［M］.北京：中国人民大学出版社，2017：143.
❹ 论语·宪问第十四［M］//朱熹.四书章句集注.北京：中华书局，2011：149.
❺ 孟子·尽心章句上［M］//朱熹.四书章句集注.北京：中华书局，2011：327
❻ 吕友仁.礼记讲读［M］.上海：华东师范大学出版社，2009：221.
❼ 吕友仁.礼记讲读［M］.上海：华东师范大学出版社，2009：178.
❽ 德清.老子道德经解［M］.梅愚，点校.武汉：崇文书局，2015：10.

墨香禅意——中国古代禅宗书画观研究

不知老庄，不能忘世；不参禅，不能出世❶。"德清以禅释儒家之"仁"。

近年有学者提出儒禅一体的新禅学的设想。认为传统禅学与新儒家在心性论方面是相通的❷。总之，禅意与儒家思想之间存在诸多相通点。

二、禅意与道家

禅意的形成，不仅与儒家有关，其实与道家的关系更为密切。普遍认为，达摩是中国禅宗的始祖，禅是佛教梵文中的翻译。其实，禅意之禅也是中国学者和僧人在道家思想基础上的创造性思维与意境。禅宗哲学作为禅宗书画观的思想基础，是大众化的儒家哲学与老庄哲学。以"定"为核心的习禅之禅，一变而为以"慧"为核心的禅宗之禅，主要是因为老庄玄理和思辨性格。麻天祥教授认为，"禅"的出现，既非对印度佛教中某一概念的音译，也非意译，而是在翻译中借题发挥，有意识地取《庄子》之辞，寓意于华妙难知、玄奥深解之思，而进行的创造性翻译❸。麻先生的研究对我们探究禅宗的道家文化渊源，具有重要的启发意义。在此基础上，笔者发现道家与禅宗存在三个方面的相通之处。

（一）具有相通的核心范畴

"道"与"心"分别是道家禅宗的核心范畴。道是道家的核心范畴，道的原始意义是路，从这个意义上说，道家是关于"路"的美学。"路"是人与自然关系的确立，是人类探索自然奥妙的途径。

道家之道具有两大特点，分述如下：

其一，自然无为性。道家以自然为本，道就是自然，自然即道。庄子提出："夫虚静恬淡寂寞无为者，天地之本而道德之至也❹。"他说："在太极之先而不为高，在六极之下而不为深，先天地生而不为久，长于上古而不为老❺。"

其二，齐一平等性。道是无差别的整体性存在，以道观物，就是以无

---

❶ 德清.学要·憨山老人梦游集（卷三十九）[M]// 新编卍续藏经（第 127 册）：777（下）.
❷ 葛学文.构建儒禅一体的新禅学 [J].甘肃社会科学，2019（1）.
❸ 麻天祥.中国禅宗思想史略 [M].北京：中国人民大学出版社，2009：2.
❹ 曹础基.庄子浅注 [M].北京：中华书局，1982：188.
❺ 曹础基.庄子浅注 [M].北京：中华书局，1982：95-96.

第一章 禅宗书画观的生成语境

35

分别心对待万事万物。《庄子》秋水篇提出六种观物方法：一是以物观物。即从事物感性出发去观察事物。二是以俗观物。即从世俗眼光观察事物。三是以差观物。即从矛盾的角度观察事物，结果发现事物的差别是相对的。四是以功观物。即从功利的角度观察事物。五是以趣观物。即从事物发展角度观察事物，结果发现事物变化无常。六则是以道观物。前五种观物方法都不可取。只有第六种观物方法即以道观物的方法，才是庄子提倡的观物方法❶。以道观物，万物并没有差别，这是由于道为万物之本，"天下之物，生于有，有生于无"❷。"无"实际上是"道"。以道观物，"天地与我并生，而万物与我为一❸。"

"心"作为禅宗美学的核心范畴，与道家的中心范畴"道"具有内在联系。换句话说，禅宗用道家的自然无为理论，把传统佛教的"彼岸世界"拉回到此岸的现实人间，使传统佛教佛性论发展为禅宗富有人性特色的心性论。禅宗把"心"作为哲学和美学的逻辑起点和理论基石，即禅宗是心宗，"禅"与"心"异名同体。禅宗主张心境互相依存，"心不孤起，托境方生，境不自生，由心故现"❹，"如人饮水，冷暖自知，各各观心，各各察念"❺。"禅"是"吾心之名"，是众生具有的"自心""自性"。的确，禅宗时时处处以"心"为本，"直指人心，见性成佛"是指"心"；实相无相——无相即是指"心"；教外别传——这正是传心。马祖道一所谓的"平常心是道"，平常心也是禅者的无分别心，即对成败得失不去区别，只知尽心去做就是。禅宗以"心"为本体，自然认为"心"也是"美"的本体。禅宗对"心"的关注与体验，也是对精神的关注，同时拓宽了审美视域。禅宗主张"明心见性"，保持自家本来面目，艺术家则强调反思人生、洞察灵魂。禅宗以心为本，这个心不是理性之心，它区别于唯识宗的"识"，也不同于华严宗的"一真法界"，而是当下现实之心，即平常心。

综上所述，道家的道自然无为，而禅宗的心虚空灵智，两者存在相通之处。

---

❶ 曹础基.庄子浅注［M］.北京：中华书局，1982：237-257.
❷ 憨山.老子道德经解［M］.梅愚，点校.武汉：崇文书局，2015：83.
❸ 曹础基.庄子浅注［M］.北京：中华书局，1982：30.
❹ 宗密.禅源诸诠集都序［M］.阎涛，释译.北京：东方出版社，2017：81.
❺ 宗密.禅源诸诠集都序［M］.阎涛，释译.北京：东方出版社，2017：83.

（二）都用直觉思维方式

老子提出："绝圣弃智，民利百倍；绝仁弃义，民复孝慈；绝巧弃利，盗贼无有❶。"庄子说："天地有大美而不言"❷。只有与"道"相合为一，万物才可能达到和谐的境界。

禅宗讲的最多的就是"悟"，这个悟与道家虚静状态有相通之处，两者都强调直觉思维。在南宗禅里，尤以"顿悟"为其宗教体验之根本。在《坛经》中，有顿悟之说："我于忍和尚处，一闻言下大悟，顿见真如本性，是故将此教法流行后代，令学道者顿悟菩提，令自本性顿悟❸。"慧能的大弟子神会大倡其师的"顿悟"说："若遇真正善知识，以巧方便，直示真如，用金刚慧，断诸位地烦恼，豁然晓悟，自见法性本来空寂，慧利明了，通达无碍。证此之时，万缘俱绝。恒沙妄念，一时顿尽❹。"这些例子充分说明"悟"是禅宗的根本体验方式。而这种"悟"，必须是个体的直接体验。靠理性的思维方式，靠固定的传授模式，靠文学语言的传授，虽不能断言毫无用处，但故知本性自有般若之智，自用智慧观照，不假文字。

道家的虚静之心与禅宗的顿悟之心，皆是一种否定差异性、整体把握的直观体悟的思维。

（三）都有重生贵人的生命意识

庄子的贵生重身的观念在看重人的本质这一点上与禅宗是类似的，但是恰恰这一点又与禅宗无念、无住、无相的思想有所区别，即道禅的重生同中有异，道家的贵生重身（形）含有求生之意，后来的道教在此基础上引发出长生不老的观念。按照陈撄宁先生的看法，庄子的"心斋"完全是讲气功的做法。气功过程由意念归一、心气无分、神气合一等环节组成。尤其是庄子的"庖丁解牛"寓言，对我们保养身体具有启发意义。道家在追求精神自由的同时，注重肉体生命的存在。庄子发明了"无用之用"的全生法。"无用"是指无用于他人，对他人无用则不会为人所损害，能保全自己；能保全自己便是有用于己。这一方法与老子居卑处下的生存原则

❶ 憨山.老子道德经解［M］.梅愚，点校.武汉：崇文书局，2015：44.
❷ 曹础基.庄子浅注［M］.北京：中华书局，1982：325.
❸ 慧能.坛经校释［M］.郭朋，校释.北京：中华书局，1983：59.
❹ 杨曾文编校.神会和尚禅话录［M］.北京：中华书局，1996：92.

手段虽异而目标却同，都是为了保全生命，体现了他们对生命的珍重。道家反对任意妄为，认为生命的最高境界是人与大自然的和谐。

既不执着于物，又不执着于我，明心见性，自在无累，是禅宗的一个显著特征，与道家纯任自然的思想是相通的。

因此，从道家与禅宗的核心范畴、直觉思维和生命意识三个方面的相关性来看，禅宗思想作为禅宗书画观的思想基础，主要是道家哲学思想上的创造性发展。

三、禅意与玄学

禅意作为禅宗书画观的生成基础，不仅深受儒道文化的影响，而且还与魏晋玄学有相通之处。

禅宗作为佛教中国化而产生流行的一个派别，偏重内省修炼，沉思冥想，主张自悟佛性。这种内省自悟的方式，比较合乎中国士大夫的口味，与魏晋玄学有相通之处，适应于中国当时的生态环境，因而禅宗在唐宋时期兴盛起来。禅宗与玄学的相关性包括本体论、人性论、思维方式和语言表现四个方面。

（一）本体论上的相似性

禅在本体论上认定心是世界的本源，是唯一的本体，世界万物都是虚幻不实的。禅宗认为"心"即万物之本体，当然也是美的本体。对"心"的关注，也是对精神生态的关注，同时拓宽了审美创造与欣赏领域，使中国文学艺术走向内心，走向超越。禅宗的"心"，即精神生态，与佛教的"空"是相通的。

玄学重新解读了儒道两家的哲学本体论，继续探讨一个更抽象更玄妙的宇宙本体，即把"无"作为宇宙本体。例如，王弼在解释《老子》时说"万物以自然为性，故可因而不可为也，可通而不可执也❶。"王弼形容"无"是绝对的、本源的、无限的，这样"无"被当作人类精神的栖息地。如果没有"无"的意识，恐怕玄学所带来的人的自觉和文学的自觉都

❶ 张节末.禅宗美学［M］.北京：北京大学出版社，2006：26.

墨香禅意——中国古代禅宗书画观研究

不复存在，这段历史也将重写。正是玄学之"无"，促使中国哲学美学从物质实体向内在精神的转变，当然也开启了禅宗虚灵化的思路，成为禅宗生态审美的前奏。所以，玄学之"无"与禅宗的"心"存在渊源关系。禅师用玄学的"无"解释"空"，六祖慧能在《坛经》中说"空"不多，而讲"无"的地方却很多。由于"空"来自印度佛教，与大众相距较远，而道家玄学的"无"则容易被老百姓接受，这也是禅宗走向世俗的表现。

（二）人性论上的相似性

在人性论上，两者都有自然之性的倾向。先看玄学人性论。玄学崇尚自然，追求自然人格。魏晋名士们心向自然，任性独往，而不愿屈从于恶劣的环境与权力。著名的"竹林七贤"就是取向自然生态的典型。如《世说新语》记录，王徽之曾乘舟访戴，造门不入而回，曰："本乘兴而来，兴尽而返。"❶他们不仅钟情于自然环境，而且追求一种自然飘逸的精神境界。在中国传统文化中，人伦之亲，早已被认定为"自然之性"。

再看禅宗人性论。佛教传入中土之后，逐渐摆脱了印度苦行僧的做法，认为在日常生活中人人可成佛，当下可成佛。禅宗佛性论认为，人人都有佛性。我的佛性，不是他人给的，而是本来就有的，"迷即不见佛，悟者即见"，"汝听，后代迷人，但识众生，即能见佛。""即缘有众生，离众生无佛心❷。"禅师常说"饥来吃饭，困来即眠"，只要按照本心自然生活便能悟道。这种佛性论具有平等观念和自主精神，与玄学主张自然人格理想是相通的。我们不妨以玄学家郭象与佛学家僧肇对圣人的描述为例进行比较。玄学家郭象说："夫圣人虽在庙堂之上，然其心无异于山林之中，世岂识之哉？❸""故圣人常游外以弘内，无心以顺有。故虽终日挥形，而神气无变；俯仰万机，而淡然自若❹。"意思是说，个体处于自然境界，不受外界的干扰和约束，保持淡然自若的状态。佛学家僧肇则说："是以圣人虚其心而实其照，终日知而未尝知也……所以俯仰顺化，应接无穷，无幽不察，而无照动❺。"僧肇引玄学自然思想到禅宗，对中国禅宗玄学化、

❶ 刘义庆.世说新语［M］.太原：山西古籍出版社，2004：219.
❷ 李申校译.方广锠简注.敦煌坛经合校译注［M］.北京：中华书局，2018：167.
❸ 郭庆藩.庄子集释［M］.王孝鱼，点校.北京：中华书局，1961.
❹ 郭庆藩.庄子集释［M］.王孝鱼，点校.北京：中华书局，1961.
❺ 张节末.禅宗美学［M］.北京：北京大学出版社，2006：33.

世俗化起了关键的作用。玄学与禅宗在关注自然人生、追求人格理想方面简直成为邻居了。

（三）思维方式的相似性

禅宗注重在生活实践中直觉顿悟，强调体用不二。所谓"体"，就是佛性、自性，所谓"用"，就是具体的生活实践。慧能说的"起真正般若观照，一刹那间妄念俱灭，若识自性，一悟即至佛地"❶，正是超越累世苦修、当下把握本体的"即心即佛"的方式。如马祖道一在南岳怀让"磨砖作镜"和"如牛驾车"的譬喻下，悟入"即心即佛"，就是在日常生活之"用"中体悟自性之"体"。南岳怀让看到马祖道一整天打坐，便以磨砖开示他。马祖在慧能、南岳怀让等禅师的基础上明确提出"平常心是道""道不用修"的观点。其主旨在于使人的生命活动与修道紧密联系起来。玄学认为世界的本体是无。汤用彤先生指出："玄贵虚无，虚者无象，无者无名。超言绝象，道之体也❷。"在王弼看来，"无"既能遍在于万物，又能保持自身之独立❸。另一玄学家郭象提出的自然观，既不同于庄子也不同于王弼的观点，为玄学通往禅宗美学的重要枢纽❹。郭象在《庄子注》中指出，"无即无矣，则不能生有"；同时，每一个事物"块然自生"地存在着，"掘然自得而独化"地发展着，事物之间不能互生，不能互资，也没有一个外在的推动力量，完全自足自立。《庄子·齐物论》："物无非彼，物无非是。"郭象注："物皆自是，故无非是；物皆相彼，故无非彼。无非彼，则天下无是矣；无非是，则天下无彼矣。无彼无是，所以玄同也❺。"郭象的自然独化论，可以称为"彻底的自然主义"。郭象不但贯彻"自然"之义有功，亦有功于特标"无心"之旨，而为庄子与禅宗打通了一道哲理连贯的桥梁❻，这与禅宗六祖慧能的"无念""无住""无相"主张很接近。

❶ 慧能. 坛经·般若品第二［M］// 杨五湖. 传世藏书·佛典. 海口：海南国际新闻出版中心，1996：284.

❷ 汤用彤. 魏晋玄学论稿［M］. 北京：生活·读书·新知三联书店，2009：30.

❸ 李昌舒. 意境的哲学基础［M］. 北京：社会科学文献出版社，2008：11.

❹ 张节末. 禅宗美学［M］. 北京：北京大学出版社，2006：30-31.

❺ 郭庆藩. 庄子集释［M］. 王孝鱼，点校. 北京：中华书局，1961：66.

❻ 傅伟勋. 老庄、郭象与禅宗——禅道哲理联贯性的诠释学试探［M］// 从西方哲学到禅佛教. 北京：生活·读书·新知三联书店，1989：397，410.

（四）语言表现的相似性

在言意关系方面，禅宗提出"不立文字，直指人心"的主张。按照慧能的看法，所谓"不立文字"，就是不执迷于文字，并非绝对否定文字。说不立文字，是强调文字对于体会禅理的障碍。禅理是什么？它不是认识论意义上的实体，而是存在论意义上的"存在"，只有通过超越语言、超越逻辑的直觉体验才能把握。

玄学的得意忘言、得意忘象的意与禅宗"不立文字，直指人心"主张存在相通之处。王弼提出"得意忘言"说，基本意思是语言只是把握事物本体的工具而已，不能取代本体，因此不能执着于语言文字，应该通过语言指引而在忘言中达到把握本体的目的。

禅宗与玄学具有密切的相关性，说明适意会心的魏晋玄学是唐宋禅宗思想形成的前提。

马克思在《政治经济学批判导言》中写道："人体解剖对猴体解剖是一把钥匙。低等动物身上表露的高等动物的征兆，反而只有在高等动物本身已被认识之后才能理解。"[1]按照这一思路，我们透过禅宗注重直觉的智慧更能发现传统儒道玄学思想的特点。

综上所述，禅宗与儒家、道家和玄学之间存在相关性。因此，禅悟之花和禅宗书画观，扎根于中国传统文化土壤，尤其不能忽视儒家、道家和玄学这三种文化思潮对禅意生成以及禅宗书画观的深刻影响。从禅意的中国传统文化根源来看，我们更应该拥有文化自信的底气。禅宗书画观中所蕴含的禅意，不仅源自中国传统文化母体，而且也是中国传统文化诗意化的归宿。下一节我们将重点讨论禅意作为诗性智慧这个问题。

第三节　禅意作为禅宗书画观的诗性智慧

前两节我们对作为禅宗书画观的本体范畴与文化蕴藉进行了考察和溯源，即探讨了禅意之禅的真谛以及与儒、道、玄学思想的相关性，而本节则把禅意作为禅宗书画观的诗性智慧来研究。所谓诗性智慧，是指让人成

❶　王元化.思辨录［M］.上海：华东师范大学出版社，2017：281.

为人，物成为物，让世界成为世界本身的审美澄明方式，即人与自然、社会、自我和谐统一的智慧❶。禅意正是以超然心态观照万物的诗性智慧。禅意作为诗性智慧的两种表现：现象直观与自性自度。从禅意作为诗性智慧来看，禅宗书画观就是禅师在书画审美领域体现的诗性智慧。

一、现象直观

禅意作为诗性智慧的第一种表现是现象直观。禅宗书画观中的禅意是一种既融合中国传统文化智慧（儒家、道家和玄学）而又超越某些因素的诗性智慧。正如美国神学博士、禅宗信徒阿伦·瓦兹所言："所谓解脱之道，我们无法从正面加以定义，只能通过表达'它不是什么'而暗示出来。在某种程度上，它类似于一位雕刻家从岩石上敲去块块碎石，最后呈现图像❷。"本章第一节我们在讨论禅意之禅时，已经否定了禅意的逻辑性、偶像性、神秘性和语言表达性，那么，禅意的真正内涵是指什么呢？如果说禅定之禅侧重于"定"的话，那么，禅意之禅则是指超越概念的"观"之顿悟境界。"观"在《说文解字》中被解释为"谛视"，借用现象学术语来诠释，则是参禅者"即色观空"的直观方法。禅意之禅，不同于儒家传统借用比兴获得的言外之意，也有别于道家的象征寓意，甚至超越了印度佛教的譬喻意义，而是指禅所独有的"即色悟空""明心见性""直指人心"的当下直观与顿悟境界❸。

在禅宗看来，了生脱死是头等大事，也就是说，跳出生死轮回获得自由解脱乃是修禅的根本目的。如问："生死到来时如何？"师云："遇茶吃茶，遇饭吃饭。"曰："谁受供养？"师曰："合取钵盂❹。"然而，"生死到来时"，就是生死到来时当下顿悟，这里不存在孔夫子"逝者如斯夫"的感伤，因为"禅意"中消除了儒家的无限绵延的时间意识；也没有庄子"濠梁之上"的鱼之乐，只是如平常一样"遇茶吃茶，遇饭吃饭"。大随法真这种对待死亡的心态，其实是禅师处于"休歇处"的现象直观。"休歇

❶ 邓绍秋.禅宗生态审美研究［M］.天津：百花洲文艺出版社，2005：1.
❷ 阿伦·瓦兹.禅之道［M］.蒋海怒，译.长沙：湖南美术出版社，2018：21.
❸ 张节末.禅宗美学［M］.北京：北京大学出版社，2006：271.
❹ 普济.五灯会元·大随法真禅师［M］.苏渊雷，点校.北京：中华书局，1984：238.

处"即神秀的"看净"："证得六根不动，了贪、瞋、痴性空。"❶特别强调"不动"。《金刚经》亦云："不取于相，如如不动。何以故？一切有为法，如梦幻泡影，如露亦如电，应作如是观。"❷"如如"❸就是"休歇处"所呈现出来的"现象"，是指禅师摒弃逻辑语言、实用功利（近似于现象学的悬置、还原）的直观状态，即六祖慧能所谓的"不思善、不思恶"的禅悟境界。

　　禅宗的"休歇处"与现象学中的"现象"存在异质同构的关系。现象学中的"现象"是什么？胡塞尔现象学中的"现象"一词有两重意义：即显现物与显现活动。所谓现象，就是存在的自我揭示。现象学的根本原则就是"走向事物本身"。我们以为，走向事物本身之所以能够实现，正是因为事物具有敞开性。事物的这种敞开性具有两种表现形式：一是事物自己呈现自己，即所谓的"现象"；二是通过其他事物来显现自身，或者自己显现其他事物。胡塞尔曾指出，最根本的东西是不能论证和推理的，凡是要论证、推理的绝不是最根本的东西。只有超越语言和逻辑的直觉才是最根本的，除此别无他路。这与禅宗主张的"不立文字，直指人心"有异曲同工之妙。

　　据海德格尔考察，现象的希腊文原意是指"就其自身显示自身者，公开者"。一方面，海德格尔肯定了胡塞尔从意向活动的角度对现象的解释：现象即显现；另一方面，他以为现象并不是胡塞尔式的本质显现，而是"存在"的显现。❹现象作为"存在的显现"，是敞开状态。近似于禅宗提出的"不思善、不思恶"的前思维状态，超越概念直观把握本质的方法。现象学中的"现象"，是悬置、排除一切成见概念之后所剩下的东西。"事物死而复生，重新出现，甚至连原先没看到的，都出现了"，"归根结底是让对象的当场自身构成、自身呈现被看到。"❺"对象的当场自身构成、自身呈现被看到"，与禅宗排除外在干扰和内心杂念（遮蔽状态）所得的内观

❶　印顺.中国禅宗史［M］.南昌：江西人民出版社，1999，112.
❷　赖永海.金刚经·心经·坛经［M］.北京：中华书局，2013：114.
❸　同上，对"如如"的注释：又作"真如""如实"，是"五法"之一。指正智所契合的真理，即不变不异一切存在的本体。诸法虽各有差别，然此真如法性，乃是平等不二的，故称为"如"。
❹　王先霈，王又平.文学批评术语词典［M］.上海：上海文艺出版社，1999：399-400.
❺　张祥龙.现象学导论七讲：从原著阐发原意［M］.北京：中国人民大学出版社，2011：54-55.

非常相似。

现象学中的"现象"与禅意之"禅"的相似性主要表现在两个方面：

首先，直觉论上的相似性。

禅宗所谓"父母未生时的本来面目"，这恰好与现象学悬置概念判断，通过直觉还原把握纯粹意识很相似。现象学与禅都重视直觉在把握事物本质过程中的作用。徐复观先生曾把庄子艺术精神主体（心斋之心）与现象学的纯粹意识进行对照。他指出"现象学的归入括弧，中止判断，实近于庄子的忘知。不过，在现象学是暂时的，在庄子则成为一往而不返的要求。因为现象学只是为知识求根据而暂时忘知；庄子则是为人生求安顿而一往忘知。"❶ 徐复观既指出了现象学与庄子心斋之心的共性，同时也指出了两者同中之异，这很有见地，对我们比较禅宗直观与现象学直观颇有启发意义。张节末先生在《禅宗美学》中就论及禅宗直观的现象学性质，认为禅宗直观"禅者对雪花的直观却与联想无关，它是在刹那间获得觉悟，容不得联想，而且它还以清除联想为条件。"❷ 还说："纯粹现象意义上的声色，只有禅宗的观色听声方法才可能达到，'一切色是佛色，一切声是佛声'，这种声色才是真正被视为纯粹现象的自然。"❸ 禅宗直观要"清除联想"，观照"纯粹现象的自然"，相当于现象学的"归入括弧，中止判断"。据张节末解释，"一切色是佛色，一切声是佛声"（《古尊宿语录》卷二《百丈淮海大智禅师语录之余》）中的色和声，是指颜色和声音，但理解上完全可以扩而大之指人的六根所对的一切现象，即色法❹。

其次，构成论上的相似性。

从现象学的构成论来看，人的本性是一种境域式的存在构成。人没有自己的现成本质，只有在让世界显现的方式中构成自身。人与世界的根本关系，并不是主体与客体相分离的关系，而是人在世界之中的相互缘构和相互构成。现象学构成论的"去分化"实际上也就是一种"构成"——超越自我的一种途径。所谓"自我"，是指从世界中分离出来的实体存在。只有超越自我，才能"去分化"。胡塞尔指出："一切问题中的最大问题乃

❶ 徐复观.中国艺术精神［M］.上海：华东师范大学出版社，2001：45-48.
❷ 张节末.禅宗美学［M］.北京：北京大学出版社，2006：142.
❸ 张节末.禅宗美学［M］.北京：北京大学出版社，2006：156.
❹ 张节末.禅宗美学［M］.北京：北京大学出版社，2006：154.

墨香禅意——中国古代禅宗书画观研究

是功能问题，或'意识对象（性）的构成'的问题"❶。禅境域中的"无分别心"与现象学构成论所谓"构成""去分化"思想具有相似点：一个通过无分别心超越主客二分式或世俗理性中的自我，另一个通过反主客二分、反主体性把人带到自由的空间，在推崇自由审美精神方面二者是一致的❷。

当然我们不能忽视禅与西方现象学之间的差异。我们认为，禅宗的现象直观，是佛教"中道"方法的具体运用，它超越并融合了此前的儒、道和玄学的思想。禅超越了此前的心物关系，转化为心色关系。佛教"中道"方法，就是不断否定（否定的方法叫"遮诠"，肯定方法叫"表诠"），"中道"方法的本质是"遮"而非"表"。中道方法与儒家的"中庸"方法表面上看好像有点类似，其实不然。吴汝钧先生曾把佛教的"中道"方法与儒家的"中庸"方法进行比较，他运用图表示两者之间的区别，如图1-1所示。

图 1-1 "中道"与"中庸"的比较

在"中庸"方法中，人们否定 a、否定 b，肯定 a 和 b 的折中 c；而"中道"方法则不仅否定 a，否定 b，而且否定 a 和 b 的折中 c，不断否定的结果是 c 超越了 ab 连线所表示的任何东西。比如说"有"与"无"，以"中道"观之，结果是："佛能灭有无"……离有亦离无。❸"定有则著常，定无则著断，是故有智者，不应著有无。"❹禅宗现象直观也是不定有无的中道方法的运用与发挥。

❶ 胡塞尔.纯粹现象学通论［M］.李幼蒸，译.北京：商务印书馆，1997：58.
❷ 李天道.现象学美学构成识度下的"禅"［J］.天府新论，2009（6）.
❸ 吴汝钧.龙树《中论》的哲学解读［M］.台北：台湾"商务印书馆"，1997：260.
❹ 吴汝钧.龙树《中论》的哲学解读［M］.台北：台湾"商务印书馆"，1997：262.

禅宗这一中道观照方式在中国美学史上具有特别重要的意义，即从原来的道家自然观、儒家道德观转向禅宗的中道观与主体心灵，这对于本书研究禅宗书画观来说更富有启发意义。

在禅师看来，现实时空只不过是境由心造的假象，其本体为空。有僧问："正见物时，见中有物不？"答："见中不立物。"问："正见无物时，见中有无物否？"答："见中不立无物。"见者与被见之物根本不能拆分开来，诚如唐代马祖道一禅师所说："心不自心，因色故有"，"心""色"都不能脱离色空互映共生的关系而独立存在。"见中不立物"，"见中不立无物"，视为观空之色而已，这个"色"只是个假名，其本体为空。所谓"物"与"无物"，均为假象，都是因缘而生，一旦脱离具体情境便成为了纯粹现象。王维和苏轼的创作充分践行了禅宗的空观智慧。王维说："'人莫不相爱，而观身如聚沫'一语，显而易见是出于《维摩诘经》的'是身如聚沫，不可撮摩'，它同'是身如芭蕉，中无有坚'一样，都是譬喻'人身空虚'的"。❷王维这里所感应的"雪中芭蕉"，只是暂时的假名，业已突破了现实时空的限制，将芭蕉与人身视为一体，超越了时空的界限，反映了禅宗现象空观的特点。苏轼所谓"君子可以寓意于物而不可以留意于物"，就隐含着禅宗"于诸境上心不染"的思想。❸

总之，禅意之禅是通过现象直观的一种解脱之道。从现象学纯粹意识来看，禅意之禅是悬搁一切实用功利和逻辑思辨之后的本来面目，也是人的一种超越功利、逻辑的生存方式。"禅"的内涵涉及两个层面：一是禅为缘发构成的境域。禅不是现成的而是构成的，是一种随缘任运、一切皆真而又生机勃勃的自由构成境域；二是"心"（禅）是理想人格与审美境域。禅为众生的"本来面目"，总是以艺术的眼光来美化人生，肯定人生、把握人生、塑造一种理想人格，完成真善美相统一的人格。禅意之禅不是离开日常生活的纯浪漫艺术方式，也不是形而上的纯思辨方式，而是自然而然的诗性生存方式。

---

❶ 大珠慧海.顿悟入道要门论［M］.石峻.中国佛教思想资料选编（第二卷·第四册）.北京：中华书局，1992：177.

❷ 陈允吉.王维"雪中芭蕉"寓意蠡测［J］.复旦学报，1979（1）：81-86.

❸ "君子可以寓意于物而不可以留意于物"，出自苏轼：《宝绘堂记》，《东坡集》卷三十二。"寓意"即不住心于物，苏轼认为老子废"五色、五音"的思想具有片面性，他更赞同禅宗的思想，参见黄河涛.禅与中国艺术精神［M］.北京：中国言实出版社，2006：231.

二、自性自度

禅意作为诗性智慧的第二种表现为自性自度。如果说禅意的现象直观是思维方法论的话，那么，自性自度则主要是从本体论意义上说的。

（一）自性

禅宗所谓自性，是指诸法固有的自体、本性。禅宗六祖慧能所说的自性，为自心佛性、自己本性的略称，指自心之本来面目、本来体性。❶ 简言之，禅宗所谓的自性，是人人都具有的发起般若观照（现象直观）的清净本性。禅宗自性论是顿悟成佛和现象直观的根据。

明尧《修行过程中关于"自性"的种种"见刺"❷——对〈六祖坛经〉"自性"概念的重新解读》一文指出："从修行的角度来看，整部六祖坛经可以说主要是围绕两个问题在展开：一是'什么是自性'，二是'如何顿悟见性'。"❸ 确实，慧能在《坛经》中对自性的论述很多，诸如"善知识！见自性自净，自修自作自性法身，自行佛行，自作自成佛道。"❹ "世人性本净，万法在自性"❺，"心中众生，各于自身自性自度。何名自性自度？自色身中，邪见烦恼，愚痴迷妄，自有本觉性，将正见度，既悟正见，般若之智，除却愚痴迷妄众生，各各自度。"❻ 这是慧能祖师禅对自性自度的诠释。与早期禅宗"即心即佛"的佛性论比较，后期禅宗更强调心性本自天然。慧海回答门人问"和尚修道，还用功否"时说："饥来吃饭，困来即眠。"❼ 如果说早期禅宗从诸法中抽象一个佛性概念的话，后期禅宗则回到万法之中，这可谓是"青青翠竹无非般若，郁郁黄花尽是法身"❽。可以说，早期

---

❶ 陈兵.新编佛教辞典［M］.北京：中国世界语出版社，1994：96.

❷ 见刺：祖师们认为，知见为障道因缘，能害人慧命，其危害很大，而其行相又甚为隐秘，难于觉察，故谓之"见刺"。参见明尧：《修行过程中关于"自性"的种种"见刺"——对〈六祖坛经〉"自性"概念的重新解读》，参见黄夏年.六祖慧能研究［M］.郑州：大象出版社，2013：164—165.

❸ 明尧.修行过程中关于"自性"的种种见刺——对《六祖坛经》"自性"概念的重新解读》，见黄夏年主编.六祖慧能研究［M］.郑州：大象出版社，2013：154.

❹ 慧能.坛经校释［M］.郭朋，校释.北京：中华书局，1983：38.

❺ 慧能.坛经校释［M］.郭朋，校释.北京：中华书局，1983：39.

❻ 慧能.坛经校释［M］.郭朋，校释.北京：中华书局，1983：44.

❼ 慧能.坛经校释［M］.郭朋，校释.北京：中华书局，1983，222.

❽ 道原.景德传灯录（卷二十八），大正藏（卷四七）：557.

禅宗（祖师禅）佛性论更多儒学的影子，而后期禅宗（分灯禅）佛性论更带有庄学味道。不管早期还是后期禅宗，在佛性即自性、诸法不可分别的基本观点上是一脉相通的。

元代中峰明本禅师说："禅何物也，乃无心之名也；心何物也，即吾禅之体也。达摩西来，只说直指人心，初无所谓禅，盖于直指之下，有所悟入。于既悟之间，主宾问答，得牛还马，遂目之为禅。"接着，他明确指出："惟禅与心，异名同体"❶他在《西隐接待庵请》中说："形质既幻，描写亦幻。所不幻者，急着眼看。是甚么莫杜撰，推不向前便是这汉。"❷人的身体形质和万物一样，都是因缘和合、虚幻不实的，用画像来表现虚幻不实的东西，则更是虚上加虚。他认为，绘像不过是影子上觅影子。他认为绘画《十牛图》只是影子和方便，不能从中寻找全牛（本心）。❸

自性具有四个方面的属性：

第一，自性是不可言说的。慧能所谓的自性，包含三种含义。一是自性即佛性，即把自性当作众生成佛的根据；二是自性即本性，本性指真如本性，真是如此的意思；三是自性即智慧性，是说自性既是认识论范畴，也是本体论范畴，作为智慧性的自性牵涉见的问题。❹祖（指慧能）问："甚么处来？"曰："嵩山来。"祖曰："甚么物恁么来？"师（指怀让禅师）无语。遂经八载，忽然有省。乃白祖曰："某甲有个会处。"祖曰："作么生？"师曰："说似一物即不中。"祖曰："还假修证否？"曰："修证则不无，污染即不得。"祖曰："只此不污染，诸佛之所护念。汝既如是，吾亦如是……应在汝心，不须速说。"❺怀让禅师回答的意思是说，自己所悟到的"自性"只能体验，所谓言语道断，心行处灭，说什么都不对，它是不能言说的。六祖慧能非常肯定了怀让禅师的体悟，并且启发他，"应在汝心，不须速说"，这个人人具备的"自性"，诸佛以及修行者应该加以护念

---

❶ 中峰明本.示舞庵居士·天目中峰和尚广录［M］//兰吉富.禅宗全书（第48册）：73.

❷ 中峰明本.西隐接待庵请·天目中峰和尚广录（卷九）［M］//兰吉富.禅宗全书（第48册）：95.

❸ 中峰明本.题十牛图·天目中峰和尚广录（卷十）［M］//兰吉富.禅宗全书（第48册）：98.

❹ 李昌舒.意境的哲学基础——从王弼到慧能的美学考察［M］.北京：社会科学文献出版社，2008：228-230.

❺ 普济.五灯会元·卷三·南岳怀让禅师［M］.苏渊雷，点校.北京：中华书局，1984：126.

墨香禅意——中国古代禅宗书画观研究

的。总言之，在禅师那里，所谓自性是不可言说的。

第二，自性是不可执着、逻辑理解的。如赵州和尚的"庭前柏树子"，云门禅师的"干屎橛"，临济的棒喝醒脑，表面上看是非逻辑的、模糊的，甚至是混乱的，其目的是打破众生的迷情妄念，回归自性。我们以一则公案来说，如下。

> 仰（仰山慧寂禅师）问："如何得见佛性义？"师（中邑禅师）曰："我与汝说个譬喻：如一室有六窗，内有一猕猴，外有猕猴从东边唤猩猩，猩猩即应。如是六窗俱唤俱应。"仰山礼谢，起曰："适蒙和尚指示，无不了知。更有一事，只如内猕猴睡着，外猕猴欲与相见，又且如何？"师下禅床，执仰山手作舞曰："猩猩与汝相见了……"❶

我们的身体好比一座房子，开着六个窗户，就是眼耳鼻舌身意，里面的猕猴正是我们能够认知的心，外面的猕猴就是六尘。当内在的心处于安睡状态，外在的六尘无论怎么刺激叫喊，能知的心都没反应。仰山禅师的疑问是这时的佛性自性应该怎样找到？中邑禅师道出真谛：与你相见了。❷公案的中心意思就是放下能知的执着，不去逻辑推理的时候便能明心见性。总而言之，禅师所谓的自性只能直觉内求，是不可按照常规逻辑去推理论证的。

第三，自性是不能外求的。"迷人念佛生彼，悟者自净其心……佛是自性作，莫向身求。自性迷，佛即众生；自性悟，众生即是佛"等。❸慧能思想的独到之处，乃在于他对人性、自性、心性的具体论述上。❹在慧能看来，自性是众生成佛的前提和依据，自性即佛性，如果离开了自性便无成佛的可能性。

第四，自性只能自己亲证体验的。自性既是显现者又是被显现者，见

---

❶ 普济.五灯会元·卷三·中邑洪恩禅师［M］.苏渊雷，点校.北京：中华书局，1984：162.

❷ 明尧.修行过程中关于"自性"的种种"见刺"——对《六祖坛经》"自性"概念的重新解读》，参见黄夏年.六祖慧能研究［M］.郑州：大象出版社，2013：168-169.

❸ 慧能.坛经校释［M］.郭朋，校释.北京：中华书局，1983：66.

❹ 赖永海.中国佛性论［M］.北京：中国青年出版社，1999：196.

性就是自己显现自性。[1]六祖慧能对禅宗最大的贡献在于："把遨游于幻想太空的'清净心'变成当前现实之人心……以世俗化宗教为标帜的禅宗终于为佛教争得了更大的地盘，俘虏了更多的信徒，这是慧能即心即佛思想对于中国佛教的意义所在。"[2]但这种当前现实之心绝对不是个人的私心，而是一种具体的宇宙的心。[3]简单地说，慧能所指的"自性"，就是事物在当下感性经验中直接呈现的样子[4]，只能靠自己亲身体验，别人谁也取代不了。禅宗公案中的例子较多。一僧问："如何是佛？"百丈反问："你是谁？"[5]怀让问慧安："如何使祖师西来意？"慧安答："何不问自己意？"[6]僧问："如何是佛？"大龙智洪答："即汝便是。"[7]师曰："某甲虽在黄梅随众，实未省自己面目。今蒙指授入处，如人饮水，冷暖自知。"[8]这里的"如人饮水，冷暖自知"正是自性自度亲自体验之意。为什么自性要亲自体验？因为自性是圆融不二的，"凡是不能够从不二角度来理解自性，落在空有、色心、自他、内外、善恶、染净二边对立当中的，宗门中一概称之为'瞌睡汉''尿床鬼子'，又称'担板汉'。"[9]总之，自性来自自身的亲证体验。

（二）自度

禅宗所谓自度，就是靠自己的智慧去觉悟践行，即自觉自悟，自己做主，自己觉悟，也就是珍惜自身宝藏。禅宗所提倡的自度方法与前述

[1] 李昌舒.意境的哲学基础——从王弼到慧能的美学考察［M］.北京：社会科学文献出版社，2008：231.

[2] 李昌舒.意境的哲学基础——从王弼到慧能的美学考察［M］.北京：社会科学文献出版社，2008：202-203.

[3] 冯友兰.中国哲学史新编（中卷）［M］.北京：人民出版社，1998：659.

[4] 彭锋.完美的自然——当代环境美学的哲学基础［M］.北京：北京大学出版社，2005：253.

[5] 普济.五灯会元（卷三）·百丈怀海禅师［M］.苏渊雷，点校.北京：中华书局，1984：133.

[6] 普济.五灯会元（卷二）·嵩岳慧安国师［M］.苏渊雷，点校.北京：中华书局，1984：72.

[7] 普济.五灯会元（卷八）·大龙智洪禅师［M］.苏渊雷，点校.北京：中华书局，1984：493.

[8] 普济.五灯会元（卷二）·蒙山道明禅师［M］.苏渊雷，点校.北京：中华书局，1984：73.

[9] 明尧.修行过程中关于"自性"的种种"见刺"——对《六祖坛经》"自性"概念的重新解读》，见黄夏年.六祖慧能研究［M］.郑州：大象出版社，2013：163.

墨香禅意——中国古代禅宗书画观研究

自性慧根密切相关，因为禅宗认为心性外并无他佛，自性即佛，本心即佛。❶我们当前社会积极倡导的文化自信，或与禅宗自尊自信存在某种渊源关系。在禅师看来，明心见性是大事，是根本目标，别人是不能代替的。如五祖演大师曰："提刑少年，曾读小艳诗否？有两句颇相近。频呼小玉元无事，只要檀郎认得声！"提刑应"喏喏"。祖曰："且子细。"昭觉克勤禅师（五祖演大师弟子）问曰："闻和尚举小艳诗，提刑会否？"祖曰："他只认得声。"昭觉克勤禅师曰："只要檀郎认得声。他既认得声，为甚么却不是？"昭觉克勤禅师忽有省，见鸡飞上栏杆，鼓翅而鸣。复自谓曰："此岂不是声么？"遂袖香入室，通所得，呈偈曰："金鸭香销锦绣帷，笙歌丛里醉扶归。少年一段风流事，只许佳人独自知。"❷五祖演大师阅罢这首偈，大加赞赏，称为"参得禅也"。可见禅是"只许佳人独自知"，"如人饮水，冷暖自知"，要"亲证"方可悟道。要知道心为本，"一切般若智，皆从自性而生，不从外入"❸离开了自己这个主人翁，永远也不可能开悟的。总之，从以上现象直观和自性自度来看，禅意是一种超越功利和逻辑的诗性智慧，是对印度佛教和中国传统文化思想既有吸收又有所突破的高度融合。

综合以上三节内容，禅意作为禅宗书画观的本体范畴、文化蕴藉和诗性智慧，为禅宗书画观的生成，奠定了哲学、文化和艺术方面的基础。

本章小结

本章主要从本体范畴、文化蕴藉与哲学智慧三个维度，探讨禅意的特质即禅宗书画观的生成基础。

❶ 赖永海.中国佛性论［M］.北京：中国青年出版社，1999：291-292.
❷ 普济.五灯会元（卷十九）·昭觉克勤禅师［M］.苏渊雷，点校.北京：中华书局，1984：1254.
❸ 贾题韬.坛经讲座［M］.成都：四川人民出版社，1993：84.

一、禅意作为禅宗书画观的本体范畴

其一，禅定之禅。禅有两种含义：禅之禅与禅意之禅。这是与禅意之禅特别是南宗禅的顿悟法门有着较大的区别。其二，禅意之禅。我们运用禅宗的遮诠（否定）方法，认为禅之真谛即禅意之禅，是偏向智慧的精神力量，是一种意境。简言之，禅之真谛（禅意之禅）不仅是禅宗的本体范畴，也是禅宗书画观的本体范畴。

二、禅意作为禅宗书画观的文化蕴藉

禅意之禅的真谛应该从中国传统文化土壤中去寻找深层原因。这便是禅意形成的文化渊源，也是禅宗书画观的文化生成基础。我们主要探讨儒、道、玄学思想对禅宗思想（含禅宗书画观）的影响，即研究禅宗思想及禅宗书画观在中国文化长河中形成、发展的过程与规律。

三、禅意作为禅宗书画观的诗性智慧

禅意是一种超越世俗功利的诗性智慧，主要表现在现象直观与自性自度两个方面。现象直观即强调禅意突破传统儒家、道家、玄学的地方。由于禅宗书画观是禅意之禅在中国古代书画艺术中的体现，因此，现象直观也是禅宗书画观的生成基础。而自性自悟则是强调自我精神的自由解放，是揭示现象直观的内在根据。

本章从三个方面分析了禅宗书画观生成基础问题及其与本书中编、下编内容的关系，如图 1-2 所示。

墨香禅意
——中国古代禅宗书画观研究

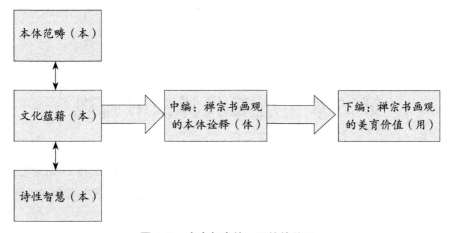

图1-2　本章与中编、下编的关系

第二章　唐五代禅宗书画观

禅宗书画观作为本书的主要研究对象，是指禅师或居士对书画的观点和智慧，而且是一个动态发展的概念。而禅宗书画观的形成与发展则离不开特定时期禅宗书画创作与接受实践。

禅宗书画是禅师或居士借以表现禅悟经验或者启发人开悟的书法或绘画，禅书禅画的核心不是图像本身（色），而是"万古长空，一朝风月""落叶满空山"的禅境（空）。要真正理解禅宗书画的意义，必须结合禅宗"不立文字，直指人心""明心见性"的本质特征来把握，也就是凭借"即色悟空"的现象直观去审视禅宗书画的本体。

英国学者迈珂·苏立文指出："是什么构成了禅画？直指本心肯定算作一种传统吗？"

贯休是中国禅宗画史上第一位杰出画家。他画的《十六罗汉》《释迦十弟子》"状貌古雅""见者莫不骇瞩"❶，黄休复《益州名画录》记载了他善草书图画"自梦中所睹尔"的故事。❷

禅宗书画是禅师"即色悟空"的感性经验，"一切色是佛色"，其本体为空，"丹青写出，是相非相"。❸禅画可以出自文人之手，也可以出自禅师笔下，关键看它是否画中有禅意，是以自然山水之色，去观照宇宙万象之空。

明复法师将禅画分为如来禅与祖师禅两个时期。以盛唐为分水岭，盛唐之前为如来禅时期，盛唐之后为祖师禅时期。如来禅时期的禅画追求语义的精确，祖师禅时期的禅画则重视平淡与消散的意境。

台北大学赖贤宗教授认为，广义的禅画分为三个时期：一是小乘禅、

墨香禅意——中国古代禅宗书画观研究

---

❶ 卢辅圣.中国文人画史［M］.上海：上海书画出版社，2015：129.
❷ 黄休复.益州名画录（卷下）·能格下品［M］//潘运告.宋人画评.运告，译注.长沙：湖南美术出版社，1999：195.
❸ 月江正印.俗侄刘俅请·月江正印禅师语录［M］//新编卍续藏经（第123册）.

大乘禅、如来禅时期的禅画，二是带有禅味的山水画和佛教人物画，三是禅宗画与画禅。❶皮朝纲先生在其专著《中国禅宗书画美学思想史纲》中，将禅宗书画美学思想历程划分为唐五代的发轫、宋代的自觉、元代的深化、明代的完形与清代的终结五个时期。❷

上述学者的研究成果对禅宗书画观发展历程的把握均具有启发意义。但如果再结合"长时段"与"知识型"的视角来看，我们可能会更为宏观、更加深刻地把握禅宗书画观的演变过程与规律。"长时段"是法国历史学家布罗代尔提出的历史时间概念。它是指一段长期缓慢的层积历史，包括社会组织多方面因素……它与"中时段"和"短时段"相区别。而"中时段"，是指一些描述性的周期局势；"短时段"只是瞬间发生的事件。❸在布罗代尔看来，只有"长时段"起着深层决定性的作用，构成事物发展的深层结构。这种理论蕴含了历史唯物论的智慧。马克思有"要了解一个特限定的历史时期，必须跳出它的局限，把它与其他历史时期相比较"❹的精辟论断。

借鉴布罗代尔长时段理论，并结合马克思主义历史唯物论的观点，我们把中国禅宗书画观的演变历程视为长时段，而把唐五代、宋元与明清三个时期划分为三个中时段。确立这种"长时段"视角，有利于宏观把握禅宗书画观的演变轨迹与发展脉络。

与"长时段"相关的"知识型"概念，是法国学者福柯在《知识考古学》中提出的，指"能够在既定的时期把产生认识论形态、产生科学、也许还有形式化系统的话语实践联系起来的关系的整体"；"能够存在于属于临近的但却不同的话语实践的认识论形态或者科学之间的双边关联。"❺简言之，知识型就是一定时期特定知识背后存在着的更宽广、更基础的知识体系。当某一时期的知识型发生转向时，就会引起当时哲学、宗教、文化、艺术和审美观念的相应变化。

---

❶ 赖贤宗.禅艺合流与石涛画论的禅美学［M］//意境美学与诠释学.北京：北京大学出版社，2009：53-57.

❷ 皮朝纲.中国禅宗书画美学思想史纲［M］.成都：四川美术出版社，2013：26-30.

❸ 布罗代尔.论历史［M］.刘北成，周立红，译.北京：北京大学出版社，2008：27-60.

❹ 马克思.十八世纪外交史内幕（1856年6-8月）［M］//马克思恩格斯全集（第44卷）.北京：人民出版社，1972：287.

❺ 米歇尔·福柯.知识考古学［M］.谢强，马月，译.北京：生活·读书·新知三联书店，1998：248-249.

本书第二、三、四章，笔者借用布罗代尔的"长时段"理论与福柯的知识型理论，具体考察禅宗书画观（禅宗对书法和绘画的观点和智慧），以及禅宗书画观在价值、心理和社会层面的三次重要转向。

第一次转向是唐五代禅宗的本土化与直觉化的转向。

这一次转向其实是从外来的印度佛教异域空间向中国本土话语空间转向。这一时期的禅宗书画观主要体现在价值层面上，承接着祖师禅"顿悟成佛"与"不立文字"的禅宗语言观。修禅者用指标月似的，借用各种符号、形象来衬托"禅道"。这一时期的禅宗书画反映了当时禅宗直觉化的特点。

第二次转向是宋元禅宗的文人化与境界化的转向。

这一次是从底层的农禅空间向上层的文人空间转向。这一时期的禅宗书画观，在心理层面上由前一时期的"不立文字"的口头禅（口头传播）向"不离文字"的文字禅（书面传播）转向，同时也是从禅领域逐步向艺术审美领域（艺）的转向。宋元时期的禅宗书画观反映了这一时期禅宗艺术化的倾向。

第三次转向是明清禅宗的融合化和世俗化的转向。

这一次是从文人空间向世俗空间转向。这时期的禅宗书画观，是在社会层面上由前一时期的心灵化、文人化向社会现实世俗化和感性化的转向，同时出现禅宗与儒道佛文化之间的大融合。禅宗书画观是当时禅宗政治化与生活化的集中体现。

第一节　唐五代禅宗书画观的形成

在分析唐五代禅宗书画观形成社会背景、思想渊源的基础上，本书在描述唐五代禅宗书画观演变轨迹同时，拟从禅宗话语的本土化、直觉化与唐五代书画美学思想等方面予以阐述。

一、禅宗话语的本土化与直觉化

唐五代禅宗书画观是在印度佛教话语经本土化的基础上形成的，主要受如来禅、祖师禅和分灯禅的影响。所以，我们要结合当时禅宗演变历程来理解禅宗书画观的特点。

禅宗是以禅立宗、以自性观照为本的中国佛教流派，也是印度禅话语体系向中国禅话语体系转化的产物。如果说"禅"是一种追求自然修行方式的话，那么，禅宗则是唐代中期产生的一个完全中国化的佛教流派。印度佛教只有禅，没有禅宗。

方立天教授在《心性论：儒道佛三角哲学的主要契合点》中提到："佛教哲学思想主要是倡导内在超越的一种宗教，是重视人的主体性思维的宗教哲学。它与同样重视内在超越和主体思维的中国固有的儒道思想，在文化旨趣上有着共同之处。"❶ 晚唐以来，中国佛教的代表禅宗尤其重视内在超越，这便是佛教与中国固有的儒道思想融合即外来宗教话语本土化的前提，也是唐五代禅宗书画观形成的本体性根源。例如，马祖道一洪州宗进一步彰显了慧能南宗日常化、本土化的特点："若欲直会其道，平常心是道。谓平常心无造作、无是非、无取舍、无断常、无凡无圣……只如今行住坐卧，应机接物尽是道。"❷ 他用农民的农耕实践生活话语取代佛教经典话语。到了中唐，禅宗主体主要是从北方流放到南方的农民，他们一边农耕一边参禅，兼有农民和禅师两种身份。

根据杜继文《佛教史》分析，"从禅众批量流动的生活方式，到群聚定居，经历了一个相当长的历史过程，有极其深刻的社会原因，特别是与北魏以来波浪式出现的流民问题息息相关。""道信（579—651）先入舒州（安徽潜山）皖公山……最后定居蕲州黄梅（湖北黄梅县）双峰山，一住三十年，聚众500余人，成为禅宗真正的发端者。"❸ 道信、弘忍开创的"东山法门"，就基本上是群聚定居于南方特别是湖北、江西山区的农禅，也是禅宗正式形成的时期。弘忍明确提出"役力以申供养"，把农业生产和自给自足方式引进禅宗修行领域，这是唐代禅宗本土化的主要内容。

马祖道一弟子南泉普愿禅师也为赵州说"平常心是道"，南泉弟子长沙招贤也为人说"平常心是道"："要眠即眠，要坐即坐"。❹ 马祖道一的

---

❶ 方立天.中国佛教哲学要义（上）[M].北京：中国人民大学出版社，2012：481.

❷ 道原.景德传灯录（卷二十八）·江西大寂道一禅师语录 [M] // 大正藏（第51卷）：440.

❸ 杜继文.佛教史 [M].南京：江苏人民出版社，2008：271-272.

❹ 印顺.中国禅宗史 [M].南昌：江西人民出版社，1999：328.

弟子百丈怀海把劳动定为禅门清规之一，禅僧必须参加"普请"（劳动），"一日不作，一日不食"成为禅门一句流行语。

唐代禅宗以具体生动的日常话语（本土化的直觉方式）取代印度佛教抽象的宗教术语（繁文缛节），不仅是语言学的转向，更是当时农禅生存环境的反映。唐代禅宗本土化的实质是适应下层农民参禅的需要，运用农业生产生活日常用语暗示参禅经验，超越佛教的宗教仪式、经典文本、佛祠佛像，单刀直入，切中要害，直指人心。

二、唐五代的书画美学思想

唐五代禅宗书画观不仅与禅宗思想相关，而且与当时的书画美学思想相互渗透。唐五代主要的书法美学著作有孙过庭的《书谱》，张怀瓘的《书断》《文字论》等。主要的绘画美学著作有张彦远的《历代名画记》、荆浩的《笔法记》。这些书画著作中，包括审美意象、审美创作、鉴赏理论方面的宝贵思想，且与唐五代禅宗书画观存在相似之处。

（一）审美意象论

唐五代的书画家提出了审美意象的命题。孙过庭的《书谱》对书法艺术的意象进行了描述："观夫悬针垂露之异，奔雷坠石之奇，鸿飞兽骇之姿，鸾舞蛇惊之态，绝岸颓峰之势，临危据槁之形；或重若崩云，或轻如蝉翼……同自然之妙有，非力运之能成。"孙过庭强调书法意象要把握自然的本体与生命，而不是仅仅与自然形态相似。书法家虞世南在《笔髓论》中也说："书道玄妙"，"非悟非心，合乎妙也"。❶ 张怀瓘在《文字论》中指出：书法必须"加之以玄妙"，才是"翰墨之道"。❷ 再如五代的画论家荆浩在《笔法记》中提出："画者，画也。度物象而取其真。"❸ 其意思是指绘画创作时不要停留在外观形态，而要注重描写造化自然的本体精神——真。他在《笔法记》中提出了"气""韵""思""景""笔""墨"这"六要"：气者，心随笔运，取象不惑。韵者，隐迹立形，备仪不俗。

❶ 叶朗.中国美学史大纲［M］.上海：上海人民出版社，1985：244.
❷ 叶朗.中国美学史大纲［M］.上海：上海人民出版社，1985：244.
❸ 何志明，潘运告.唐五代画论［M］.长沙：湖南美术出版社，1997：251.

思者，删拨大要，凝想形物。景者，制度时因，搜妙创真。笔者，虽依法则，运转变通，不质不形，如飞如动。墨者，高低晕淡，品物浅深，文彩自然，似非因笔。❶诗僧皎然在《奉应颜尚书真卿观玄真子置酒张乐舞破阵画洞庭三山歌》中提出绘画创作中的造境说："盼睐方知造境难，象忘神遇非笔端。"也就是画家在创作时一方面要做到"得意忘象"，在绘画创作中表现象外之象、景外之景，创造出形有尽而意无穷的境界。皎然这种观点与唐五代时期的"意象"说是相通的。

（二）审美创作论

唐五代的书画家在审美创作方面也提出过一些观点，如张璪提出"外师造化，中得心源"❷，这一观点力图解释书画审美意象产生的根源。郑昶（郑午昌）先生高度评价了张璪的画风："画松特出古今，能以手握双管，一时齐下。"❸叶朗先生也对张璪提出的"外师造化，中得心源"观点进行了较深刻的解释："对审美意象的创造的一种高度概括。离开了审美意象这个中心，就不可能把握这八个字的深义。"❹唐代僧人亚栖在《论书》中发表了他的书法通变观："凡书通即变，王变白云体❺，欧变右军体，柳变欧阳体，智永（永禅师）、褚遂良、颜真卿、李邕、虞世南等，并得书中法，后皆自变其体，以传后世，俱得垂名。若执法不变，总能入石三分，亦被号为书奴，终非自立之体。是书家之大要。"❻亚栖这段论述，一口气举出欧阳询、柳公权、褚遂良、颜真卿、虞世南等唐代众多书法大师，可见当时书法创作理论对他的影响很大。

（三）审美鉴赏论

在审美鉴赏上，张彦远在《历代名画记》中详细论述了绘画欣赏活动："遍观众画……凝神遐想，妙悟自然，物我两忘，离形去知，身固可

❶ 何志明，潘运告.唐五代画论［M］.长沙：湖南美术出版社，1997：252-253.
❷ 张彦远.历代名画记（卷十）［M］//何志明，潘运告.唐五代画论.长沙：湖南美术出版社，1997：246.
❸ 郑昶.中国画学全史［M］.长沙：岳麓书社，2010：116.
❹ 叶朗.中国美学史大纲［M］.上海：上海人民出版社，1985：249-250.
❺ 白云体，白云是晋穆帝书法家，传说王羲之（右军）还向他请教过书法.历代书法论文选（上册）［M］.上海：上海书画出版社，1979：37-38.
❻ 亚栖.论书［M］//历代书法论文选（上册）.上海：上海书画出版社，1979：297-298.

使如槁木，心固可使如死灰，不亦臻于妙理哉，所谓画之道也。"❶张彦远这里高度概括了审美观照（直觉妙悟）的基本特点与积极作用。这和道家虚静说是相通的。当时的禅宗书画美学思想更加注重"妙悟"在书画中的作用。张怀瓘在《文字论》云："不由灵台，必乏神气。其形悴者，其心不长。"❷贯休常用以狂怪意象评价书法作品，如"乍如沙场大战后，断枪橛箭皆狼藉。又似深山朽石上，古病松枝挂铁锡"；"天台古杉一千尺，崖崩岸折何峥嵘"。❸贯休评怀素的书法："铁石画兮墨须入，金鳟竹叶数斗余。半斜半倾山衲湿，醉来把笔狞如虎。粉墨素屏不问主，乱拏乱抹无规矩。"❹贯休赞赏怀素之狂僧气息，即不拘成法，大胆创新。

总之，唐五代书画美学思想与唐五代禅宗书画观的本土化（佛教禅宗儒学化、庄学化）倾向之间有着相似的思想进程。在这里，特别需要说明的是，当时世俗书画家与禅宗书画家都追求美与真的统一。如五代画论家荆浩提出画的定义："画者画也，度物象而取其真"，"若不执术，苟似可也，图真不可及也"。❺强调绘画既要"取真"（真），又要"执术"（美），这样才能有所成就。荆浩等画家与慧能、洞山良价、云门、皎然、齐己、贯休等禅门中人在论书画时都很看重事物的本体，都追求绘画艺术的本质和目标——"图真"。

第二节　唐五代禅宗书画观的内涵

唐五代时期的禅宗书画艺术资料不够完整，尚属于中国禅宗书画美学的发轫期。当然，禅师或居士们在阐述佛法主张时，还是涉及一些书画现象，表达了以禅论艺、以艺论禅的书画观点。五代时期荆浩主张"画者，画也，度物象而取其真"❻，这种主观、客观的关系，"无我""有我"的转

❶　何志明，潘云告．唐五代画论［M］．长沙：湖南美术出版社，1997：179.
❷　张怀瓘．历代书法论文选（上册）［M］．上海：上海书画出版社，1979：209.
❸　贯休．观怀素草书歌·禅月集［M］// 明复．禅门逸书初编（第2册第105号）：51.
❹　贯休．观怀素草书歌·禅月集［M］// 明复．禅门逸书初编（第2册第105号）：51.
❺　荆浩．笔法记［M］// 何志明，潘云告．唐五代画论．长沙：湖南美术出版社，1997：251.
❻　何志明，潘运告．唐五代画论［M］．长沙：湖南美术出版社，1997：251.

变，在一定程度上也具有了一定的禅味。传五代后蜀画家石恪《二祖调心图》（纸本墨画，日本正法寺藏）与禅宗有密切联系。❶ 从画面中可见，禅宗二祖伏在老虎背上，到底是打坐或者是睡着了，我们并不清楚；而那头平常凶猛的老虎现在无论如何是睡着了。画家使用的不是传统的毛笔而是粗糙的稻草或者竹篾之类的画具，描绘了老虎毛发和二祖的衣褶，具有动态感。这幅画可视为唐五代禅宗书画观（拒绝传统技法，注重本土直觉经验）的实践与典范。

总的来说，唐五代禅画的形成与禅宗同步兴起，从某种意义上说《二祖调心图》的直觉经验与洒脱飘逸代表了唐五代禅宗书画观的总体风格。唐五代禅宗书画观包括禅宗祖师的书画观，以及著名诗僧、书画僧的书画观。

一、禅宗祖师的书画观

（一）慧能的书画观

禅宗祖师的书画观，显然是以慧能的书画观为代表。慧能（638—713）关于塑性（绘画）与佛性（本心）关系的讨论，开创了以佛性论（禅意）解释文艺现象的先河，为以后的禅宗书画观的形成产生了十分深刻的影响。

《六祖大师法宝坛经》有段记载：

"忽有一僧来礼拜，云：'方辩是西蜀人，昨于南天竺国，见达摩大师，嘱方辩速往唐土。吾传大迦叶正法眼藏❷及僧伽梨❸，见传六代，于韶州曹溪，汝去瞻礼。方辩远来，愿见我师传来衣钵。'师乃出示，

❶ 高居翰.图说中国绘画史［M］.李渝，译.北京：生活·读书·新知三联书店，2014：49.

❷ 正法眼藏，又称"清净法眼"。释尊亲自咐嘱迦叶的涅槃妙心，谓之"正法"；洞悉正法的智慧称为"眼"；心法广大，含藏万法，谓之藏。《释氏稽古略》卷一："世尊曰：'吾有正法眼藏，涅槃妙心，实相无相，微妙法门，不立文字，教外别传，咐嘱摩诃迦叶。'"见任继愈.佛教大辞典［M］.南京：江苏古籍出版社，2002：356；慈怡.佛光大辞典［M］.北京：书目文献出版社，1989：1993.

❸ 僧伽梨：九条以上之衣，又叫僧伽胝，僧伽致。见慈怡.佛光大辞典［M］.北京：书目文献出版社，1989：5723；任继愈.佛教大辞典［M］.南京：江苏古籍出版社，2002：88.

次问：'上人攻何事业？'曰：'善塑。'师正色曰：'汝试塑看。'辩罔措。过数日，塑就真相，可高七寸，曲尽其妙。师笑曰：'汝只解塑性，不解佛性。'师舒手摩方辩顶，曰'永为人天福田。'师仍以衣酬之。"❶

　　从这段话可见，慧能的"不立文字、直指人心"的禅宗独特思想也渗透于塑像之中。塑像只是佛教造像的表现形式之一。佛像有多种形式，如画像、塑像、雕像、铸像等。这段话表明慧能对方辩善塑持否定态度，认为塑造的像不管多么像，都不能够表现本来面目（佛性），其实这就是南宗禅"教外别传，不立文字，直指人心，见性成佛"主张的注脚与发挥。明代僧人元来在《蜀僧为六祖塑像》中说："三十二相凭君塑，就里何曾有梵音。"❷元来认为，佛性是不能塑造出来的，"佛性分明亲指示，莫教辜负老婆心。"❸元来也主张，只要直下承当慧能大师的指示即可，不必去塑像。

　　慧能开创了中国书画美学史上以佛性论艺术的先河。❹这也是首次论述绘画与本心（禅意）关系问题，为后来禅宗书画观的发展奠定基础。佛性论是慧能禅学基本理论，也是禅宗立宗的根本理论，而佛性论的核心又是心性论。所以，禅宗又叫作心宗。这个心，不是如来藏清净心，而是现实生活中活泼自由的一念之心。慧能所谓的"性"（本性、自性、人性）是现实众生的本性，同时也是众生解脱成佛的根据。慧能从心性论出发，认为一切事物都是心的幻影（包括绘画在内）。作为幻影之一的绘画，当然不能够表现本心，因而慧能对方辩持否定态度。

（二）洞山良价的书画观

　　洞山良价（807—869）是曹洞宗的开创者，先参南泉普愿、沩山灵佑，最后赴湖南醴陵拜云岩坛晟为师。他在多年修行后感悟，"写真"（画像）并不能呈现本来面目（佛性、本心），涉及书画与本心的关系问题，

❶　慧能.六祖大师法宝坛经［M］//大正藏（第48册）第2008号.台北：新文丰出版有限股份公司，1983：358.

❷　元来.蜀僧为六祖塑像·无异元来禅师广录［M］//新编卍续藏经（第125册）：209.

❸　元来.蜀僧为六祖塑像·无异元来禅师广录［M］//新编卍续藏经（第125册）：209.

❹　皮朝纲.中国禅宗书画美学思想史纲［M］.成都：四川美术出版社，2012：41.

其书画观具体表现在四个方面：

一是徒观纸与墨，不是山中人。

洞山良价有《真赞》（画像赞）❶。所谓真赞，就是画像赞，就是禅门中人对画像的赞词。《高僧传》卷十三《经师第九·论》曰："东国之歌也，则结韵以成咏；西方之赞也，则作偈以和声。虽复歌赞为殊，而并以协谐钟律，符靡宫商，方乃奥妙。"❷ 中国佛教中有赞的传统，源自东晋支道林《释迦文佛像赞》《诸菩萨像赞》等。"赞"是一种评价的形式，所点赞的对象是佛祖、诸位菩萨、罗汉、祖师大德等。画像赞有自赞和他赞。他赞是禅师们普遍采用赞的形式来评价他人的画像。

据禅宗典籍记载，洞山良价开创了禅宗画像赞的先河。他认为，作为禅门中人不能一味强调笔墨画像，而要注重本来面目（禅意）。因为笔墨画像只是形式，而本来面目则是无相无形的，所以，有形之画像只是幻象，根本就不能描绘本来面目。洞山良价这种对待绘画的态度，不仅体现了分灯禅的观点，而且也是贯穿整个禅宗书画美学思想史的普遍观点：画像不能揭示佛性本心（本真生命），因为本真生命是不可限量的。用宋僧慧开的话说，本来面目"描不成兮画不就"❸。元僧善住阐明画像不能画出本心的理由："浮云类我身，形影暂相亲。见处若不彻，传来那得真。"❹元僧善住认为，人身如同浮云，都是"四大皆空"，其本体内在生命要靠"见处"悟出，画出的只是形影假象。为何画像不能揭示佛性本心（本真生命）？究其根本原因就是禅宗以心为本的本体观。禅宗以心立宗，特别看重心本体。禅宗认为："万法皆从心生，心为万法之本。"❺这个"心"是本来面目，又是不可思议，不可限量的无形无相。由此可见，画像与本心之间的关系是流（像）与源（心）之间的关系。

二是毋"事持笔砚，驰骋文章"。

洞山良价在《规诫》中提出："夫沙门释子，高上为宗，既绝攀缘，宜从淡薄。割父母之恩爱，舍君臣之礼仪，剃发染衣，持巾捧钵。履出尘

---

❶ 筠州洞山悟本禅师语录［M］// 禅宗语录辑要.上海：上海古籍出版社，1992：22.

❷ 高僧传（卷十三）·经师第九·论［M］// 大正藏（第 50 册），第 2059 号：414.

❸ 皮朝纲.游戏翰墨见本心——禅宗书画美学著述选释［M］.成都：四川民族出版社，2013：91.

❹ 善住.写真［M］// 明复.禅门逸书初编（第 6 册），第 119 号：3.

❺ 江西马祖道一禅师语录［M］// 新编卍续藏经（第 119 册），第 1321 号：812.

之径路，登入圣之阶梯，洁白如霜，清净若雪。龙神钦敬，鬼魅归降。专心用意，报佛深恩。父母生身方沾利益，岂许结托门徒，追随朋友，事持笔砚，驰骋文章。区区名利，役役趋尘。不思戒律，破却威仪。取一生之容易，为万劫之艰辛。若学如斯，徒称释子。"❶ 洞山良价在这段话中明确反对禅门弟子"结托门徒，追随朋友，事持笔砚，驰骋文章"❷。他主张出家人应有"洁白如霜，清净若雪"❸之人生境界，该有"履出尘之径路，登入圣之阶梯"❹之价值取向。洞山良价指出："夫沙门释子，高上为宗，既绝攀缘，宜从淡薄。"❺ 即是说，书画仅仅是悟道之手段，而不是目的本身。

三是"写真"与"本来面目"的关系。

《洞山悟本禅师语录之余》有段对话：

> 师（指洞山）问云岩："拟写和尚真，得也无？"岩曰："几得成。"师曰："寻常写真得七八。"云岩云："犹是失在。"师曰："不失时如何？"岩曰："直得十成。"师曰："古人道直得十成不似时如何？"岩云："他无成数。"❻

这是说，洞山书写"佛"字的书写活动本身，就是心（佛）的外在呈现。与师父云岩的机锋对话中，他作为云岩高足冲破语言的约束，也就是打破分别心，悟出写真（画像）是不能直得本来面目的。因为本来面目广大无比，不可限量，这与六祖慧能提出的"无念为宗""无相为体""无住为本"❼的主张是相通的。这则公案道出了丹青（绘画）不能描绘本体（本心）的真谛。

四是以书喻禅。

师于扇子上书"佛"字。云岩见，则书"不"字。雪峰见，乃一时除却。洞山在扇子上写字到底涉及哪些含义？

---

❶ 良价.规诫·筠州洞山悟本禅师语录［M］// 大正藏（第 47 册），第 1986 号：516.
❷ 良价.规诫·筠州洞山悟本禅师语录［M］// 大正藏（第 47 册），第 1986 号：516.
❸ 良价.规诫·筠州洞山悟本禅师语录［M］// 大正藏（第 47 册），第 1986 号：516.
❹ 良价.规诫·筠州洞山悟本禅师语录［M］// 大正藏（第 47 册），第 1986 号：516.
❺ 良价.规诫·筠州洞山悟本禅师语录［M］// 大正藏（第 47 册），第 1986 号：516.
❻ 洞山悟本禅师语录之余［M］// 禅宗语录辑要.上海：上海古籍出版社，1992：23.
❼ 慧能.坛经校释［M］.郭朋，校释.北京：中华书局，1983：31-32.

其一，以书喻禅、以书论禅，鲜明而突出地体现了禅宗"绕路说禅"的重要特点。暗示"佛"无处不在，无时不在，既不遥远也不抽象，就在日常生活中，就在扇子上，就在身边。

其二，书写"佛"字的活动本身，就是本心（佛）的外在呈现。曹洞宗主张"道遍无情"，所谓"佛""道"都只是假名，因为语言文字仅仅是参禅悟道的工具而已。洞山法嗣同安丕禅师说："风云体道，花槛璇玑。"❶洞山法嗣匡仁禅师回答云门禅师关于法身边事的问题时说："法身周遍。"❷意思是说，佛性遍及一切事物。良价在扇子上书写"佛"，云岩却书写"不"，又改做"非"，说明文字只是工具，不是本体本身。一方面，对待文字的正确态度应该是"得意忘言"；另一方面，也不能完全否定文字，既"不立文字"也"不离文字"。雪峰禅师则认为云岩洞山都陷入分别心，所以一时除却。宋僧天钵元看来，"洞山云岩，平地起堆"，乃是执着，"雪峰老汉，因事长智"，才真正有智慧。❸

总之，洞山良价看重禅境本心，并体现了禅宗绕路说禅的特点。

（三）云门文偃的书画观

文偃（864—949）是唐末五代禅师，系云门宗开创者。苏州嘉兴（今浙江嘉兴市）人，俗姓张，初往睦州（今浙江建德市）参黄檗希运的法嗣道明即世称陈尊宿，后投雪峰义存（德山宣鉴法嗣），契会宗要。后又投入灵树如敏会下，后嗣其法席。晚年居广东云门山光泰禅院，弘扬禅法。宋太祖追赐"大慈云匡真弘明禅师"❹。

《室中语要》："举韦监军见帐子画牛抵树。问僧：'牛抵树，树抵牛？'无对。师代云：'归依佛法僧。'"❺文偃对帐子画点评的核心在于：

❶ 普济.五灯会元（卷十三）·同安丕禅师［M］.苏渊雷，点校.北京：中华书局，1984：824.

❷ 普济.五灯会元（卷十三）·抚州疎山匡仁禅师［M］.苏渊雷，点校.北京：中华书局，1984：800.

❸ 皮朝纲.游戏翰墨见本心——禅宗书画美学著述选释［M］.成都：四川民族出版社，2013：14–15.

❹ 普济.五灯会元（卷十五）·云门文偃禅师［M］.苏渊雷，点校.北京：中华书局，1984：934.

❺ 云门匡真禅师广录（卷中）·室中语要［M］//禅宗语录辑要（上册）.上海：上海古籍出版社，2011：64.

云门宗重在道无所不在，佛法一切现成的宗派主张。所以，帐子画中不论是牛抵树还是树抵牛，都是佛法僧的表现。

据《五灯会元》记载，"上堂：诸和尚子莫妄想，天是天，地是地，山是山，水是水，僧是僧，俗是俗。"❶ 文偃认为所谓佛性一切现成，不需妄想。因此，文偃从本体切入，对帐子画做出直截了当的评语。在帐子画中，"牛"与"树"和天地山水一样，都是佛性真如的呈现。

（四）法眼文益的书画观

法眼文益（885—958）是五代时的僧人，法眼宗的开山祖。俗姓鲁，余杭（浙江杭州）人。曾参拜玄沙师备的法嗣罗汉桂琛，得其印可。先后住临川、金陵等地，圆寂后被南唐中主给以"大法眼禅师"称号。

其一，手巧心巧，以心为本。

有俗士献画障子，师看了，问云："汝是手巧心巧？"云："心巧。"师云："哪个是尔心？"❷ 文益禅师审视了画之后，提出了"手巧""心巧"的关系问题，而且进一步追溯心之本体。文益继承了石头宗的心物圆融的禅宗美学思想，并引用马祖道一的"心如工伎儿，意如和伎儿"，认为本心具有强大的审美功能。文益的再传弟子延寿在《宗镜录》中进一步阐述了"心"的不可思议的强大功能，恰恰是对文益的禅学思想的继承与发展。

其二，佛法现成，心外无法。

《景德传灯录》等记载了文益的生平事迹与美学思想。《金陵清凉文益禅师语录》举出：昔有一老宿住庵，于门上书"心"字，于窗上书"心"字，于壁上书"心"字。师云：门上但书"门"字，窗上但书"窗"字，壁上但书"壁"字。❸

文益禅师继承了石头宗"触目会道""理事不二"的禅学思想。他的高足天台德韶国师弘扬了他的"一切现成"的主张。"佛法现成，一切具足。岂不见道圆成太虚，无欠无余……为法身无相，触目皆；般若无知，

❶　普济.五灯会元（卷十五）·云门文偃禅师［M］//苏渊雷，点校.北京：中华书局，1984：931.
❷　清凉院文益禅师语录［M］//禅宗语录辑要.上海：上海古籍出版社，2011：96.
❸　金陵清凉院文益禅师语录［M］//大正藏（第47册），第1991号：591.

对缘而照。"❶ 文益及其子弟的禅法启发人们只从"满目青山"领悟宇宙生命本体，不需要逻辑思辨、抽象推理。

所以，文益禅师主张门上但书"门"字，窗上但书"窗"字，壁上但书"壁"字，没有必要再书"心"字。

二、诗僧的书画观

唐五代时期的诗僧提出了一些书画思想。我们以下重点介绍皎然、齐己的书画观。

（一）皎然论书画

皎然是唐代著名诗僧，俗姓谢，字清昼，是南朝谢灵运之十世孙，浙江湖州人。从雪峰义存禅师学佛十载，密受心印。皮朝纲先生对皎然的生平事迹做过系统的整理❷。关于皎然的宗系问题可参考相关资料，如……❸皎然师出律宗，颇重律学，但也博学他宗，不墨守成规，继承守真开放融通的宗风。皎然不少诗篇表现了北宗禅"坐禅""看心"的证悟方式，但皎然更倾向于南宗。❹皎然受天台宗和禅宗影响最大，晚年又接受马祖的洪州禅，并因此而引起修行方式、生活作风和诗歌创作的一系列深刻变化。❺在浙江湖州发现的《湖山胜景图》，是皎然的山水画真迹。❻下面我们重点阐述皎然的书画观。

首先，皎然在禅宗绘画美学思想史上，作出过重要贡献。

---

❶ 普济.五灯会元（卷十）·天台德韶国师［M］.苏渊雷，点校.北京：中华书局，1984：571.

❷ 皮朝纲.皎然书画美学观解读［J］.绵阳师范学院学报，2013（10）。皎然的生平事迹，请见《全唐文》卷九一九《唐湖州杼山皎然传》《宋高僧传》卷二十九、《释门正统》卷三、明复《杼山集解题》、贾晋华《皎然年谱》。

❸ 明复.禅门逸书初编（第2册），第104号［M］.台北：台湾明文书局，1981.

❹ 杨芬霞.中唐诗僧研究［D］.西安：陕西师范大学，2006.

❺ 郤林涛.皎然的佛学思想与诗歌创作·21世纪初皎然研究综述［J］.贵州社会科学，2011（10）.

❻ 刘宏伟，林鹰.旷世至宝，唐僧皎然山水画真迹惊现湖州——兼谈唐僧皎然及其《湖山胜景图》卷山水画艺术境界.

第一，提出"造境"说。

他在《奉应颜尚书真卿观玄真子置酒张乐舞破阵画洞庭三山歌》中提出了"造境"说。其歌云："道流迹异人共惊，寄向画中观道情。如何万象自心出，而心澹然无所营？手援毫，足蹈节，披缣洒墨称丽绝。石文乱点急管催，云态徐挥慢歌发。乐（音"洛"）纵酒酣狂更好，攒峰若雨纵横扫。天波澶漫意无涯，片岭峻嶒势将倒。盼睐方知造境难，象忘神遇非笔端。"❶皎然把玄真子张志和"置酒、张乐、舞破阵、画洞庭三山"的"狂"态表现得非常精彩。然后，他概括出绘画创作中的造境说："盼睐方知造境难，象忘神遇非笔端"，也就是画家在创作时要做到"得意忘象"，在绘画创作中表现象外之象、景外之景，创造出形有尽而意无穷的艺术境界。

第二，提出"神遇"说。

所谓神遇，就是绘画创作中观照对象的内在生命与深层意蕴的领悟。皎然在《周长史昉画〈毗沙门天王〉歌》中，高度评价唐画家周昉绘画创作的成就。皎然指出："长史画神独感神，高步区中无两人。雅而逸，高且真，形生虚无忽可亲。"❷周昉绘画创作的成功之处，在于"长史画神独感神"，即周昉"画神"（北方毗沙门天王像）能与"神"的精神相感通，他的"感神""合神"论，指出了杰出画家成功的奥秘之一，是绘画主体与绘画对象之间的精神相遇、高度沟通，并在运笔用墨上达到神化之境。

第三，最早创作画像赞。

在禅宗绘画史上，皎然是最早创作画像赞的人。其《洞庭山福愿寺神皓和尚写真赞》云：虎头将军艺何极，但是风神非画色。方颡明眸亦全得，我岂无言道贵默！双扉曙启跌坐时，百千门人自疑惑。❸皎然认为顾恺之的人物画创作成功的关键，是顾氏高度重视传神，即重神似——重"风神"，而并非只求形似而已。

其次，皎然在书法美学思想方面也有独特的见解。皎然的书法美学观归纳为以下四个方面：

---

❶ 皎然.奉应颜尚书真卿观玄真子置酒张乐舞破阵画洞庭三山歌·杼山集［M］//明复.禅门逸书初编（第2册），第104号.台北：台湾明文书局，1981：68.

❷ 皎然.周长史昉画《毗沙门天王》歌·杼山集（卷七）［M］//明复.禅门逸书初编（第2册），第104号.台北：台湾明文书局，1981：70.

❸ 皎然.洞庭山福愿寺神皓和尚写真赞·杼山集（卷七）［M］//明复.禅门逸书初编（第2册），第104号.台北：台湾明文书局，1981：90.

一是强调书法创造要充分体现个性。

皎然在《张伯英草书歌》中指出："须臾变态皆自我，象形类物无不可。"❶中国历代书法家和书论家都非常强调自我表现在书法创作中的体现。褚遂良对用笔和空间特别敏感，当代学者熊秉明对褚遂良的书法如此评价："褚书用笔极为敏感，一落笔即向上提，提到几乎要离纸而去，复缓缓下落，愈落愈低，到达笔划末端一顿刹住，或以一波荡开。"❷朱和羹《临池心解》云："作书要发挥自己性灵，切莫寄人篱下。"❸唐张怀瓘《书断》中称张芝的书法"如流水速，拔茅连茹，上下牵连，或借上字之下而为下字之上，奇形离合，数意兼包……神化自若，变态不穷。"❹

二是书法创作要凝神静思。

皎然重视"凝然"结字，在审美想象中营构意象，其情景有如独鹤飞翔在寥廓的兰天："有时凝然笔空握，情在寥天独飞鹤。"❺中国古代书论家，都很重视书法创作前的凝神静思，集中思想，排除杂念，心定气和。明代项穆云："澄心定志，博习专研，字之全形，宛尔在目。"❻只有在凝神静思之中，才能有神思飞腾，才能有"情在寥天独飞鹤"的兴会爆发，才会有奇妙审美意象的萌生。

三是重视书法"取势"构境。

所谓书法取势，是书法的基本功之一。一是指用笔时取得态势的技法；二是指结字时取得态势的方法。作书重在取势，通过取势来表达书家的思想情感及风格特点。清代书论家姚孟起《字学忆参》云："既曰分间布白，又曰疏处可走马，密处不透风。前言是讲立法，后言是论取势。二者不兼，焉能尽妙？"❼

❶ 皎然.张伯英草书歌·杼山集［M］//明复.禅门逸书初编（第2册），第104号.台北：台湾明文书局，1981：69.

❷ 熊秉明.中国书法理论的体系［M］.香港：商务印书馆香港分馆，1984.

❸ 朱和羹.临池心解［M］//历代书法论文选（下册）.上海：上海书画出版社，1979：733.

❹ 张怀瓘.书断（上）［M］//历代书法论文选（上册）.上海：上海书画出版社，1979：163.

❺ 皎然.张伯英草书歌·杼山集［M］//明复.禅门逸书初编（第2册），第104号.台北：台湾明文书局，1981：69.

❻ 项穆.书法雅言·神化［M］//历代书法论文选（上册）.上海：上海书画出版社，1979：530.

❼ 姚孟起.字学忆参·明清书法论文选［M］.上海：上海书店出版社，1995：907.

最后是重视书法作品的审美感受。

皎然在《陈氏童子草书歌》中指出，书法的上乘之作，能给人以强烈的审美感受。他充分肯定、赞赏陈氏童子有草书天赋，"书家孺子有奇名，天然大草令人惊"；[1] 其书写之壮观，疾速挥洒，笔下生风；认为其笔划犹如"太行片石看欲崩"，其点如"有时作点险且能"，其笔势之狂怪，"偶然长擘浓入燥，少室枯松敧不倒"。总之，皎然被其书法震撼不已，获得开怀愉悦之感。

（二）齐己论书画

释齐己（864—937），俗姓胡，名得生，自号衡岳沙门，长沙人。唐末五代时期著名诗僧，一生酷爱吟诗，著有《白莲集》十卷，诗学理论《风骚旨格》一卷，留诗 800 多首，诗歌数量在诗僧群体中位居第一。从他丰富的诗歌内容也可大致探寻他的人生经历。从《道林寓居》《题东林十八贤贞堂》《渚宫莫问诗十五首》等诗篇可知他一生栖居沩山同庆寺、长沙道林寺、庐山东林寺及荆渚龙安寺。齐己是自幼出家，出家后刻苦好学。他不仅系统学习了佛门的经典律仪，而且还颇好吟咏，长久的佛寺生活也成为齐己禅理诗的生发之源。此外，他还云游四方，拜谒山水，广泛参学，与同门的高僧大德诗歌唱和。虽然齐己是沩仰宗的传人，但他却遍参禅林，拜访各地的高僧大德，从他们那里获得禅法的智慧，来提高自己的修证境界。他曾到达过湖南、江西、浙江、江苏等地的寺院，与许多高僧都有过交往，这也为他创作山水诗和交游诗提供源泉。[2] 其实，齐己除了喜好诗文以外，对书画也有一定研究：

一是绘画创作要表现出本真精神。齐己《题画鹭鸶兼简郎中》："曾向沧江看不真，却因图画见精神。何妨金粉资高格，不用丹青点身。思量画得胜笼得，野性由来不恋人。"[3] 他所谓的精神，不在于再现客观事物，而在于心灵的表现。他强调绘画创作要表现实的精神。画出的鹭鸶野性十足，可谓传神之笔："思量画得胜笼得，野性由来不恋人。"活泼神态跃然

❶ 皎然.陈氏童子草书歌·杼山集［M］//明复.禅门逸书初编（第2册），第104号.台北：台湾明文书局，1981：74.

❷ 宋新乐.齐己僧诗的佛禅美学研究［D］.济南：山东理工大学，2018.

❸ 齐己.题画鹭鸶兼简孙郎中·白莲集［M］//明复.禅门逸书初编（第2册），第106号.台北：台湾明文书局，1981：97.

纸上："何妨金粉资高格，不用丹青点身。蒲叶岸长堪映带，荻花丛晚好相亲。"不需要任何的加工，自然天成。

二是绘画欣赏方面强调亲身体验。齐己不仅在绘画创作上有独特的见解，而且对绘画欣赏也发表过很精彩的论述："敢望重缘饰，微茫洞壑深。坐看终未是，归卧始应真。"❶"坐看终未是，归卧始应真"中就体现了南朝宋画论家宗炳提出的"卧游"说的基本内涵，意思是审美欣赏者与审美对象相互交融，达到物我两忘的自由境界。

三是充分肯定绘画艺术的审美效果。齐己重视欣赏活动中的审美效果。他说："半幅古潇颜，看来心意闲。何须寻鸟道，即此出人间。"❷观赏一幅古色的山水画能使烦恼消除，心态平和。

三、书画僧的书画观

唐五代时期的书画僧具有较丰富的艺术创作经验，提出了重要的书画艺术观点。这里重点介绍亚栖、怀素和贯休的书画观。

（一）亚栖论书画

亚栖，唐代僧人，河南洛阳人，善书法，得张旭笔意。❸据《宣和书谱》记载，亚栖"喜作字，得张颠笔意。昭宗光化中，对殿庭草书，两赐紫袍，一时为之荣。"❹亚栖的书画思想表现在两个方面：

一是重"变"：亚栖不仅善书，而且论书精辟。

亚栖一口气举了王羲之、欧阳询、柳公权、智永、褚遂良、颜真卿、李邕、虞世南等大家融会贯通、自出新意的成功案例。同时也指出："执法不变，纵能入石三分，亦被号为'书奴'，终非自立之体。"❺这对后世书法家颇具启发作用：若一味摹古、泥古，终究只是"书奴"；若要自成一

---

❶　齐己.谢重缘旧《山水障子》·白莲集［M］//明复.禅门逸书初编（第2册），第106号.台北：台湾明文书局，1981：67.

❷　齐己.谢兴公上人寄山水筱子·白莲集［M］//明复.禅门逸书初编（第2册），第106号.台北：台湾明文书局，1981：37.

❸　于建华，于津.中国佛门书画家图典［M］.北京：学林出版社，2013：40.

❹　亚栖生平事迹请参见《佩文斋书画谱》卷三、《宣和书谱》卷十九。

❺　皮朝纲.游戏翰墨见本心——禅宗书画美学著述选释［M］.成都：四川民族出版社，2013：17.

家，必须要"通变"。

总之，强调通变是书法家成功的关键，因为书法是创造性的活动。

亚栖的书法通变观具有三个方面的意义：

第一，在中国书法史上的意义。它反映了中国书法发展演变的基本规律，既要有尚古、崇老、恋旧的一面，又要有勇于创新的一面。唐代孙过庭《书谱》所说的"规矩"与"从心所欲""平正"与"险绝"的关系，其实质也反映了"通"与"变"之间的关系。亚栖指出，变是书法创作成功之关键，因为书法艺术是一项创造性很强的表现型艺术，如果没有"变"就缺乏艺术生命力。当然这个"变"也不是盲目的，而是在博采众长、融会贯通基础上的"变"。作为佛门书法僧，如此重视书法传统与革新的关系，实属难能可贵。

第二，在中国禅宗史上的意义。亚栖提倡通变观，强调新变，还与禅宗的反对权威、张扬个性的主体自由精神和"不即不离"中道方法有密切关系。在这里，"通"即博采众长，融合各家风格，"变"则是大胆革新、超越，两者合起来近似于禅宗"不即不离"的意思。亚栖以禅论书，自称他的草书"吾书不大不小，得其中道。若飞鸟出林，惊蛇入草。"❶这里的"中道"，正是禅宗"不即不离"之意。我们在第一章讨论禅意作为禅宗书画观的诗性智慧时已经提到，这里就不再展开。

第三，在中国传统文化史上的意义。关于"通变论"，早在《易经》中便有"生生之谓易"的发展观，"生生"即指事物的不断发展变化，"易"也就是"变"的意思。《易·系辞下》云："通其变，使民不倦，神而化之，使民宜之，易穷则变，变则通，通则久。"❷变通促进万物生命不断延续，社会文化向前发展。

二是指出张旭草书颠"实非颠"："世徒知张之颠，而不知实非颠也。"❸

在亚栖看来，张旭的草书虽放纵，但仍然合乎法度，"实非颠"，尚未达到怀素的"以狂继颠"的真正颠狂境界。黄山谷对亚栖的这一判断进行了批评："颜太师称张长史虽资性颠逸，而书法极入规矩也，故能以此终

---

❶ 宣和书谱［M］.上海：上海书画出版社，1984：148.

❷ 易·系辞下［M］//吴树平，骈宇骞，点校.周易，《十三经》（全文标点本）.北京：北京燕山出版社，1991：81.

❸ 宣和书谱［M］.上海：上海书画出版社，1984：148.

其身而名后世。如京洛间人传摹狂怪，字不入右军父子神墨者，皆非长史笔迹也。盖草书法坏于亚栖也。"❶黄山谷虽然不赞成亚栖对张旭草书的评论，但还是肯定了亚栖的书法评论在书法史上的重要地位以及对后世书法评论的影响。

（二）怀素论书法

怀素（725—785，一作737—799）字藏真。湖南长沙人。俗姓钱。幼年家贫削发为僧。禅余醉心笔墨。因无钱买纸张，便在住处的周围广种芭蕉，取蕉叶作纸张练字。

怀素的书法观具体表现在以下三个方面：

其一，博采众长，自成一家。

为了远睹前人真迹，怀素西游长安、河南洛阳等地，遍谒名家眼界大开，成为唐代中叶浪漫主义书法创作的杰出代表。他南下拜谒广州刺史徐浩，请教书法，聆听见识。与怀素有过交往的还有任华、陆羽、韦陟、李白等人，特别是其表兄钱起的揄扬，其书名广为人知。❷任华《怀素上人草书歌》这样写道："朝骑王公大人马，暮宿王公大人家。"❸

其二，禀性疏狂，不拘小节。

怀素嗜酒，常一日九醉，有"饮酒以养性，草书以畅志"的说法。❹纵观饮酒—养性—草书三环节，我们发现潜意识在创作中的重要作用。《自叙帖》中，怀素讲自己书法风格的，则有李御史舟云："昔张旭之作也，时人谓之张颠。今怀素之为也，余实谓之狂僧。以狂继颠，谁曰不可？"张公又云："稽山贺老粗知名，吴郡张颠曾不面。"许御史瑶云："志在新奇无定则，古瘦漓骊半无墨。醉来信手两三行，醒后却书书不得。"戴御史叔伦云："心手相师势转奇，诡形怪状翻合宜。人人欲问此中妙，怀素自言初不知。"怀素草书突破传统，狂放不羁，一气呵成，于狂放恣肆中体现真情。其外在形式则表现为连绵不断，盘旋回绕，《自叙帖》笔法精妙，错落参差，跌宕起伏，气势开阔。黄山谷说："怀素草，

❶ 黄庭坚.跋周子发帖·山谷集（卷二十九），文渊阁四库全书影印本（第1113册）：309.
❷ 范润华.狂草探微［M］.天津：天津人民美术出版社，2002：120.
❸ 朱关田.中国书法史·隋唐五代卷［M］.南京：江苏教育出版社，2009：117.
❹ 于建华，于津.中国佛门书画家图典［M］.北京：学林出版社，2013：42.

暮年乃不减长史，盖张妙于肥，藏真妙于瘦，此两人者，一代草书之冠冕也。"❶怀素《自叙帖》充分体现了自己的个性，是禅宗自性自悟主张的体现，同时也反映了书法创作的"散"的审美特点。蔡邕《笔论》中曾言"书者，散也，欲书先散怀抱，任情恣性，然后书之。若迫于事，虽中山兔毫不能佳也。夫书，先默坐静思，随意所适，言不出口，气不盈息，沉密神采，如对至尊，则无不善矣。"❷怀素的书法实践与主张正好诠释了"散"的内涵。怀抱之"散"又与孙过庭《书谱》中的"神怡务闲"❸相通。贯休在《怀素上人草书歌》中评价怀素："师不谈经不坐禅，筋骨唯于草书妙。"怀素以书悟禅，追求禅宗本质。可见，顿悟自性的禅宗对他草书创作的影响有多大。苏涣在《赠零陵僧》中称怀素"兴来走笔如旋风，醉后耳热心更凶。"他性格豪放，不愿被佛门戒律和世俗陋见所左右，禅宗的精神促使他书写时挥洒自如，带字欲飞。

其三，善于观察，乘兴而作。

"怀素与邬彤为兄弟，常从彤受笔法。彤曰：'张长史私谓彤曰：孤蓬自振，惊沙坐飞，余自是得奇怪。草圣尽于此矣。'颜真卿曰：'师亦有自得乎？'素曰：'自观夏云多奇峰，辄常师之，其痛快处如飞鸟出林，惊蛇出草。又遇坼壁之路，一一自然。'"❹这是怀素与大书法家颜真卿的对话，道出了从事草书创作的经验，并总结出"书兴"说，强调书法要乘兴而作。这是禅宗强调顿悟的自由精神在书法实践中的具体体现。《自叙帖》气势恢宏，雄强狂纵，被誉为天下第一草书。《自叙帖》通过"使转"的灵活万变，强调草书点画体势结构变化，形成顿挫的动态美。孙过庭在《书谱》中也指出："真以点画为形质，使转为性情；草以点画为性情，使转为形质。草乖使转，不能成字；真亏点画，犹可记文。"❺草书中"点画为性情"，意在于笔，"使转为形质"，怀素善于观察，乘兴而作，浪漫新奇。

墨香禅意——中国古代禅宗书画观研究

❶ 李丹.怀素狂草《自叙帖》探微［J］.美与时代（城市版），2015（1）.
❷ 蔡邕.笔论·历代书法论文选［M］.上海：上海书画出版社，1979：5-6.
❸ 孙过庭.书谱·历代书法论文选［M］.上海：上海书画出版社，1979：126.
❹ 陆羽.僧怀素传［M］//倪涛.六艺之一录（卷二百九十四），文渊阁四库全书影印本第836册：336.
❺ 孙过庭.书谱·历代书法论文选［M］.上海：上海书画出版社，1979：126.

（三）贯休论书画

贯休（832—912）俗姓姜，名休，字德隐，一字德远。婺州兰溪（今浙江兰溪）人，《益州名画录》作婺州金溪（今浙江开化）人。

首先，贯休论书法，表现在如下几个方面：

一是比较张颠与怀素书法风格差异。贯休在《观怀素草书歌》说："张颠颠后颠非颠，直至怀素之颠始是颠。"❶他不但指出怀素书法与张旭书法的继承关系，而且还比较了两者的区别，即张旭偏于肥，而怀素则妙于瘦。贯休这一精当的论述对后代书法的发展具有较重要的影响。

二是书法创造贵在"神力"。宋代蔡襄《论书》评语："学书之要，惟取神气为佳。若模象体势，虽形似而无精神，乃不知书者所为耳。"❷贯休十分看重怀素书法的神奇，强调其神力的体现。他心目中的"神力"，其实就是"狂僧意"。贯休在《观怀素草书歌》中，对前代张渭等人的评价予以批评："伊昔张渭任华叶季良，数子赠歌岂虚饰，所不足者浑未曾道著其神力。"❸

三是书法鉴赏采用意象式评论。

"又似深山朽石上，古病松枝挂铁锡"，"天台古杉一千尺，崖崩岸折何峥嵘"❹等，这种评语给人很大的心理冲击力，并留下广阔的想象空间。

其次，贯休对绘画也有独特的见解与实践。

一是"毫端曲有灵"的绘画主张。

他认为山水画具有独到的艺术感染力，能引起人们的美好回忆。"忆山归未得，画出亦堪怜。"❺如在《观李翰林真二首》中赞赏画家刻画李白画像神情逼真："日角浮紫气，凛然尘外清"，额骨似日隆起，还浮动着祥瑞的光气，颇具仙人之气。

二是以十六罗汉画"曲尽其态"的绘画实践。

贯休是禅宗画史上第一位杰出的画家，他所画的罗汉状貌古野，黝然

❶　贯休.禅月集［M］//明复.禅门逸书初编（第2册），第105号：51.
❷　蔡襄.论书［M］//崔尔平选编点校.历代书法论文选续编.上海：上海书画出版社，1999：50.
❸　贯休.观怀素草书歌·禅月集［M］//明复.禅门逸书初编（第2册），第105号：51.
❹　贯休.观怀素草书歌·禅月集［M］//明复.禅门逸书初编（第2册），第105号：51.
❺　贯休.上冯使君《山水障子》·禅月集［M］//明复.禅门逸书初编（第2册），第105号：86.

第二章　唐五代禅宗书画观

如夷獠异类。❶ 他所作《十六罗汉图》则是后世临摹及雕塑罗汉佛像的范本。贯休笔下的罗汉像，夸张变形，古怪奇特，胡人梵相，"不类世间所传"，他自称是"梦中所睹尔"。❷ 贯休的罗汉像之所以在当时就非常知名，除了能把"胡人梵像"表现得"曲尽其态"之外，另外一个方面是他把罗汉画得与众不同。❸

总的来说，贯休的罗汉图是一种不拘泥于古法、独特的创新。

第三节　唐五代禅宗书画观的本土化与直觉化

唐五代禅宗书画观是印度佛教中国化的产物，不断与儒家道家思想融合，强调直觉经验在参禅以及书画创作中的作用。

一、唐五代禅宗书画观的本土化与直觉化

唐代主要僧人画家有：兼工书画诗文的慧颐、法愿、慧龄、明解、皎然、从环、辩才、擔交、景方；工白描人物的思道；善写真的法明、义全、嬉交；善佛教人物的法成、师奴、杨洁成、法行、楚安、道宪、瑰师；工山水的條然、宗亮、智瑰、道芬、楚安、道拚；工花巧树石的江僧画松、梦休画竹、宗偃画松石；工走兽灵怪的徽上人画龙、智瑰画鬼神等。❹ 这些僧人画家受当时禅宗思想的影响，在绘画过程中注重直觉体验，不太注意技法的选用，并没有形成统一的风格。当然，也有一部分画僧开始追求笔墨疏放的逸品风格。我们知道，禅宗是佛教中国化的产物，而见性成佛则是禅宗的核心。禅宗既是贴近生活的通俗说教，又是老庄化的悟道明理。"何以见性成佛？其立论也是建立在道家自然主义的基础之上，

　　❶　卢辅圣.中国文人画史［M］.上海：上海书画出版社，2015：121.黄休复：《益州名画录》卷下《能格下品》："禅月大师，婺州金溪人也。俗姓姜，名贯休，字德隐。"
　　❷　白化文.中国的罗汉与罗汉画·翰墨荟萃——细读美国藏中国五代宋元书画珍品［M］.北京：北京大学出版社，2012：314.
　　❸　杨新.新发现贯休《罗汉图》研究·宋元绘画研究——庆贺薄松年教授从教六十周年［M］.北京：故宫出版社，2015：229-230.
　　❹　李静.南宋禅宗绘画研究［D］.济南：山东大学，2017：40.

墨香禅意——中国古代禅宗书画观研究

即所谓'性本清净'。"●禅宗受庄子本体论的影响，强调通过自我意识的内观，证悟佛性本体。这一时期的禅宗书画观充分反映了禅宗注重自我体验的特点。祖师禅、分灯禅的祖师都认为本来面目是不可完全塑造的，那是因为佛性不在彼岸世界，就在自心。慧能认为，书画不能塑造佛性，禅宗与书画艺术之间存在很大的鸿沟。在洞山良价看来，禅门中人不能一味强调笔墨画像，而要注重内在体验，把握本来面目。

这一时期的禅宗书画观反映了禅宗身体化的特点，可借用美国舒斯特曼的身体美学范畴去进一步解读。舒斯特曼认为，"实用主义的共性就是注重实践和行动"。"身体美学正好填补了鲍姆嘉通美学的一个空白。身体美学来自实用主义的传统。"● 扬州大学姚文放教授在与舒斯特曼对话时指出："身体美学与中国哲学的身心论之间有着非常密切的联系，有着惊人的相似之处。"●

我们能否在两者对话基础上得出结论：注重身体经验也是唐五代禅宗书画观与身体美学关联的契合点呢？回答是肯定的。舒斯特曼在与姚文放教授对话时说："中国文人用各种感官享受生活，比如香道、音乐等。在这些传统中，有很多身体美学的资源。"● 在禅宗典籍中就记录了许多关于禅师身体经验的公案。当年百丈禅师在马祖门下被大师一喝，耳聋眼黑，这就是后来临济义玄常用的"喝"。临济宗常以棒喝施教，就是调动身体知觉痛感刺激学人启发他开悟。棒喝对于执迷不悟的人，是一种猛醒，犹如浇盆冷水，使人震惊。因为棒喝能断绝习惯思维。

唐五代禅宗书画观正是当时禅宗"不立文字，直指人心"的身体经验的表现。如慧能、洞山良价等祖师之所以强调本性不可塑造，是因为语言文字作为媒介符号与身体知觉经验存在差异。其他书画僧也有类似的

● 麻天祥.中国禅宗思想史略［M］.北京：中国人民大学出版社，2009：27-28.

● 姚文放，舒斯特曼.实用主义、身体美学与中国文化的对话——访舒斯特曼教授［M］//中华美学学会外国美学学术委员会等.外国美学（第27辑）.南京：江苏凤凰教育出版社，2017：219.

● 姚文放，舒斯特曼.实用主义、身体美学与中国文化的对话——访舒斯特曼教授［M］//中华美学学会外国美学学术委员会等.外国美学（第27辑）.南京：江苏凤凰教育出版社，2017：221.

● 姚文放，舒斯特曼.实用主义、身体美学与中国文化的对话——访舒斯特曼教授［M］//中华美学学会外国美学学术委员会等.外国美学（第27辑）.南京：江苏凤凰教育出版社，2017：222.

观点：怀素强调放开手脚、乘兴而作❶，贯休主张贵在"神力"❷，亚栖观书"若飞鸟出林，惊蛇入草"❸，齐己论画"坐看终未是，归卧始应真"❹，无不是持相似观点，即力主身体内求，反对外力和文字分析。

二、唐五代禅宗书画观的片断性

唐五代禅宗书画观是在当时禅宗美学思想基础上形成的。这一时期的禅宗美学思想经历了四个阶段：一是道信、弘忍"东山法门"开创禅宗美学阶段，超越了达摩的传统，道信主张"一行三昧"，弘忍强调"守本真心"，即现实人心的作用；二是慧能南宗禅阶段，特别强调明心见性，和"三无"法门（无念为宗，无相为体，无住为本）；三是洪州宗、石头宗发展慧能禅宗思想阶段，马祖道一提出"平常心是道"的命题，更加突出当下人心的自然流露；四是"一花开五叶"的分灯禅阶段，其中，临济宗以"无位真人"种种论述影响最大，注重突出禅宗美学的生命美学内涵。这一时期禅宗美学思想侧重于人生论，而对书画等艺术的论述不成体系，甚至还很薄弱。如慧能对书画的见解，贯休运用意象式批评方法对怀素作品怪异特点进行评点等。通观中国禅宗书画观的诸多论述与发展历程，我们发现，唐五代仅仅是禅宗书画观的萌芽阶段，其诗僧和书画僧所发表过一些关于书画的观点，还比较零碎。

❶ 陆羽.僧怀素传［M］//倪涛.六艺之一录（卷二百九十四），文渊阁四库全书影印本（第836册）：336.

❷ 贯休.观怀素草书歌·禅月集［M］//明复.禅门逸书初编（第2册），第105号.台北：台湾明文书局，1981：51.

❸ 亚栖.论书·历代书法论文选（上册）［M］.上海：上海书画出版社，1979：297-298.

❹ 齐己.谢重缘旧《山水障子》·白莲集［M］//明复.禅门逸书初编（第2册），第106号.台北：台湾明文书局，1981：67.

墨香禅意——中国古代禅宗书画观研究

本 章 小 结

本章起我们借鉴布罗代尔长时段理论，并结合马克思主义历史唯物主义的观点，把中国禅宗书画观的演变历程视为长时段，而把唐五代、宋元、明清三个时期视为三个中时段，即动态考察禅宗书画观在价值、心理、社会层面上的三次重要转向。

首先，唐五代禅宗书画观是中国禅宗书画观的第一阶段，表现出本土化与直觉化的转向。

其次，唐五代时期的禅宗书画观，是从印度佛教话语向中国儒道本土话语转变，主要是在价值层面上，承接着祖师禅"顿悟成佛"与"不立文字"的禅宗语言观。修禅者借用各种符号、形象来衬托"禅道"。

这一时期的禅宗书画观体现了当时禅宗本土化、直觉化的特点，包含了丰富的感应美育意蕴。

第三章　宋元禅宗书画观

第一节　宋元禅宗书画观的形成

宋元禅宗书画观在唐五代禅宗书画观基础上不断自觉化、文人化，它的时代背景与思想渊源可从书画艺术、出版文化、理学思潮与禅宗文人化等诸多因素去考察。

一、书画艺术

宋元书画艺术背景包括画院聚才、书画收藏和文人画兴起三个方面。

（一）画院聚才

宋元时期包括北宋、南宋和元朝三个朝代，而宋代开始了中国绘画的黄金时代。主要标志是设立专门招聘、培养绘画人才的画院。北宋时期有六十多个成员，南宋则达到一百多号人。北方的著名画院是宣和画院，建成于宋徽宗时期，而宋徽宗就是一名出色的画家。南方著名画院是绍兴画院，建成于宋高宗时期。宋朝画院保护了绘画创作，受到统治者的青睐，这无疑推动了中国绘画艺术的发展与繁荣。它使得画家们有时间、有尊严地投入创作、鉴赏书画作品之中，不断深化、钻研古人的艺术技巧，不断拓展艺术表现领域。许多画家从画院走出，如北宋的赵伯驹、郭熙、王凝、高文进、高克明、崔白、马贲、陈尧臣，南宋的李唐、李端、苏汉臣等。画院的艺术风格并不是千篇一律，而是表现为三种艺术倾向。不能忽视的是，宋朝画院派的绘画不等于宋朝整体的绘画格局，因为在画院的周围有文人画等其他绘画流派和风格。画院派绘画与文人画形成张力，有利于形成画坛的竞争机制，促进禅画的发展。

墨香禅意——中国古代禅宗书画观研究

（二）书画收藏

宋代士族和文人热衷于收藏历代绘画，其中欧阳修、苏轼、米芾等为杰出代表。欧阳修收集了大量的古器物，他将刻文本集中起来，激发了人们对历史文物的兴趣。根据美国汉学家艾朗诺的研究，欧阳修将自己收集的藏品集一律命名为"古"。"古"这个概念在其跋尾中频繁出现。在其藏品中，欧阳修将之前的时代无论远近都合为一体。宋朝以前一律称"古"。欧阳修为什么将宋之前的时代特别是前朝称为"古"？这里绝对不是一个术语使用那么简单的问题，而是出于热切期望回到从前的动机。❶受文坛盟主欧阳修的影响，苏轼、王诜、米芾等文人学士亦产生了大力收集书画珍品的雅趣。苏轼在为朋友王诜写的《宝绘堂记》开篇就亮出自己的观点："君子可以寓意于物，而不可以留意于物"❷，调试出一种面对书画珍品的理想心态。这种心态，即便不能说全部，但至少有相当一大部分来源于佛教。米芾对待艺术品的态度不同于苏轼，艺术品和鉴赏不再是一种游戏。❸

另外，苏轼发展出来的那种对天然美的赞赏，对抗当时收藏家狂热的占有欲，更显示出收藏对宋元禅宗书画观的影响。

（三）文人画兴起

中国绘画史研究一般将绘画分为文人画和非文人画两种。非文人画包括宫廷绘画、民间绘画、宗教绘画等，不是出自文人之手的绘画。文人画也被称为南画，朱良志《南画十六观》就取得这个含义，是指具有文人意识的画者所作的画。陈滞冬在《中国书画与文人意识》指出："一旦文人们要涉足绘画的时候……使得文人画一开始就显示出深厚的文化修养。"❹宋代文人画是由唐代文人画发展而来，增加了文人气息，即更加突出文人的生命意识和人文价值追求。对于文人画家而言，"他们的身份也决定了创作上的文化品位，与宗室绘画相比较，它们削弱了'富贵气'，而增强

❶ 艾朗诺.美的焦虑：北宋士大夫的审美思想与追求［M］.上海：上海古籍出版社，2013：27-28.

❷ 苏东坡.宝绘堂记·苏轼文集（卷一一）［M］.北京：中华书局，1986：356-357.

❸ 艾朗诺.美的焦虑：北宋士大夫的审美思想与追求［M］.上海：上海古籍出版社，2013：120-133，157.

❹ 陈滞冬.中国书画与文人意识［M］.桂林：广西师范大学出版社，2017：20.

了文人的'书卷气'。"❶

著名美术史学者方闻早在 1955 年提出细致的划分标准，将元画视作一场突如其来的"革命"性转变。美国学者卜寿珊（Susan Bush）在《心画——中国文人画五百年》中指出："从这时起，对于古典的再解释成了文人山水画风格的基础。""山水画重新变成了文人艺术家的普遍题材，并复兴了前代的风格。"❷ 将藤固早期对文人画兴起的三分法分析，[即谁（Who，即画者）、为何（Why）、如何（How）]在历史的序列中进一步演绎。❸

徐小虎教授在其专著《南画的形成：中国文人画东传日本初期研究》中指出："关于赵孟頫，今天已不能继续认为他是中国文人画的改革运动之父。"❹ 意思是元代绘画与南宋绘画观并没有出现断层式的差异。赵孟頫以后的文人画变得越来越注重笔墨，郑昶的《中国画学全史》、徐复观的《中国艺术精神》、朱良志教授的《南画十六观》、卢辅圣的《中国文人画史》、杜哲森的《中国传统绘画史》、高居翰的《图说中国绘画史》均阐述了文人画和禅画的关系，甚至将禅画直接纳入文人画之中。可见，宋元文人画与禅宗画密切相关。

因此，我们把文人画视为宋元禅宗书画观形成的因素之一。

二、出版文化

宋代出版文化促进了禅宗书画观的发展与繁荣。宋代出版体系包括官刻、私刻和民间刻三个子系统。所谓官刻，是指宋朝中央各殿、院、私、局；地方各州郡、县，各路茶盐司、安抚司、提刑司、转运司、漕司等机关单位所刻写的书籍成为官刻本。私刻是指私宅、家塾和书铺、书坊、书肆等以个人之力所刻写的书本。民间刻是按照投资来源，靠民间募集资

❶ 杜哲森.中国传统绘画史纲［M］.北京：人民美术出版社，2015：172.
❷ 卜寿珊.心画——中国文人画五百年［M］.北京：北京大学出版社，2017：204-205.
❸ 谢柏柯.现身于宋代的"文人画"——对我们所知与未知之思考［M］//上海博物馆.翰墨荟萃——细读美国藏中国五代宋元书画珍品.北京：北京大学出版社，2012：188.
❹ 徐小虎.南画的形成：中国文人画东传日本初期研究［M］.桂林：广西师范大学出版社，2017：18.

墨香禅意——中国古代禅宗书画观研究

金，如寺庙、道观、祠堂所刻写的书籍。❶其中，佛教经典的整理出版值得一提。北宋神宗时，福州东禅等觉院住持慧空大师开雕《福州东禅寺大藏》，共6108卷，1440部，分装580函。徽宗政和三年（1113），福州蔡俊臣、陈询等组织刻经会，在开元寺僧本悟的主持下，历时四十年，刻成大藏经，世称《开元藏》或《毗卢大藏》。南宋绍兴二年（1132）起，浙江湖州思溪园禅院雕印了《大藏经》，共5480卷。孝宗淳熙二年（1175），安吉州思溪资福禅院又雕印了大藏经，世称《思溪资福藏》，共5704卷。❷这些刻书，都由寺僧主持完成，资金来自民间募集捐助，这显然应该归为宋代出版体系中的民间刻书，这些刻书对当时及以后的佛教禅宗发展与禅宗书画观的形成产生重要影响。

宋代出版文化的繁荣推动了读书之风的盛行。当时民间流传"人人尊孔孟，家家诵诗书"的民谣。各地都有读书的佳话，如"城里人家半读书""其民以读书为业"❸。同时，读书人和和尚把经书阅读作为重要的习禅形式。《楞严经》《圆觉经》深受当时文人的喜爱，成为文人参禅学佛的重要教材。❹

总之，随着宋代出版业的蓬勃发展，佛禅经书被大量整理出版，大大激发了士大夫的阅读兴趣："一书之不见，一物之不识，一理之不穷，皆有憾焉"。❺显然，文人对佛教禅宗经典的阅读，通过与禅师的广泛接触、交往，最终影响着宋元时期禅师们对禅宗书画的态度。

三、理学思潮

唐五代进入宋元时期，中国古代文化出现重要转折，由两汉章句之学转向性理之学的本体研究。以下从理学的文化渊源、理学与禅学的相互关系两个方面分述之。

❶ 杨玲. 宋代出版文化［M］. 北京：文物出版社，2012：58-59.
❷ 杨玲. 宋代出版文化［M］. 北京：文物出版社，2012：104.
❸ 杨玲. 宋代出版文化［M］. 北京：文物出版社，2012：56.
❹ 周裕锴. 文字禅与宋代诗学［M］. 北京：高等教育出版社，1998：54-55.
❺ 周裕锴. 文字禅与宋代诗学［M］. 北京：高等教育出版社，1998：49.

其一，理学产生的社会文化背景。

什么是理学？理学有广义和狭义之分。广义的理学包括程朱理学和陆王心学，而狭义的理学就是程朱理学，与陆王心学相对。正如钱穆先生所指出的，理学并非不重心，心学并非不重理，不能望文生义。有学者指出，用"宋明新儒学"代替广义的"宋明理学"；并认为"理"在先秦并不是一个重要的观念，是受到佛教的冲击才朝一个新的方向发展。❶ 冯友兰在《中国哲学史》中提出："宋明道学"或"新儒家之学"的提法。❷ 牟宗三认为，天道性命相贯通是宋明理学的共同意识，也是由先秦儒学发展而来的共同意识。❸ 程朱理学主张性即理，陆王心学主张心即理。理学研究的中心命题是性与天道、性与理、心几个本体范畴。

朱熹说："心与理一"，"一心具万理"。❹ "理"是儒学发展到理学的核心范畴，美国著名汉学家安靖如把它翻译为"连贯"（Coherence），并认为如果不确立"理"的意义，就难以理解理学。❺

理学形成的背景。一是社会背景：唐代以来随着社会生产力的提高，人们对政治和经济要求的提高，是理学形成的社会背景；二是学术背景：儒家知识分子为了寻求解决社会矛盾的方略，对汉以来的经学的反思与质疑，则是理学产生的思想文化前提。北宋欧阳修、苏轼、王安石等人对《周礼》《尚书》等经典进行大胆质疑、反思。南宋有朱熹《诗集传》对《毛诗序》经典的质疑，如认为《诗经》的《郑风》是"淫人自言"。隋唐佛教思想与儒家思想的相互融合、相互渗透也是理学产生的重要文化背景。❻

其二，理学与禅学的相互关系。

一是本体论的联系。理学以天理为本，禅宗以把握本来面目为宗旨。理学在理、气的基础上揭示人的心性结构，尤其是陆王心学更加强调人的存在本体性以及人的认识能力，更加与佛学、禅学靠拢。用陆九渊的话

❶ 刘述先.儒家哲学的三个大时代［M］.北京：中华书局，2017：73-74.
❷ 冯友兰.中国哲学史［M］.上海：华东师范大学出版社，2011：153.
❸ 牟宗三.心体与性体（第一册）［M］.台北：正中书局，1993：417.
❹ 陈滞冬.中国书画与文人意识［M］.桂林：广西师范大学出版社，2017：34.
❺ 安靖如.圣境：宋明理学的当代意义［M］.吴万伟，译.北京：中国社会科学出版社，2017：37.
❻ 陈运宁.中国佛教与宋明理学［M］.长沙：湖南人民出版社，2002：69-71.

说："四方上下曰宇，往古来今曰宙。宇宙便是吾心，吾心便是宇宙。"[1]佛教禅宗也重视人的心量作用，用"理"表达同样的意思。禅宗初祖达摩就有"理入"与"行入"的说法，将"理"作为入道之门。[2]慧能也说过"武帝不识正理，非祖大师有过"。[3]慧能表达的意思是说，梁武帝不懂得佛教正理，并非初祖大师的过错。[4]慧能之后还有不少禅师用"理"来概括佛性、真如、涅槃、菩提等概念的内涵。沩山灵祐曾指出："从闻入理，闻理深妙"，"体露真常，理事不二"。[5]

二是人性论的联系。两者在人性论的思辨方法和结构具有关联性。理学继承了孟子的性善论，同时吸收了禅宗佛性论的思想。周敦颐作为理学的开山鼻祖，把"诚"作为"静无而动有"的宇宙本体，深受佛教人性论的影响。[6]周敦颐认为诚的特点是"无为"，张载也认为人性的本质为"诚"，陆王心学更明显地提出"人性皆善"的观点[7]。理学的性善论一方面继承了孟子以来的性善论思想，另一方面也与中国佛禅的无善无恶论具有密切的关联。

三是认识论的联系。两者都认为认识过程即修养过程，两者都主张认识具有渐悟与顿悟的过程，两者都强调主体心的作用。自我是禅宗和理学认识世界和人生的最高真理，佛性与理学的天理都被认为是精神本体，因此，理学和禅宗在认识过程、认识目标和认识方法上存在许多共性。[8]

四、禅宗文人化

重视学术传统、图书出版繁荣和书画艺术收藏固然是宋元禅宗书画观形成的重要原因，除此以外，文字禅也是宋元禅宗书画观形成的因素之一。

禅宗发展到宋代，出现了一种新的现象，那就是借助文字参禅。宋代

❶ 赖永海.佛学与儒学［M］.北京：中国人民大学出版社，2017：107.
❷ 何锡蓉.佛学与中国哲学的双向构建［M］.上海：上海社会科学院出版社，2004：292.
❸ 慧能.坛经校释［M］.郭朋，校释.北京：中华书局，1983：65.
❹ 李申校译，方广锠简注.敦煌坛经合校译注［M］.北京：中华书局，2018：103.
❺ 普济.五灯会元（卷九）［M］.苏渊雷，点校.北京：中华书局，1984：521-522.
❻ 赖永海.佛学与儒学［M］.北京：中国人民大学出版社，2017：81.
❼ 陈运宁.中国佛教与宋明理学［M］.长沙：湖南人民出版社，2002：136-137.
❽ 陈运宁.中国佛教与宋明理学［M］.长沙：湖南人民出版社，2002：153-155.

文字禅的兴盛为禅宗书画观的自觉形成奠定了基础。文字禅具有鲜明的文人化特征。

所谓文字禅，是指通过学习佛教禅宗经典而把握禅宗妙谛的禅宗修行方式，包括灯录语录的编辑整理以及拈古、代别、颂古、评唱四种形式：拈古，是指以散文评议历代公案的体裁；代别，是对历代公案的补充说明，如善昭的《公案代别百则》；颂古，是用韵文对历代公案的解释，如善昭的《颂古百则》；评唱，是对历代公案的引申和发挥，如圆悟克勤的《碧岩录》。文字禅是在士大夫的喜禅、印刷术的发展、文化整合的需要和政府的宗教宽松政策等社会环境中产生发展起来的参禅活动形式。宋以后的禅师能载入史册与朝廷有着密切的联系，即受帝王供养、敕封御赐的法师远远超过前朝；为名山古刹、大丛林的主持人，门下弟子道俗动以千计。要想闻名于世间，受宠于朝廷，要想在僧团中树立威望，禅师的文学艺术修养必须具有超人本领，他们绝大多数是精通诗文。由于广义的文字禅包括禅宗书画，所以认识文字禅的审美特征对于把握宋元禅宗书画观的形成原因具有重要作用。

上述四个方面对宋元时期禅宗书画观的形成产生较大的影响。

第二节　宋元禅宗书画观的内涵

如果说五代后蜀画家石恪的《二祖调心图》是唐五代禅宗书画的典范的话，那么宋元禅宗书画的代表则可推出六通寺住持无准大师的弟子牧溪之《潇湘八景》（纸本墨画，日本东京根津美术馆藏）《猿》（绢本墨画，日本京都大德寺藏）等画作。❶ 在牧溪的《潇湘八景》中，起伏的山峦，被一片朦胧的雾气笼罩，犹如禅师敲击僧徒的脑门，启发他们拨云见日般迷途知返，静心开悟。牧溪作为宋元时期杰出禅宗画家，追随米友仁的书画传统，彰显了宋元绘画的文人化与境界化的倾向。

宋元时期禅宗画与文人画的界限较模糊，正如美国学者高居翰（1926—2014）所言，"如果我们一定要区分它们，也许可以以其基本态度

❶ 高居翰.图说中国绘画史［M］.李渝，译.北京：生活·读书·新知三联书店，2014：104-105.

墨香禅意
——中国古代禅宗书画观研究

的不同而加以划别。""儒家文人比较知性的手法相对于禅僧的直觉手法：禅画家了解，在自然界乍看似乎纷杂的万象底下，隐藏着唯一的真理……把它们转化成一般讨论中的知性观念，期望听者再把这些观念转化成类似本能的冲动，这样的过程是无法表达这种认识的。禅画家通常只关键性地点出他的题目，其他部分则保持暖昧。"❶英国学者迈珂·苏立文（1916—2013）也认为，"文人画家和禅宗艺术家有不同的直觉和自发性，但差别十分微妙……通过酣畅的笔墨，象征性地提出禅师顿悟的非理性的功夫。"❷

宋元禅宗书画观与唐五代禅宗书画观比较，最大的区别是趋向于文人化与境界化。

所谓禅宗书画观的文人化、境界化，是指禅宗书画观中渗透了文人书画的文人意识与诗意追求。中国绘画发生了一个根本的转变，即由"写生"向"写意"的转变："传移模写"的"神品"境界朝向"境由心生"的"逸品"境界发展。禅学中的淡薄、清静、空寂等审美范畴，以及从自然之美中感悟生命存在的方式，与画家的艺术想象、直觉创造力有机结合，"禅境"与"画境"融为一体，这便是禅宗书画观的境界化。如米芾的《潇湘奇观图》画出奇幻朦胧的"画境"。米芾不仅画作具有禅意，他的"心匠自得为高"的画论，也有禅意。宋代文人画家习禅更讲究人之内心的修为。郭熙曰："看山水亦有体，以林泉之心临之则价高，以骄侈之目临之则价低。"❸所谓林泉之心，就是超越尘世的高雅清净的心境即禅心。

沈括在《梦溪笔谈》中论禅的"心眼"是"以小观大"之法，"境由心生、神与物游"之境界。禅宗书画画面总是以少胜多，借物移情，小中见大，化自然万象为画面一角的方法符合禅学"少即多"的"禅境"。

宋僧牧溪的水墨画《柿子》笔墨枯湿、引人入胜。元代黄公望的壮观图画《九峰雪霁图轴》奇峰胜景，禅趣盎然。写生虽然是对景而作，却不是完全依照形貌，而是将画面的境界处理成"疏密相映""虚实相间"的

❶ 高居翰.图说中国绘画史［M］.李渝，译.北京：生活·读书·新知三联书店，2014：106.

❷ 迈珂·苏立文.山川悠远：中国山水画艺术［M］.洪再新，译.上海：上海书画出版社，2015：79.

❸ 郭熙.林泉高致［M］//周积寅，陈世宁.中国古典艺术理辑注.南京：东南大学出版社，2010：36.

"禅境"。通过一条山路，或者几座山峰，画家就能够组织出一个完整的水山空间，一个将自然万物尽收其间而没有"缺憾"的水墨世界。

如前所述，宋元禅宗书画观是在宋元社会环境、文字禅兴起和文人画影响多重因素作用下形成的，是中国禅宗书画审美精神形成的关键阶段。其中，圆悟克勤《碧岩录》是文字禅的典型代表。许多禅师自觉地将书画视为重要的佛事活动。慧洪提出"游戏翰墨"与"妙观逸想"的著名观点，把世俗文艺活动与禅门修行活动紧密结合在一起，推动了宋代以降禅宗书画美学思想的自觉形成与理论建构。其他禅师也自觉或半自觉地总结禅宗书画经验，发表了相关看法，如大慧宗杲、宏智正觉、圆悟克勤、北磵居简、淮海原肇等。

宋元禅宗书画观的内涵，包括宋代禅宗书画观和元代禅宗书画观两个方面。

一、宋代禅宗书画观

宋代禅宗书画观，是宋代禅宗文化尤其是文字禅基础上的产物。随着文字禅的兴盛与禅宗书画艺术的繁荣，宋代禅宗书画观比起唐五代禅宗书画观更为自觉，也更富有人文色彩与理论深度。下面重点介绍慧洪、圆悟克勤、大慧宗杲、宏智正觉、北磵居简、淮海原肇的书画观。

（一）慧洪论书画

慧洪（1071—1128）是北宋临济宗黄龙派文僧，江西瑞州（江西高安）人，是中国禅宗美学史上杰出的诗人、画家、评论家。慧洪与当时许多画僧都有来往，《石门文字禅》中记载的便有仲仁、中承、敏觉、云庵禅师、光上人、称上人等，而在这些禅僧画家中，慧洪与仲仁的关系无疑是最为密切的。❶ 他的书画观主要表现在以下六个方面：

其一，游戏翰墨，做大佛事。

慧洪不仅重视文字禅，在《题昭默自笔小参》中明确提出"以翰墨为

墨香禅慧——中国古代禅宗书画观研究

❶ 雷洪伟.北宋释慧洪绘画思想研究［D］.上海：上海师范大学，2016：8.

佛事"❶，"以笔墨为佛事"❷，而且强调要以"游戏"态度对待文艺活动，"游戏翰墨"❸乃是大佛事，或曰"翰墨游戏"❹。在这里，游戏不是一般的娱乐，而是佛教专有术语，是指佛、菩萨在神通中幻化无穷，变异自如，与戏相似，故称游戏。佛典中，游戏是自在无碍，所以游戏常与自在连用，称之为"游戏自在""游戏神通""游戏三昧"❺。《大智度论》解释游戏云："菩萨心生诸三昧，欣乐出入自在，名之为'戏'，非结爱戏也。'戏'名自在，如师子在鹿中自在无畏故，名为'戏'。"❻慧洪把书画活动与佛事联系起来，提出"游戏翰墨"，就是以自由自在、无所执着的审美态度投入书画活动。所谓"以翰墨为佛事"，就是把书画活动视为参禅悟道的组成部分。慧洪还十分赞赏黄山谷："以笔墨为佛事，处处称赞般若于教门，非无力者也。"❼他批评那些完全沉迷于书画活动之中的艺术家，仅仅是"疲精神于纸墨者，多从事于无用之学"。

其二，字工德不修，名与身俱朽。

慧洪注重从人品评价书品，反复强调书法家要有高尚的品德和气节。他在《跋鲁公与郭仆射论位书》中指出通过颜鲁公的书法作品，就可以想见其为人："熟视已觉粲然忠义之气横逆，而点画所至处，便自奇劲。"❽在《跋李商老大书云庵偈二首》中亦云："近世要人达官，其气焰摩层霄，而门可附而炙者，不翅百千，然其语言翰墨，人见之皆如拒顽百姓见催租文……吾是知道德无贫贱也。"❾慧洪在《次韵龚德颜柳帖》中指出唐代著名书法家颜真卿、柳公权之所以成功的关键因素是道德高尚、人品出众。他进而指出，"字工德不修，名与身俱朽"❿。还引苏轼、欧阳修等人言论，

❶ 慧洪.题昭默自笔小参·石门文字禅（卷二十六）［M］//禅宗全书（第95册）：354.
❷ 慧洪.跋山谷笔古德二偈·石门文字禅（卷二十七）［M］//禅宗全书（第95册）：374.
❸ 慧洪.大雪寄许彦周宣教法弟·石门文字禅（卷六）［M］//禅宗全书（第95册）：73.
❹ 慧洪.临川宝应寺塔光赞·石门文字禅（卷一十九）［M］//禅宗全书（第95册）：251；慧洪.题昭默遗墨·石门文字禅（卷二十六）［M］//禅宗全书（第95册）：355；慧洪.请宝觉臻公住天宁·石门文字禅（卷二十八）［M］//禅宗全书（第95册）：386.
❺ 慈怡.佛光大辞典［M］.北京：书目文献出版社，1989：5619.
❻ 大智度论［M］//大正藏（第25册），第1509号：110.
❼ 慧洪.跋山谷笔古德二偈·石门文字禅（卷二十七）［M］//禅宗全书（第95册）：374.
❽ 慧洪.跋鲁公与郭仆射论位书·石门文字禅（卷二十七）［M］//禅宗全书（第95册）：370.
❾ 慧洪.跋李商老大书云庵偈二首·石门文字禅（卷二十七）［M］//禅宗全书（第95册）：380.
❿ 慧洪.次韵龚德颜柳帖·石门文字禅（卷一）［M］//禅宗全书（第95册）：10.

强调书法家应有高尚的品格。

其三，能观色性即是空。

慧洪以隆上人、琼上人、黄龙惠南等为例，说明这些书家成功的奥秘均源于其"能观色性即是空"。他以"怪老禅之游戏，幻此花于缣素"❶来称赏华光仲仁禅师画墨梅；以"偶寄逸想，幻此沙门"❷来称道苏轼画应身弥勒；以"顿人毫端三昧，而幻此一幅之上"❸"何人毫端寄逸想，幻出百福庄严身"❹来赞赏释迦、观音画像。把自然景物也看成是幻化的结果，观真山是"晓烟幻出千万峰"❺，观假山是"幻出匡庐双剑闲"❻。慧洪用"幻"或"幻出"等阐述禅宗即色悟空的道理。

其四，精妙简远之韵。

"瑛公风骨清癯，而神观秀爽，措置加于人一等。与南州名士游，淡然无营，独杜门手写此经，精妙简远之韵，出于颜柳。"❼对于书画精妙简远之韵的取得，慧洪探究其主要原因是来自书家特别是书僧萧散洒落、超然出尘的人生态度。

所谓"简远"，是指一种外表朴素而意蕴悠远的远离世俗功利的艺术风格。所谓"韵"，是指作品有言外之意、余味。"简远"的风格与艺术家超功利的人生态度有密切关系，或者说就是艺术家潇洒自由、超然出世个性的艺术表现。

其五，故旧之情与艺术鉴赏的审美效应。

慧洪在《跋山谷字》中提到一个饶有趣味的审美现象，即"故旧"之情对于艺术鉴赏的重要作用，这是慧洪在书画审美领域的又一重要发现❽。他在欣赏黄山谷及其法书时，有这样的感想："鲁女有遗荆钗而哭泣者，路人笑之曰：'以荆为钗易办，女乃泣何也？'女以手掠发曰：'非以其难

❶ 慧洪.王舍人宏道家中蓄花光所作墨梅甚妙戏为之赋·石门文字禅（卷二〇）[M] // 四部丛刊（本）：221.
❷ 慧洪.东坡画应身弥勒赞·石门文字禅（卷一九）[M] // 四部丛刊（本）：200.
❸ 慧洪.释迦出山画像赞·石门文字禅（卷一八）[M] // 四部丛刊（本）：185.
❹ 慧洪.释迦出山画像赞·石门文字禅（卷一八）[M] // 四部丛刊（本）：185.
❺ 慧洪.季长出示子苍诗次其韵盖子苍见衡岳图而作也·石门文字禅（卷五）[M] // 四部丛刊（本）：49.
❻ 慧洪.李德茂家有魂石如匡山双剑峰求诗·石门文字禅（卷一一）[M] // 四部丛刊（本）：104.
❼ 慧洪.题疾老写华严经·石门文字禅（卷二十五）[M] // 禅宗全书（第95册）：337.
❽ 慧洪.题疾老写华严经·石门文字禅（卷二十五）[M] // 禅宗全书（第95册）：60.

墨香禅意
——中国古代禅宗书画观研究

致也，以其故旧耳！'予所以玩之者，实钟鲁女泣荆之情！"**❶**慧洪借用此鲁女泣荆的典故**❷**，说明旧情（与山谷关系很好）对鉴赏活动具有深刻的影响，形成审美心理定势，亲切之感油然而生。所谓心理定势，是指影响或决定同类后续心理活动的准备状态，相当于德国存在主义美学家海德格尔的"前理解"。慧洪与评价对象（山谷的书法作品）之间的情感关系直接影响着欣赏活动的进行。

其六，绘画创作的"妙观逸想"说。

慧洪在《冷斋夜话》中提出著名的"妙观逸想"说："诗者，妙观逸想之所寓也，岂可限以绳墨哉！如王维作画雪中芭蕉，自法眼观之，知其神情寄寓于物，俗论则以为不知寒暑。"**❸**慧洪的"妙观逸想"说，不仅适用于诗歌创作，而且对于书画创作的影响也相当深远。在他看来，优秀的绘画作品莫不是"妙观逸想"的产物。他称赞苏轼之作，"妙观逸想，寄寓如此"**❹**。华光、惠崇等画僧也是"妙观逸想"的杰出代表。所谓"妙观"，就是禅宗强调的直觉妙悟能力；而所谓"逸想"，就是飘逸自由的审美想象。所谓"神情寄寓于物"，就是从法眼去审视神情（存在）与物（存在者）的关系。神情不是自然存在，而是事物得以出场即存在的基础和依据。作为存在的"神情"本身是隐蔽的，需要"法眼"观照发现艺术家所创建的意义世界（如王维的雪中芭蕉的艺术世界）**❺**。慧洪在那个时代提出如此深刻的观点，实属不易。根据慧洪的"妙观逸想"观点，王维的雪中芭蕉到底寄寓何种神情？对于王维雪中芭蕉的寓意，古人和今人都有不同的理解。

先看古人的理解。时代最早还算宋人沈括《梦溪笔谈》卷十七《书画》中提及"余家所藏摩诘画《袁安卧雪图》，有雪中芭蕉"**❻**。赵殿成《王

---

❶ 慧洪. 跋山谷字二首·石门文字禅（卷二十七）[M] // 禅宗全书（第95册）：373.

❷ 李昉，等. 太平御览（卷四百八十七）·韩诗外传 [M]. 文渊阁四库全书影印本（897）：489.

❸ 皮朝纲. 慧洪审美理论琐议 [M] // 禅宗美学思想的嬗变轨迹. 成都：电子科技大学出版社，2003：139.

❹ 慧洪. 东坡画应身弥勒赞（并序）·石门文字禅（卷十九）[M] // 禅宗全书（第95册）：251.

❺ 皮朝纲. 慧洪审美理论琐议 [M] // 禅宗美学思想的嬗变轨迹. 成都：电子科技大学出版社，2003：140.

❻ 陈允吉. 古典文学佛教溯缘十论 [M]. 上海：复旦大学出版社，2002：68.

右丞集注》卷末引用明代陈眉公《眉公秘笈》云："王维《雪蕉》，曾在清阁，杨廉夫题以短歌。"❶ 沈括举出"雪中芭蕉"，以此批驳唐代张彦远的画评（张彦远说王维多不问四时，如画花往往以桃、杏、芙蓉、莲花同画一景）。沈括亮出自己的观点：雪中芭蕉不在于形似而在于神似。这个神似与慧洪的法眼观照的"妙观逸想"极其相似。但沈括以后许多人均未明确王维雪中芭蕉的具体寓意是什么。慧洪关于神情寄寓于物的论断与沈括之说一脉相承。慧洪的高明之处在于，明确指出对文人禅画的解释以及揭示了王维雪中芭蕉与佛教禅宗的内在联系，而且是从本体论的高度评论王维的"雪中芭蕉"，因此具有特别的意义。他以"法眼"观之，所谓"法眼"是指彻见佛法正理之智慧眼，即菩萨为救度一切众生，能照见一切法门之眼。在慧洪看来，艺术家也应该具备法眼——审美眼光，才能审视、领会解释禅宗画与禅意画的"寓意"之所在。❷ 再看今人的理解。刘大杰《中国文学发展史》谈到王维的意在笔先时说："意就是一种意象或境界，使读者观者可以在他的作品中得到一种神悟的情味……他有雪中芭蕉一帧，极负盛名，这正证明他的艺术是着重于意境的象征，不是刻划的写实。"❸

今人对王维雪中芭蕉的理解有三种意见：

一是以陈寅恪、陈允吉先生为代表。他们认为雪中芭蕉寄寓了佛教身体空虚的观念。❹ 要理解雪中芭蕉的寓意，最终必须回到王维《袁安卧雪图》中的袁安卧雪内容上来。所谓袁安卧雪，是出自《后汉书·袁安传》李贤注解，其引《汝南先贤传》云："时大雪，积地丈余。洛阳令自出案行，见人家皆除雪出。有乞食者至袁安门，无有行路，谓安已死。令人除雪入户，见安僵卧，问何以不出，安曰：大雪人皆饿，不宜干人。"❺ 对雪中芭蕉的理解，重心在于芭蕉的开解。芭蕉在佛教中有比喻人身空虚之意义。

二是以黄海涛先生为代表。他在《禅与中国艺术精神》中认为王维雪

❶ 陈允吉.古典文学佛教溯缘十论［M］.上海：复旦大学出版社，2002：70.
❷ 皮朝纲.慧洪审美理论琐议［M］//禅宗美学思想的嬗变轨迹.成都：电子科技大学出版社，2003：143.
❸ 皮朝纲.慧洪审美理论琐议［M］//禅宗美学思想的嬗变轨迹.成都：电子科技大学出版社，2003：70.
❹ 皮朝纲.慧洪审美理论琐议［M］//禅宗美学思想的嬗变轨迹.成都：电子科技大学出版社，2003：70.
❺ 陈允吉.古典文学佛教溯缘十论［M］.上海：复旦大学出版社，2002：78.

中芭蕉的寓意在于倾吐内心对当时炽盛一时的禅宗佛教的热情，表现了一种对于适意人生追求的执着。王维此画显然并未停留在芭蕉之身"空虚不实"的寓意上，而是在此上进了一步……画中的寓意，与其说是一种神学精神，不如说是一种生活方式更准确。❶

三是以钱锺书先生为代表。钱锺书在《中国诗与中国画》中详尽论述了王维雪中芭蕉与禅宗的"不可思议"的话头相通，即禅宗艺术创构的意义世界是不可道破的。❷

需要说明的是，慧洪的"妙观逸想"是指艺术形象塑造构思过程的两个阶段，一是"妙观"，观照、把握审美对象的层面；二是"逸想"，审美构思的自由自在的想象层面。

（二）圆悟克勤论书画

圆悟克勤（1063—1135），字无著，号圆悟，又号佛果，俗姓骆，彭州崇宁（今四川郫县）人。临济宗杨岐派的著名僧人。18岁出家，先习佛教经论，后转禅宗，就学于昭觉胜禅师。不久，离川东下，投杨岐派法演禅师，因闻法演禅师"小艳诗"而悟道。宋徽宗崇宁（1102—1106）初，因母老归省，住成都昭觉寺。后到湖南澧州，住夹山灵泉院，再迁湖南长沙道林寺。政和（1111—1118）末，诏住金陵蒋山。此时，克勤名冠丛林，宣和（1119—1125）中，奉旨京都天宁寺。不久因战乱返回四川，仍住昭觉寺。著《碧岩录》百卷、《语录》二十一卷。《中国佛教人名大辞典》《中国书法鉴赏大辞典》有记载。❸克勤及其《碧岩录》写成恰好是在北宋统治最黑暗的时期。《碧岩录》的问世，成为宋代文化转折的重要标志，而且是中国禅宗由口头禅向文字禅演变的重要标志。《碧岩录》竟被后世学人视为可与《坛经》比肩，可知《碧岩录》之地位至少是与《坛经》一样的崇高。这部可与《坛经》相提并论的"宗门第一书"，其在禅宗发展史上的重要地位，已多有学者论及之❹。在北宋文化转型的背景下，

---

❶ 黄海涛.禅与中国艺术精神［M］.北京：中国言实出版社，2006：76-77.

❷ 皮朝纲.慧洪审美理论琐议［M］//禅宗美学思想的嬗变轨迹.成都：电子科技大学出版社，2003：144.

❸ 于建华，于津.中国佛门书画家图典［M］.北京：学林出版社，2013：69-70.

❹ 张耀南.导读——《碧岩录》与中国文化之转型［M］//雪窦重显，圆悟克勤.碧岩录.北京：东方出版社，2013.

圆悟克勤还提出了一些有价值的书画美学观：

其一，道不在丹青，禅不在面相。

在绘画与本心关系问题上，圆悟克勤把绘画视为表现本心的工具和手段，并非道本身。他说："道不在丹青，禅不在面相……且就个现成，为汝说一上。赤水求神珠，得之由罔象。"他用庄子"罔象无心得珠"寓言说明禅是不能用语言文字或艺术手段去表达的。还说："道绝形相，名存至公。"[1] 圆悟克勤在《碧岩录》第四十二则《庞居士好雪片片》的"评唱"中，把雪花飞舞、片片飘落在它应飘落之处的自然美景作了描述和概括，强调禅不在逻辑分别语言文字，而在自性。他在《心要·示张子固》中，明确指出，当"身心冥然叩寂，丧却心机，一如土木，待渠时节到来，翛然自桶底子脱，契此本光"。冯友兰先生曾对"桶底子脱"作了精辟的分析："禅师们用'如桶底子脱'的比喻，形容顿悟。桶底子脱了，则桶中所有之物，都顿时脱出。同样地，一个人顿悟了，就觉得以前所有的各种问题，也顿时解决。其解决并不是具体地解决，而是在悟中了解此等问题，本来都不是问题。所以悟后所得之道，为'不疑之道'。"[2] 圆悟克勤提出"道不在丹青"，与慧能以来"自性"主张是一脉相通的。

其二，但向己求，勿从它觅。

圆悟克勤《示魏学士》说："形纸墨，涉言诠，作路布，转更悬远。""然此段大缘，人人具足，但向己求，勿从它觅。"[3] 在本心与艺术关系上，他强调，要从内心悟道，不能从艺术形式（纸墨、言诠）中求本心。也就是说，一切语言形式都是启发学人开悟的方便法门。他在《碧岩录》第十九则《俱胝指头禅》的"评唱"中，说明俱胝在"天龙和尚竖一指而示之"时，"忽然大悟"，"是他当时郑重专注，所以桶底已脱"。铃木大拙也指出："真正的禅的生活是从'悟'开始的。"离开悟，就是外求执着，永远也不能见到本心（本来面目）。

❶ 圆悟克勤.禅人写真求赞·圆悟佛果禅师语录（卷二十）[M]//大正藏（第47册），第1997号：809.

❷ 冯友兰.中国哲学简史[M].北京：北京大学出版社，1985：303.

❸ 圆悟克勤.示魏学士·圆悟克勤佛果禅师心要（卷二十）[M]//新编卍续藏经（第120册）：750.

（三）大慧宗杲论书画

大慧宗杲（1089—1163），字昙晦，号妙喜，自称妙喜庵主，宁国（今安徽宣州）人，是宋代杨歧派第五世著名禅师，创立了与默照禅相对的"看话禅"。俗姓奚，十七岁出家于浙江金华天宁寺，初参湛堂、文准，文准圆寂后投无尽居士名其庵曰妙喜。后往参拜圆悟克勤得法悟道。右丞相吕舜奏赐紫衣及佛日之号。后于云居山创庵以居。绍兴十年（1140）应丞相张浚之邀，往居径山。孝宗（1163—1190）即位，召对称旨，赐号大慧。善书画，与天童寺僧昙华齐名，人称两甘露门。❶宗杲所处时代正是文字禅盛行的时代，正如他所批评的"近代佛法可伤。邪师说法，如恒河沙，各立门风，各说奇特，逐旋提合，疑误后昆，不可胜数"。❷大慧宗杲"妙悟"说，对后世禅宗美学思想的发展影响较大。大慧宗杲的"妙悟"说也渗透到他的书画观之中。

其一，画像难摹本心。

首先，在绘画与本心关系上，宗杲指出"一条白棒，佛祖俱打。超宗禅人，大胆不怕。画我来乞赞，鬼门上帖卦。三十年后，此话大行。任一切人，赞龟打瓦。"❸"汝求吾之赞，复赞吾之真。大海绝涓滴，须弥无一尘。"❹宗杲提出"道须神悟，妙在心空。体之不假于聪明，得之顿超于闻见。"❺所以，创作画像与画像赞无法表现本心（佛性真如，生命本来面目），甚至是"鬼门上帖卦"，是一种不吉利之举。在宗杲看来，我们要把握佛性真如即生命本来面目，就必须用智慧之剑，破除一切烦恼执着。"欲识吾真，出阴界入。"❻

其二，坚持妙悟自得。

其次，在语言文字与本心的关系上，宗杲认为"其至妙之心在我，不

---

❶ 于建华，于津.中国佛门书画家图典［M］.北京：学林出版社，2013：75.
❷ 宗杲.大慧普觉禅师语录（卷十四）［M］//禅宗语录辑要.上海：上海古籍出版社，1992.
❸ 宗杲.自赞·超宗道人请赞［M］//禅宗语录辑要.上海：上海古籍出版社，1992：367.
❹ 宗杲.无著道人请赞［M］//禅宗语录辑要.上海：上海古籍出版社，1992：367.
❺ 宗杲.大慧普觉禅师语录（卷二十一）［M］//禅宗语录辑要.上海：上海古籍出版社，1992.
❻ 宗杲.许司理请赞［M］//禅宗语录辑要.上海：上海古籍出版社，1992：367.出阴界入：阴界入是指三个法，即是五阴、十八界、六入。"出阴界入"源自《净名经集解关中疏》："以智惠剑，破烦恼贼，出阴界入。"见《大正藏》第85册，第2777号，第493页中。

在文字语言也。纵有明师密授，不如心之自得。"❶宗杲主张本心只能靠妙悟，"至妙之心在我"，所以要从外在事物返观内心，是不能用语言文字表述的。他的"妙悟"说继承和发展了慧能的"即心即佛"的禅宗美学思想。需要强调的是，宗杲提出的"妙悟"乃是中国禅宗美学史的重要范畴。僧肇在《涅槃无名论》中首次提出，他说："玄道在于妙悟，妙悟在于即真。"僧肇"志好玄微，每以《庄》《老》为心要。"❷可见，"妙悟"这一概念的提出带有老庄思想风格。魏晋以后翻译出的大量佛经中，"妙"这一范畴处处可见。❸由此可见，宗杲的"妙悟"包括在于悟"妙"（本源的终极存在）与"玄妙"之悟（超越思辨语言的直观途径）两个方面的内涵。

此外，宗杲提出的"妙悟"与叔本华提出的"审美直观"范畴有着极其相似之处。叔本华在《作为意志和表象的世界》一书中指出，审美直观的目的在于服务感性个体的生存价值与生存超越，是直接指向终极的实在，指向绝对的本源。❹宗杲的"妙悟"其实就是超越逻辑的审美直观之意。

其三，提出实录原则。

在画家画像的原则方面，宗杲提出了"实录"说。❺他在《李总干画像赞》中说："气劲而和，于物无忤。内方外圆，清简俭素。与朋友交也诚而谦，奉公无私也勤而廉。天不佑善，若人云亡。士林凋丧，孰不感伤。吾是睹斯像，而作此赞。乃公之实录也，可与日月而争光。"❻宗杲在《苏知县（甫明）画像赞》中则提出："楒口秀目，心清寡欲……观者哗曰，明甫实录。"❼他所谓的"实录"，不同于写实，也不只是人物外貌形态上的简单再现，而是对人的内在精神世界（人物品格、心灵和气韵）的"实录"。这涉及艺术中形神关系的问题。宗杲的"实录"，显然不是"形似"而是"神似"。

❶ 宗杲.宗门武库［M］//大正藏（第47册），第1998号：955.
❷ 慧皎.高僧传（卷六）［M］.汤用彤，校注.北京：中华书局，1992：249.
❸ 刘方.中国禅宗美学的思想发生与历史演进［M］.北京：人民出版社，2010：186-187.
❹ 叔本华.作为意志和表象的世界［M］.石冲白，译.北京：商务印书馆，1982：249.
❺ 皮朝纲.游戏翰墨见本心——禅宗书画美学著述选释［M］.成都：四川民族出版社，2013：65-66.
❻ 宗杲.李总干画像赞［M］//新编卍续藏经（第121册）：92.
❼ 宗杲.苏知县（甫明）画像赞［M］//新编卍续藏经（第121册）：93.

（四）宏智正觉论书画

宏智正觉（1091—1157），宋朝曹洞宗僧，系禅宗"默照禅"的倡导者，字宏智，俗姓李，隰州（山西隰县）人。宏智正觉在画像的创作与欣赏方面，提出了丹青与生命本体关系的命题，为宋代禅宗美学发展与深化做出了重要贡献。宏智正觉的书画观主要表现为三对关系：

其一，绘画与本体的关系。

绘画与本体的关系上，宏智正觉认为绘画不能描写本心。他认为，真（道、禅即本心本来面目）是无形的，因此画像难以描摹。他在《禅人并化主写真求赞》中这样论述："默默家风，如如规矩。妙不可以言传，真不可以相取。明白月壶，廓清天宇。物我情忘兮，谁分尔汝。"❶宏智正觉倡导"默照禅"，强调"默唯至言，照唯普应。"❷他认为静默忘言比文字更能体悟真谛，因此作为视觉传达的绘画不能描写本来面目，这样画家所画之相并非生命本来面目之真："邈之不真，传之不神。"❸

其二，画像与幻化的关系。

在画像与幻化的关系上，宏智正觉提出，画像只是幻化而已。什么是"幻化"呢？幻化其实是指虚幻不实的意思。《佛光大辞典》上解释："空法十喻之二。幻，谓幻术师之所作。化，谓佛、菩萨等神通力之变化。"❹佛典上诠释为："世法如是无常别离，虚诳不实，犹如幻化。"❺"诸众生有悲苦恼……增长后世苦恼大聚，无有实性犹如幻化。"❻在宏智正觉看来，画像就是一种幻化，虚幻不实的东西。

其三，真实与沉默的关系。

宏智正觉提出"是真非相，是相非真。""拈转四大，不立一尘。体合虚空有自己，用周法界无别人。一叶落兮天下秋，一华开兮天下春。"❼他深刻地揭示了真实的内涵，隐含着审美超越的意蕴与价值。他对彻悟的真实境况有着精辟入微的论述："真实做处，唯静坐默究，深有所诣。外不

❶ 皮朝纲.游戏翰墨见本心——禅宗书画美学著述选释［M］.成都：四川民族出版社，2013：67-69.

❷ 正觉.宏智禅师广录（卷十一）［M］//禅宗语录辑要.上海：上海古籍出版社，1992.

❸ 正觉.禅人并化主写真求赞·宏智禅师广录（卷九）［M］//大正藏（第48册）：110.

❹ 慈怡.佛光大辞典［M］.北京：书目文献出版社，1989：1391.

❺ 菩萨本缘经［M］//大正藏（第3册），第153号：66.

❻ 大方广佛华严经［M］//大正藏（第9册），第278号：55.

❼ 正觉.禅人并化主写真求赞·宏智禅师广录（卷九）［M］//大正藏（第48册）：106.

被因缘流转，其心虚则容，其照妙则准。内无攀缘之思，廓然独存而不昏，灵然绝待而自得。得处不属情，须豁荡了无依倚，卓卓自神，使得不随垢相。"❶正如苏轼所言"静故了群动，空故纳万境"，只有进入虚静渊默的状态才能观照宇宙大化之奥秘，生命之本来面目。宏智正觉凭沉默方式把握真理的主张，与德国存在主义美学家海德格尔的"存在论"也有某种暗合之处。海德格尔指出，"说与听皆奠基于领会"。所以，"话语的另一种本质可能性即沉默也有其生存论基础。比起口若悬河的人来，在交谈中沉默的人可能更本真地'让人领会'，也就是说，更本真地形成了领会。对某某事情滔滔不绝，这丝毫也不保证领会就因此更阔达。"❷德国美学家伽达默尔也说："语言艺术家中那些最伟大的人物的最伟大的功绩也许恰恰就在于，他们对不可说的东西保持悲剧的沉默。"❸宏智正觉的言语与沉默之间的认识，颇富有把握宇宙生命真谛的深刻意义。

（五）北磵居简

北磵居简，俗姓王，潼川府（今四川三台）人，是宋代临济宗禅师。

北磵居简的书法思想表现如下：

其一，对待书写佛经的态度："写佛语心"，获得佛"妙心"。

什么叫"佛语心"？经书上解释："佛语心者，即诸佛所说心法也。"❹何谓"妙心"？指"大般若心，即天地心。"❺居简肯定书写经书在呈现佛性、传承妙心中的重要作用，在《强斋高使君金书诸经赞》中明确指出，"强斋大士"书写心经，乃是"续父厥志，写佛语心"，其"一点画中，具无量义。字可悉数，义则无量。"❻居简把书写经书视为佛语妙心的呈现，这一见解与同时代书画僧慧洪以及明代高僧紫柏真可提出的"文字般若"

❶ 正觉.宏智禅师广录（卷六）[M]//禅宗语录辑要.上海：上海古籍出版社，1992.

❷ 海德格尔.存在与时间[M].陈嘉映，王庆节，译.北京：生活·读书·新知三联书店，1999：192.

❸ 伽达默尔.美的现实性[M].张志扬，等译.北京：生活·读书·新知三联书店，1991：11.

❹ 一切佛语心品·楞伽阿跋多罗宝经注解（卷一）[M]//大正藏（第39册），第1789号：343.

❺ 皮朝纲.墨海禅迹听新声：禅宗书学著述解读[M].上海：上海三联书店，2013：116.

❻ 居简.强斋高使君金书诸经赞·北磵集[M]//禅门逸书初编（第5册），第112号：81.

墨香禅意——中国古代禅宗书画观研究

都有相似之处。真可说："文字语言，道之光华。"❶需要说明的是，居简提出的时间较早但没有真可那么系统、深刻。

其二，对待书法创作的态度：自辟门径，"自成一家"。

禅师大多数主张一方面要学习古人书法、临摹古人墨迹，另一方面也不能一味泥古，应当在继承基础上有所创新，即博采众长，自成一家。居简在《跋山谷绿茹赞真迹》中表达了类似的观点："山谷草圣不下颠张醉素，行楷弗逮也。染接自成一家，如王谢子弟不冠不袜，虽流俗人盛服振衿，不如也。"❷居简基于这样的认识，主张创新也不应失去规矩法度，他高度评价山谷的法书："放言于规矩准绳之外，而不失规矩准绳，然字亦放，若孔子从心时不踰矩矣。"❸他论述了书法创造过程中规矩法度与个性自由之间的关系，认为书法必须张扬自己的个性。

其三，对待书法品评的态度：品评鉴赏，注重比较。

居简说："写字与刻字孰难？曰：写字难，画被忘穿，临池忘缁，专心致志，仅仿佛古人用笔意。"❹在居简看来，书法艺术有自身的规律，对此品评要从书法的特殊性出发。

北磵居简的绘画思想主要包括两个方面：

其一，自成一家，未易模写。

居简在《跋雪窦老融（牛）轴画》中，首先以唐代著名画家戴嵩画牛为标准，"画牛至戴嵩能事毕矣。"❺接着肯定老融（宋僧智融）已突破前人"规矩准绳"。他还指出，智融的绘画之所以取得成功，关键在于有一种"解衣盘礴"的创作心态。"解衣盘礴"出自《庄子》的典故❻，是指真画者心态超脱，无拘无束，进入自由自在的绘画境界。宋代画论家郭熙认为"《庄子》说画史解衣盘礴，此真得画家之法。"❼

❶ 紫柏真可.大悲菩萨多臂多目解并铭·紫柏尊者全集（卷二十二）［M］//新编卍续藏经（第 126 册）：1026.

❷ 颠张醉素：是指张旭的"颠"草，怀素的"醉"书；皮朝纲.游戏翰墨见本心——禅宗书画美学著述选释［M］.成都：四川民族出版社，2013：74.

❸ 居简.跋谭浚明所藏山谷岩下放言真迹·北磵集［M］//明复.禅门逸书初编（第 5 册），第 112 号：102.

❹ 皮朝纲.墨海禅迹听新声：禅宗书学著述解读［M］.上海：上海三联书店，2013：116.

❺ 居简.跋雪窦老融（牛）轴画［M］//禅宗全书（第 100 册）：105.

❻ 郭庆藩.庄子集释（第 3 册）［M］.北京：中华书局，1982：719.

❼ 郭熙.林泉高致·画意［M］//于文澜.画论丛刊（上卷）.香港：中华书局香港分局：24.

其二，品评应"问工拙"，不"顺情胡写"。

居简在《跋甜画》中指出："写生最难，形容其难更难。题跋亦难，不问工拙又难，顺情胡写又更难。胡写了，欲人不笑，倍复难于前数难。思其所以难而却其难，而求免见讶，难矣哉！"这是对品评提出的要求，一是要"问工拙"，二是不"顺情"，三是不"胡写"。所谓"甜画"，是一种犯了"甜"病的绘画。什么是"甜"病呢？它是指画家只在色彩悦目上下功夫，而作品并不传神的一种毛病。明代陈顼："元逸人黄大痴教人画法，最忌曰甜。甜者，秾郁而软熟之谓也。"❶居简反对这种"甜画"，力戒"顺情胡写"。

（六）淮海原肇论书画

淮海原肇，亦称元肇，通州静海（今江苏南通）人，是宋代禅师。俗姓潘，幼年从邑之妙观出家，年十九薙染受具，参径山如琰得法，为如琰法嗣，大慧宗杲的法孙。掌记室有很长一段时间。绍定六年圆寂。

淮海原肇的书画思想表现如下：

其一，阐述绘画能否表现禅机的问题。

原肇《跋陈郎中禅会图》云："郎中居士留神此道人矣，一日以《禅会图》见寄，且嘱著语其上。此大法门最为难信，非宿具上根者，往往蹉过。观其右臣际会、父子团栾、啐啄之机，间不容发。居士此图之设，非惟洞见古人落处，抑且裂破后学疑网。虽然，览者切忌案图索马。"❷虽然"陈郎中"对"右臣际会、父子团栾、啐啄之机"之描绘非常具体，但原肇指出览者不能"案图索马"。这里提及的"啐啄之机"❸，是禅宗大德开示后学善能应机的一种说法。意思是如母鸡欲啄（啮壳），子鸡即在蛋壳内

❶ 陈顼.明陈顼论画［M］//孙岳颁.御定佩文斋书画谱（卷十六）·论画六·画学下，文渊阁四库全书影印本：819，482.

❷ 元肇.跋陈郎中《禅会图》.淮海外集［M］//明复.禅门逸书续编（第1册），第209号：27.

❸ 雪窦重显法师，圆悟克勤法师.碧岩录［M］.北京：东方出版社，2013：116.《碧岩录》第16则中记载"镜清啐啄机"公案：僧问镜清："学人啐，请师啄。"清云："还得活也无？"僧云："若不活，遭人怪笑。"清云："也是草里汉。"

同时应声，比喻参禅时机缘相投、两相吻合。"右臣际会"^❶"父子团栾"^❷，是指禅师引诱、开示学徒的公案，其主旨在于截断学人的逻辑思路、语言葛藤，仅凭悟者法眼直观。

其二，提出"以生死为极则"的命题。

历代禅师都主张以生死终极原则对待书画作品。原肇也不例外，他在《跋密庵诸老帖》中说："密庵照佛心三大老之帖，皆以治生产业檀施为佛事，大川示末句，灭却正法眼为佛事，二者不出生死二字。学者参究，莫不以生死为极则。谛观尽之矣，非长语也。"^❸原肇认为一切施为都要以生死大事为极则，因此，对书法艺术评价的最高标准也应该是了生脱死的大事。

还要指出，原肇在《跋宏智法语》中推崇宏智正觉："宏智书偈遗化，尚有古佛风规。天目药石后言，切中今时病痛。若只以笔墨畦町流玩，吾未如之何也矣！"^❹他的意思是绝对不能仅仅以笔墨来进行艺术品鉴，要有"古佛风规"。我们要知道，原肇充分肯定了师祖大慧宗杲（倡导"看话禅"）的论敌宏智正觉（倡导"默照禅"）的艺术观，表现了禅门大师排除门户之见的宽广胸襟。

其三，强调"精艺入神"。

原肇说："精艺入神，出自最灵之府。"^❺他所谓的"精艺入神"，是指书画艺术要出自艺术家的心灵建构。他十分重视艺术家的主体心性修养、

---

❶ "右臣际会"：出自《禅宗灯录》，指唐宋时期皇帝与禅师关系十分密切，有如君臣相交，"君臣际会"。有的禅师被皇帝召入宫，尊为国师。《隆兴编年通论》卷二十六："宣宗在开成会昌间，尝诡服遁世为沙门。于监官会中遇黄檗（希运）礼佛次，问曰：'不着佛求，不着法求，不着僧求，礼拜作什么？'檗曰：'不着佛求，不着法求，不着僧求，某甲常礼如是事。'宣宗凡三次致问，檗三如是答。乃曰：'会么？'宣宗云：'不会。'檗遽收坐具打之。"见《隆兴编年通论》卷二十六，《新编卍续藏经》第130册，第681页上。

❷ "父子团栾"：是指庞蕴居士全家参禅的故事。庞蕴，衡州衡阳（今属湖南）人，字道玄，世称庞居士。初谒石头希迁，豁然开悟，又与丹霞禅师结交。后参拜马祖道一，言下顿领玄旨。元和（806—820）中，北游襄阳（今湖北襄阳），携妻女躬耕于鹿门山下，其妻女亦彻悟。宋僧希叟绍昙禅师《赞禅会图》的八段中，就有五段赞庞蕴居士及家人参禅的画像。见《希叟绍昙禅师广录》卷七，《新编卍续藏经》第122册。

❸ 元肇.跋密庵诸老帖·淮海外集［M］//明复.禅门逸书续编（第1册），第209号：32-33.

❹ 元肇.跋宏智法语·淮海外集［M］//明复.禅门逸书续编（第1册），第209号：32.

❺ 元肇.献祠山彩亭榜·淮海外集（卷上）［M］//明复.禅门逸书续编（第1册），第209号：13.

人品学识，这里包含文如其人、书如其人的思想；他所谓的"最灵之府"，是指禅宗的本心、本体，即生命本体，这里有"一即一切"的思想，"一"是"最灵之府"，是根本、本体，"一切"包括书画现象是本体的派生、表现。他称赞赵信庵"文武全才，克济勋业，天下仰望，北斗泰山"，"挥洒翰墨，照映金石，人得而宝之。"❶

二、元代禅宗书画观

禅宗在宋代文字禅影响下，其灵活多变的参禅变成了一种文字游戏。特别是圆悟克勤的《碧岩录》作为公案典范被北方曹洞宗大加推崇，万松行秀的《从容录》等评唱著作广为流行，甚至影响到南方禅门，使得南方禅宗也盛行公案诠释之风。祖先系是元代禅宗中影响最大的一个支派。他们拒绝与朝廷官府合作，有的山居不出达数十年，有的草栖浪宿，结庵而居。如无见睹（1265—1334）所居天台华顶，"其地高寒幽僻，人莫能久处，惟禅师一坐四十年，足未尝辄阅户限。"❷ 石屋清珙（1272—1352）："四十余年独隐居，不知尘世几荣枯。"❸ 他们倡导宋代宗杲的看话禅，但融入了新的内容。他们反对北方曹洞宗门人承继圆悟克勤《碧岩录》的文字禅传统。❹

为了针砭时弊，重振宗风，高峰原妙、中峰明本等元代禅师提出"实参实悟"的禅学思想。以下介绍高峰原妙、中峰明本、原叟行端、笑隐大䜣的书画观。

（一）高峰原妙论书画

高峰原妙（1238—1295），号高峰，吴江（今江苏苏州）人。俗姓徐，拜嘉禾密印寺法住为师。二十二岁拜断桥妙伦，妙伦让他参悟"生从何来，死从何去"的禅理。时近一年，不知进展，乃转学雪岩祖钦，终得法印。至元十六年（1279），上杭州天目山西峰狮子岩营建小室，题名"死

---

❶ 元肇. 跋赵信庵书"断云"（代人）·淮海外集（卷上）[M] // 明复. 禅门逸书续编（第1册），第209号：28.

❷ 皮朝纲. 禅宗美学思想的嬗变轨迹 [M]. 成都：电子科技大学出版社，2003：152.

❸ 皮朝纲. 禅宗美学思想的嬗变轨迹 [M]. 成都：电子科技大学出版社，2003：152.

❹ 皮朝纲. 禅宗美学思想的嬗变轨迹 [M]. 成都：电子科技大学出版社，2003：153.

关"。居其中十五年，直至圆寂。

他的书画思想大致表现为三个方面：

其一，实参实悟，盖为此生死一大事。

原妙举出世尊雪山六年，达摩面壁九年，长庆坐破七个蒲团，香林四十年方成一片，赵州三十年不杂用心等典范，说明实参实悟的重要性。❶他在《示众》中说："参须实参，悟须实悟，动转施为，辉今跃古。"❷在《除夜小参》中又说："生死事大，无常迅速，生不知有来处，死不知去处，谓之死大。只这生死一大事，乃是参禅学道之喉襟，成佛作祖之管辖。"❸他在这里更明确地阐述参禅的根本目的，就是了生脱死这一大事。超越生死而追求永恒，可以说是中国禅宗美学乃至中国传统美学中的核心命题。17世纪的哲学天才帕斯卡尔在《思想录》中对人的生命的评价："人只不过是根苇草，是自然界最脆弱的东西；但他是一根能思想的苇草。用不着整个宇宙都拿起武器来才能毁灭他；一口气、一滴水就足以致他死命了。然而，纵使宇宙毁灭了他，人却仍然要比致他于死命的东西更高贵得多；因为他知道自己要死亡，以及宇宙对他所具有的优势，而宇宙对此却是一无所知。"❹原妙关于"生死大事"的超越意识与帕斯卡尔的生命智慧具有惊人的吻合之处。❺原妙的生命观还与德国哲学家海德格尔的存在主义思想相通。"'超越'意指人之此在所特有的东西"，"超越标志着主体的本质乃是主体性的基本结构"。❻也就是说，超越是人之所以为人的本质。超越在中国传统美学那里更强调一种精神境界上的追求。原妙的实参实悟生死大事，正是在"死亡超越"的意义上提出来的，他的书画观尤其值得我们关注与研究。

其二，游戏三昧，不忘佛嘱。

原妙在《示直翁居士》中提出"堪嗟一等学人，往往多认者个识神，不救正悟，不脱生死。置之莫论。今生既下此般若种子，才出头来，管取

❶ 原妙.示众·高峰和尚禅要［M］//新编卍续藏经（第122册）：716.

❷ 原妙.高峰和尚禅要［M］//中国佛教思想资料选编（第三卷第一册）.北京：中华书局，1987.

❸ 皮朝纲.禅宗美学思想的嬗变轨迹［M］.成都：电子科技大学出版社，2003：154.

❹ 帕斯卡尔.思想录［M］.北京：商务印书馆，1986：157–159.

❺ 皮朝纲.禅宗美学思想的嬗变轨迹［M］.成都：电子科技大学出版社，2003：164.

❻ 海德格尔.海德格尔选集［M］.上海：上海三联书店，1996：169.

福慧两全，超今越古……虽沉迷欲境，亦不曾用工，才参见善知识，一言之下，顿悟上乘，超越生死。虽在尘中，游戏三昧，不忘佛嘱，外护吾门，咸载祖灯，续佛慧命。"❶他首先批评一等学人以识神为佛事。所谓"识神"，是指精神作用，即能起意识作用者。❷原妙认为，这种以识神为佛事的"一等学人"，不能超脱生死，会永远处于无明烦恼之中。接着，他肯定了裴休、张商英、韩愈、白居易、苏东坡等居士、文豪"虽在尘中"，却以笔墨做佛事。

其三，换却时人眼里睛。❸

最后，原妙在一首偈颂中说："自小丹青画不成，年来始觉艺方精。等闲执笔成龙去，换却时人眼里睛。"他认为修禅就如学画一样，必须经过多年的努力学习、刻苦钻研、反复实践，不能一蹴而就。所谓"换却眼睛"，是佛教禅宗的常用语，指祛除烦恼和妄执情识，换来慧眼，拨云见日。引申到书画创作中，"换却眼睛"则是指作者要有见地和主旨。这是以画喻禅的典范。

（二）中峰明本论书画

中峰明本（1263—1323）字中峰，自号幻住。俗姓孙，钱塘（今浙江杭州）人。初依吴山圣水，继参高峰原妙于天目山狮子岩。元仁宗（1312—1321）闻名，特赐金纹伽梨，进号佛日广慧普应国师。❹根据《天目中峰和尚语录》《天目明本禅师杂录》等文献记载，明本书画观主要包括三个方面：

其一，对禅本体范畴做出明确的界定。

明本就禅宗美学的本体发表著名的观点："禅何物也，乃无心之名也；心何物也，即吾禅之体也。"

明本对"禅"的界定，具有重要的启示：一是禅宗之禅（本体）不同于禅宗建立之前的"四禅八定"中的禅定（方法）；二是禅不离心，心不离禅；三是禅宗哲学美学作为生命哲学美学，主要基于"禅"的本体内涵

❶ 原妙.示直翁居士·高峰原妙禅师禅要［M］//新编卍续藏经（第122册）：707.
❷ 慈怡.佛光大辞典［M］.北京：书目文献出版社，1989：6700.
❸ 皮朝纲.游戏翰墨见本心——禅宗书画美学著述选释［M］.成都：四川民族出版社，2013：116–118.
❹ 于建华，于津.中国佛门书画家图典［M］.北京：学林出版社，2013：96–97.

墨香禅意——中国古代禅宗书画观研究

上。明本对禅的内涵界定，使得这一时期的禅宗人生论美学与禅宗书画美学思想都比前代更深刻、更全面。

其二，丹青与本心的关系。

明本对丹青与本心的关系认识很清晰，包括以下两个方面：

一是形质既幻，描写亦幻。在他看来，人的身体形质和万物一样，都是虚幻不实的东西，而画像则更是虚上加虚。

二是无见顶相，不用丹青。他在《尼出白绢请师题赞》曰："无见顶相，不用丹青。与么挂起，一切现成。"❶他认为丹青不能描绘本心。

其三，绘像不过是影子上觅影子。

明本指出，不少人企图通过对偈颂的阐述来把握佛性本体，那是犯了"向影子上觅影子"的错误。明本的立论包括以下三个方面的理由：

第一，"古人立言"只是影子和方便，不能从中寻找全牛（本心）。❷如果将手段当成目的就是错上加错，不能够舍迷达本。

第二，"山河大地明暗色空，三世十方见闻知觉，皆露地白牛之影子"，一切事物都无自性，全是影子而已。所以不能执着于色相，认影子为本真。

第三，《十牛图》及其原颂只是古人"一期方便"，也就是露地白牛之影子，后学如果把它们作为本体对待，那就是"又有向影子上觅影子"之嫌。他在《题十牛图》中说："偶观梁山石鼓唱和《十牛图颂》于余杭接待庵之壁，自寻牛……须知山河大地明暗色空，三世十方见闻知觉，皆露地白牛之影子耳！"❸他明确指出，通过偈颂等手段不能寻到本来面目。

（三）原叟行端论书画

原叟行端（1255—1341），字景元，号原叟，元代僧人。台州临海人，俗姓何。参杨歧派径山藏叟珍得旨，擅长诗文。原叟行端论书画的著述，包括绘画是否描绘公案、写经具有不可思议的功德、佛像的教育作用、绘画的创新性等。

---

❶ 中峰明本.尼出白绢请师题赞·天目中峰和尚广录（卷九）[M]//禅宗全书（第48册）：95.

❷ 中峰明本.题十牛图·天目中峰和尚广录（卷十）[M]//禅宗全书（第48册）：98.

❸ 中峰明本.题十牛图·天目中峰和尚广录（卷十）[M]//禅宗全书（第48册）：98.

先看原叟行端的绘画观：

其一，笔墨丹青，难契禅机。

和众多书画禅师一样，原叟行端认为丹青不能直接呈现禅机。他以"索犀牛扇话"公案为例，说明绘画不能真实展示公案禅机主旨，观者如果"认以为实"，就会犯"失剑刻舟"的错误。原叟行端强调，要把握禅机，必须超越情识知见，也就是达到无分别心才能返归本来面目。

其二，诱掖正教，契合佛意。

佛教禅宗重视罗汉画像的象教作用。原叟行端强调，罗汉画像具有"诱掖正教"的功效。他在《题龚翠岩罗汉图》中就指出智融与龚翠岩罗汉图有"诱掖正教之功。"在《题罗汉图》中进一步指出，唐宋不少画家刻画的罗汉图使观者得到启发。

其三，由浅入深，把握寓意。

原叟行端认为，绘画观赏者不能按图索骥，须由浅入深，把握寓意。他在《题〈圣凡融会图〉》一文中指出："迦文以神道设教，故幽明无间。仲尼以人道设教，故彼此有殊。由性命言之，幽明不得不通。由行迹论之，彼此不得不分。"❶

再看原叟行端的书法观：

其一，观道之眼，不在翰墨。

原叟行端在《跋高前山所藏兰亭，并无禅诸老墨迹》中指出：禅宗祖师的书法创造"在道眼，不在翰墨"。❷何谓道眼？《圆觉经》曰："分别邪正，能施末世一切众生无畏道眼。"❸《圆觉经析义疏》云："道眼者，辨识修道之眼，即正慧也。"❹可见，道眼是观道之眼，能够洞察一切的眼力。原叟行端以及其他许多禅门书法家，都把书法艺术作为观道的一种途径，并不停留在翰墨（书法）形式本身。原叟行端在《跋大慧痴绝天目偃溪晦岩断桥象潭叔凯诸老墨迹》中指出六祖慧能请童子书壁，"光明至今，如日月丽天"之时，就同时指出，禅宗大师志在弘法，以生死为重，"非在

❶ 原叟行端.题〈圣凡融会图〉·原叟行端禅师语录（卷八）［M］// 新编卍续藏经（第124 册）：54.
❷ 原叟行端.原叟行端禅师语录（卷七）［M］// 新编卍续藏经（第124 册）：56.
❸ 大方广圆觉修多罗了义经［M］// 大正藏（第17 册），第842 号：916.
❹ 圆觉经析义疏（卷三）［M］// 新编卍续藏经（第94 册）：127.

笔墨畦径间"。❶ 总之，书法以观道为本，生死为大。

其二，诚心所发，楷正遒丽。

原叟行端评价书法作品，特别重视书法家本人的佛学造诣与人品境界。如他点赞大慧宗杲之墨迹："济北之道，至大慧，如朗日丽天，何幽不烛。如疾雷破山，何蛰不醒。"❷ 他评价"蒋氏子书莲经"乃"诚心所发"，"楷正遒丽"。❸ 也就是对于大师的墨迹，不能仅仅欣赏其形式美，而要领悟其内在精神的巨大力量。

其三，刺血写经，弘化佛法。

原叟行端把佛经视为诸佛骨髓，众生命脉，禅门关键，教苑精华，认为刺血写经有着弘画佛法的不可思议之功。

（四）笑隐大䜣论书画

笑隐大䜣（1284—1344），元代僧人，江州（今江西九江）人，俗姓陈，参百丈山之晦机元熙，得其心法。笑隐大䜣充分肯定"世俗技艺，无非佛事"，反映出以艺术为佛事的审美价值取向。并指出了绘画创作的特殊性。大䜣倡导书法创作活动应遵"佛制"，不能"溺于文艺"。他以人品论书法，指出能从禅门大师书法的"片纸之中"，窥见其人生境界与人格魅力。他主张书家应自辟门径，在博采众长的基础上，形成自家独特的面目，自成一家法。

笑隐大䜣从如下几个方面论书画：

其一，世俗技艺，无非佛事。

笑隐大䜣在《题松雪翁画佛》中说："李伯时画马，有讥之者谓：'用心久熟，他日必堕马腹中。'于是改画佛菩萨天人之像。松雪翁初工画马，至晚岁，惟以书经画佛为日课，岂亦以是为戒耶！然至人转物不为物转，华严法界事事无碍。世俗技艺，无非佛事，水鸟树林，咸宣妙法。"❹ 笑隐大䜣从华严"理事无碍"的观点出发，认为世俗的一切艺术活动无非是佛

---

❶ 原叟行端.跋大慧痴绝天目偃溪晦岩断桥象潭叔凯诸老墨迹·原叟行端禅师语录（卷八）[M]//新编卍续藏经（第124册）：64.

❷ 皮朝纲.中国禅宗书画美学思想史纲[M].成都：四川美术出版社，2012：241.

❸ 原叟行端.蒋氏子书莲经，请题（卷八）[M]//新编卍续藏经（第124册）：63.

❹ 笑隐大䜣.笑隐大䜣禅师语录[M]//新编卍续藏经（第121册）.台北：台湾新文丰出版公司，1993：246.

事，反映出他的艺术为佛教服务的审美倾向。

其二，丹青不能形容公案禅机。

大䜣在《题殷济川画》中指出，"殷济川画达摩宝公而下禅宗散圣者凡廿八人，并取其平日机用摹写之"，然后尖锐指出："然南泉斩猫，雪峰辊球，盖其一时示人，如石火电光，不可凑泊，心思路绝，语默俱丧，况可以笔墨形容哉？画者正郢人误书举烛，而燕相尚明，国虽治而非书意也。"❶大䜣提及的"南泉斩猫"，其实是南泉普愿禅师的一则公案："师因东西两堂争猫儿，师遇之，白众曰：'道得即救取猫儿，道不得即斩却也。'众无对，师便斩之。赵州自外归，师举前语示之。州乃脱履安头上而出。师曰：'子若在，即救得猫儿也。'"❷"雪峰辊球"，是雪峰义存禅师留下的一则公案："一日升座，众集定。师辊出木球，玄沙遂捉来安旧处。"❸笑隐大䜣认为，世俗艺术虽然可作为佛事，但公案禅机不能以笔墨来描绘形容。笑隐大䜣指出，丹青是不能直接描绘公案禅机的，学人只有通过自身的体验，才能达到"语默俱丧"的境界。

其三，毫端游戏，艺匠经营。

笑隐大䜣充分肯定绘画创造过程中的"游戏三昧"，在绘画中获得自由解放的审美胸襟，认为只有这样才能真正拿出上乘之作。笑隐大䜣在《观音大士》"真赞"中明确指出："我眼见像，如听说法。心精遗闻，均一解脱"，"而彼诸应身，即我自心是。观心而睹相，心相俱寂灭。"而绘画师的成功在于："我观画师，毫端游戏。即是神通，现相不二。""幻师一毫端，幻相三十二。"❹他对自由创作和艰苦创作两者态度均予以肯定。

其四，画意善巧牵吾思。

笑隐大䜣评价具有如董狐之笔的褒贬作用的作品："丹青似是董狐笔，千年要与竹帛齐"❺，赞赏作者对接受者的启发意义。这里提及的董狐是春秋时期晋国史官，他敢于秉笔直书，尊重理事真相，不阿谀权贵，难能可

❶ 笑隐大䜣.蒲室集［M］// 兰吉富.禅宗全书（第 95 册）.台北：台湾文珠文化有限公司，1981：531.

❷ 普济.五灯会元（卷三）·池州南泉普愿禅师［M］.苏渊雷，点校.北京：中华书局，1984：139.

❸ 普济.五灯会元（卷七）·福州雪峰义存禅师［M］.苏渊雷，点校.北京：中华书局，1984：384.

❹ 大䜣.笑隐大䜣禅师语录［M］// 新编卍续藏经（第 121 册）：224.

❺ 大䜣.曹娥江读碑图·蒲室集［M］// 禅宗全书（第 95 册）：448.

贵。笑隐大䜣借此肯定绘画作品能够牵动读者情思的作用。

笑隐大䜣对绘画作品具有能牵动读者情思的作用给予了高度肯定："远山如故人，梦寐思见之。见之了非梦，卜居终无期。乃知画者意，善巧牵吾思。""所历纷可数，身世亦足悲。百年俱幻境，对此奚独疑。"❶

其五，家庭教育仍娇怜，出从严师痛加鞭。

笑隐大䜣在评价《维摩问疾图》时指出："慈父爱子情无偏，家庭教育仍娇怜。出从严师痛加鞭，责以成人期大全。瞿昙训徒岂不然，说法鹿苑开人天。"❷ 他指出"愚可规顽可镌"，其教育的原则是"设教观机缘"，使受教者"由渐入顿顿入圜，舍小趋大力勉梅"，使之"凡情圣解俱弃捐，肯使天华溅岩前"。❸ 他重视绘画在佛教教育中的作用，因而高度肯定顾恺之的绘画创作："向来虎头妙通玄，观者倾市输金钱。何人笔势犹翩翩，光怪只尺生云烟。"❹ 笑隐大䜣认为顾恺之绘画达到了出神入化、奇妙通神的境地，因而产生了强烈的审美效应："观者倾市输金钱。何人笔势犹翩翩，光怪只尺生云烟。"据张彦远《历代名画记》卷五记载："《京师寺记云》：兴宁中瓦棺寺初置，僧众设会，请朝贤鸣刹注疏，其时士大夫莫过十万者。既至长康，直打刹注百万。"顾恺之乃"闭户往来一月余，日所画维摩诘一躯，工毕，将欲点眸子，乃谓寺僧曰：第一日观者请施十万，第二日可五万，第三日可任例责施。及开户，光照一寺，施者填咽，俄而得百万钱"❺。

（五）天如惟则论书画

惟则，字天如，元代僧人。庐陵（今江西吉安）人，俗姓谭。惟则论书画的著述，涉及写真传神、鉴赏品评、像教功德等问题。

其一，为梅写真，为翁传神。

首先，惟则论述了绘画主体之"神"与描写对象之"真"的相互交

---

❶　大䜣. 题画·蒲室集［M］// 禅宗全书（第95册）：446.

❷　大䜣. 维摩问疾图·笑隐大䜣禅师语录［M］// 新编卍续藏经（第121册）：236.

❸　大䜣. 笑隐大䜣禅师语录［M］// 新编卍续藏经（第121册）. 台北：台湾新文丰出版公司，1993：236.

❹　大䜣. 笑隐大䜣禅师语录［M］// 新编卍续藏经（第121册）. 台北：台湾新文丰出版公司，1993：236.

❺　张彦远. 历代名画记（卷五）［M］// 于安澜. 画史丛书（第一册）. 上海：上海人民美术出版社，1982：68–69.

第三章　宋元禅宗书画观

感、相互建构的问题。高度评价南宋画家扬补之画梅："吾然后知补之能为梅花写真，梅花又为翁传神。"❶ 惟则对绘画写真传神的总结具有以下四个方面的意义：

一是扬补之画梅造诣很高；二是扬补之成功之处在写真；三是画家人品比描写对象更重要；四是绘画创作是写真与传神的统一。

其二，一像之成，能致广远。

佛教禅宗向来重视像教的作用，所以，佛教又叫像教。惟则继承和发展了禅宗的像教思想。对佛教造像的功效问题做了深入探究。他指出佛像可以使人人同悟是心作佛、是心是佛的道理，并在《铜佛赞颂序》中明确肯定造像的作用："故其一机之发，一像之成，遂能致广远之化者。"❷

其三，能以眼闻，唯有知音。

天如惟则禅师指出："能以眼闻，满眼皆是。不是指引，徒劳侧耳。"❸ 他在《题了堂禅师松风堂图》中，继续说明"眼闻说"的道理。他指出，画家成功之处就在于画出无形的声音。❹ 画家可以以身体直觉体验绘画中表现声音的现象。惟则"眼闻说"在中国古代艺术中具有普遍意义。苏轼在评价王维的诗画时说："味摩诘之诗，诗中有画；观摩诘之画，画中有诗。"❺ 说明宋代文人开始用眼观画时，也在用它听画中之音；在耳听诗时，也在用它观诗中之画。六根之所以通用，关键在于它们与生命本体相通。作为视觉图像的禅宗书画，主要是以眼根与色通于空寂之境（明心见性）。但眼根与耳根在生命本体深处是相通的。

其四，刺血写经，功德巨大。

禅宗关于刺血写经的论述较多，多数持肯定意见。肯定派意见认为，刺血写经是获得开悟的重要途径。惟则在《血书法华经序》中指出："由是观之，一毛之孔一缕之血，一点一画之布置，可以展化权，可以树幢刹，可以现诸佛之本光。"❻ 在佛教禅宗那里，"诸佛之本光"是指佛性即本

❶ 天如惟则 . 补之梅 · 天如惟则禅师语录 [M] // 新编卍续藏经（第 122 册）：891.

❷ 天如惟则 . 铜佛赞颂序 · 天如惟则禅师语录 [M] // 新编卍续藏经（第 122 册）：901.

❸ 天如惟则 . 跋高昌公子按乐图 · 天如惟则禅师语录 [M] // 新编卍续藏经（第 122 册）：924.

❹ 天如惟则 . 题了堂禅师松风堂图 · 天如惟则禅师语录 [M] // 新编卍续藏经（第 122 册）：871.

❺ 苏轼 . 书摩诘蓝田烟雨图 [M] // 苏轼文集（卷七〇）. 北京：中华书局，1986：2209.

❻ 惟则 . 血书法华经序 · 天如惟则禅师语录 [M] // 新编卍续藏经（第 122 册）：903.

来面目的意思。物初大观禅师云："日月灯明佛，向者里瑞发本光。昼夜六时，了无间然。"❶ 圆悟克勤也认为人人都有本光，"全心即佛，全佛即人，人佛无异，始为道矣。"人人"脚跟下恒常佩此本光，未曾霭昧。"❷ 惟则还在《跋墨书华严经》称赞夏居士的书法："如今诸佛刹海，乃至天人众会，宫殿床座云台宝网，一切受用庄严等事，却在夏居士一毫头上出现。所现底既在目前，能现底还在甚处？于此著得只眼，方许诸人与居士相见，亦许居士与普贤相见。"❸ 他认为刺血写经有着弘画佛法的不可思议之功。

第三节　宋元禅宗书画观的文人化与境界化

宋元禅宗书画观与唐五代禅宗书画观进行比较，其突出特征为文人化与境界化，主要反映在参禅主体、参禅方式、山水画意境三个方面。

一、从参禅主体看宋元禅宗书画观的特点

随着文字禅的兴起与发展，参禅主体（僧人和文人居士）的文化艺术水平大大提高，并且参禅队伍比唐五代时期更加壮大，大批文人士大夫参与到修禅活动中来，并纷纷与禅师们广泛深入交流，世俗与僧人领域界限模糊，双方建立了深厚的友谊，禅宗典籍和文献资料记载了他们的优秀作品和交往事迹。苏轼与佛印禅师交往，成为文坛佳话和禅林趣事。"师一日与学徒入室次，适东坡居士到面前。师曰：'此间无坐榻，居士来此作甚么？'士曰：'暂借佛印四大为坐榻。'师曰：'山僧有一问，居士若道得，即请坐；道不得，即输腰下玉带子。'士欣然曰：'便请。'师曰：'居士适来道，暂借山僧四大为坐榻。只如山僧四大本空，五阴非有，居士向甚么处坐？'士不能答，遂留玉带。"这个故事说明苏轼与禅师交往密

❶　物初大观禅师语录（卷一）［M］// 新编卍续藏经（第121 册）：179.
❷　圆悟克勤. 示孝嘉仲贤良·圆悟佛果禅师语录（卷十五）［M］// 大正藏（第47 册），第1997 号：785.
❸　新编卍续藏经（第122 册）：924.

切。再如黄庭坚为禅宗临济宗黄龙派祖心禅师的法嗣，颇得祖心的禅法。据《五灯会元》记载，黄庭坚与恩师晦堂祖心之间曾有段对话，引用了孔子之语"吾无隐乎尔"，"往依晦堂，乞指径捷处。堂曰：'只如仲尼道，二三子以我为隐乎？吾无隐者。太史居常，如何理论。'公拟对，堂曰：'不是！不是！'公迷闷不已。一日侍堂山行次，时岩桂盛放，堂曰：'闻木犀华香么？'公曰：'闻。'堂曰：'吾无隐乎尔。'公释然，即拜之。"❶苏黄与禅师交往只是两宋文人积极参禅的集中代表。两宋参禅盛况主要表现为以下三个方面。

一是士大夫参禅队伍不断扩大。就连一些朝廷重臣也加入其中。据《五灯会元》等禅宗典籍记录，位至宰辅（宰相、参知政事、枢密使、枢密副使或其他同等职务）的就有张方平、欧阳修、司马光、王安石、苏辙、张商英、张浚、李纲等。苏轼、黄庭坚、陈师道等文坛大家与禅宗均交往甚密。

二是士大夫的禅学水平大大提高。士大夫为佛经注释以及为禅宗语录作序，成为当时一种时尚，如王安石著《维摩诘经注》《楞严经解》《华严经解》❷，黄庭坚为翠岩可真、云居元祐、大沩慕喆、翠岩文悦等禅师作序。❸张商英对禅学颇有造诣，并撰写《护法论》《金刚经四十二分说》《法华经合论》等禅学著作，被禅门学者称为"相公禅"❹。

三是原来排斥禅宗的理学家也深受禅宗思想影响。理学家周敦颐从学于润州鹤林寺寿涯禅师，问道于晦堂祖心禅师，后又从佛印了元禅师悟禅❺。程颢"自十五六时，闻汝南周茂叔论道，遂厌科举之事，慨然有求道之志。未知其要，泛滥于诸家、出入于老释者数十年。"❻程颐也暗受禅宗修行方式的影响："每见人静坐，便叹其善学。"❼程颐还与灵源惟清禅师交往非同一般，《禅林宝训》记录了他们的事迹。

---

❶ 普济.五灯会元（卷十七）·太史黄庭坚居士［M］.苏渊雷，点校.北京：中华书局，1984：1139.
❷ 脱脱等.宋史·艺文志四.
❸ 黄庭坚.豫章文集黄先生（卷十六）.
❹ 叶梦得.避暑录话［M］//周裕锴.文字禅与宋代诗学.北京：高等教育出版社，1998：47.
❺ 周裕锴.文字禅与宋代诗学［M］.北京：高等教育出版社，1998：46-49.
❻ 二程文集（卷一一）［M］//程颐.明道先生行状·正谊堂全书.
❼ 程颐，程颢.二程全书（卷三七）［M］//四部备要.

在宋元禅僧语录和诗集中，记载了许多有关禅僧与禅画的内容。如《五灯会元》之《普济》《续传灯录》《丛林盛事》《龙牙和尚居遁颂》等。苏轼的作品也颇受禅僧关注与赞咏，《参寥集》记载道潜曾为苏轼作画赞，《石门文字禅》记载慧洪为苏轼作画赞，有《法云同王敦素看东坡枯木》《戒坛院东坡枯木》《巧景醇从周廷秀乞东坡草虫》《与客论东坡作此（醉墨）》《东坡画应身弥勒赞并序》《跋东坡老木》等。❶

二、从参禅方式看宋元禅宗书画观的特点

宋元禅宗书画观不同于前朝的书画观，肯定了文字和书画的悟道作用。例如，慧洪不仅重视文字禅，而且明确提出"以笔墨为佛事"，也就是说肯定了笔墨在悟道参禅中的作用。

宋元时期的禅宗书画观反映了文字禅和禅宗文学化的特点，下面我们拟用美国符号学、美学家苏珊·朗格的"虚幻空间"观点进行分析宋元禅宗书画观。

在苏珊·朗格看来，"这种虚幻空间是各种造型艺术的基本幻象。""这种创造出来的虚幻的空间完全是自成一体、独立存在的。"❷它作为无形的意象，是人类表现情感的符号。宋元时期的禅宗书画观也蕴涵着符号创造的智慧，只不过没有符号学美学严密的逻辑体系。如宋代慧洪重视文字禅，明确提出"以笔墨为佛事"，笔墨为符号创造手段，佛事则为书画僧的"虚幻空间"。圆悟克勤认为绘画只是表现道的工具手段，并不是道本身，"道不在丹青，禅不在面相"，"道绝形相"❸。在圆悟克勤看来，绘画只塑造虚幻空间（符号），而不等于禅本身。要想获得禅悟，还需要妙悟。这种妙悟不是理性的，也不是非理性的，而是"禅绝名理"❹，对禅意的妙悟要超越语言文字和丹青工具。"假如一定要用理性与无理性的关系去限

❶ 李静.南宋禅宗绘画研究［D］.济南：山东大学，2017：41.
❷ 苏珊·朗格.情感与形式［M］.刘大基，傅志强，周发祥，译.北京：中国社会科学出版社，1986：86.
❸ 圆悟佛果禅师语录（卷二十）［M］//大正藏（第47册），第1997号：809.
❹ 克勤.又示成都雷公悦居士·佛果克勤禅师心要（卷下）［M］//新编卍续藏经：120，785.

定，则只能说它是一种既有理性又无理性的超理性。"❶

禅宗书画观中的透过虚幻空间而妙悟生命本来面目的思想，超出了西方知识体系中的符号美学的理性分析维度，达到了妙悟"非思量"的自由境界。元代僧人天如惟则认为写经"可现诸佛之本光"，写经只是符号创造的手段，而"诸佛之本光"不是画下的有迹可循的实际空间，而是参禅者心目中的"虚幻空间"，也就是非对象性思维。元僧守忠指出："是真非真，是相非相。如太虚空，具含万象。识得渠侬面目，不出毗耶方丈。"❷守忠的意思是，画像只是被描写对象的外貌——虚幻之相，并不真实，它不等于内在生命本来面目。

综上所述，我们借用符号学美学的"虚幻空间"来为禅宗书画观下一注脚：禅宗书画塑造的空间是虚幻空间，用佛语来说只是"色"，它的本质为妙悟之"空"。

三、从山水画意境看宋元禅宗书画观的特点

宋元禅宗书画观的形成与文字禅的兴起、宋元山水意境的追求几乎是同步的。这不是巧合，而是有着必然联系的。关于宋元禅宗书画观的形成与文字禅的关系，在本节谈宋元禅宗书画观形成原因时已经交代，这里就不再赘述。这里我们准备从宋元山水画意境来阐述宋元禅宗书画观的特点。

禅宗自然观是形成宋元山水画意境的主观因素，也是联系宋元山水画与宋元禅宗书画观的中介。宋元山水画分为三种风格，即北宋画"无我之境"、南宋画诗意精巧与细节描摹、元代文人画"有我之境"。

先看北宋的无我之境。

以米友仁的《潇湘奇观图》、李成的《读碑窠石图》《寒林平野图》、范宽的《溪山行旅》《雪景寒林》为代表的山水画追求无我之境，这种不确定的含义与禅宗的色空无我观是一脉相承的。苏轼作为文人画的倡导者，在评价文与可绘画时说：

❶ 潘知常. 中国美学精神（修订本）[M]. 南京：江苏人民出版社，2017：377.
❷ 守忠. 自赞·杨云岩居士请·昙芳守忠禅师语录 [M] // 新编卍续藏经（第123册）：344.

"与可之于竹石枯木，真可谓得其理者矣。如是而生，如是而死，如是而挛拳瘠蹙，如是而条达遂茂，根颈节叶，牙角脉缕，千变万化，未始相袭，而各当其处。合于天造，厌于人意。"❶

　　苏轼强调绘画创作要像文与可一样，熟知竹石万物之理，进入无人态，也就是无我之境。文与可在入神的状态里，被苏轼赞叹为"与可画竹时，见竹不见人。岂独不见人，嗒然遗其身。"❷

　　黄庭坚在比较文学与绘画时也说："凡书画当观韵。"❸禅对黄庭坚的影响较大，他还用禅语评价书法："余尝评书，字中有笔如禅家句中有眼。"他认为书法不刻意求工，才能达到"于是观图画，悉知其巧拙功俗，造微入妙"❹的境界。对他来说，接近绘画的过程即禅修的路径。

　　再看南宋画的诗意精巧与细节描摹。

　　李唐本是北宋画家，入南宋后进入了老年时期。有学者指出，如果没有李唐的存在就没有南宋山水画的新格局。❺可见，他的画开辟了新天地。他的画取景有北宋范宽之宏阔，用笔极为精细，山石纹理描绘具体，树木枝叶交代分明，层次清晰，历历在目。马元、夏珪发展了李唐的晚年画风。其突出特点是水墨苍劲，选取特写山水，所谓"夏半边""马一脚"，指的就是以简约景象、空白画面表现烂漫天真的新奇感。南宋山水画，既有北宋画的客观再现的特点，又有下一阶段元画的情感表现。南宋画可视为北宋画"无我之境"与元画"有我之境"之间的过渡行程。北宋浑厚、整全山水被南宋精巧、特写山水取代。❻

　　最后来看元画的"有我之境"。

　　元代文人绝大多数没有机会得到朝廷的重用，他们就另辟蹊径，选择隐居的生活方式。此外，成功获得官阶的少数文人，大都在苦闷氛围中也感到人生的幻灭，尔后便选择辞官回家。而吟诗作画则是他们寻求精神寄托的绝佳形式。元人绘画喜欢在画面上写字题诗，增强了画面的文学色

　　❶　苏轼.经进东坡文集事略（第9册·卷54）.
　　❷　苏轼.集注分类东坡先生诗（第5册·卷11）.
　　❸　黄庭坚.豫章黄先生文集（第8册·卷27）.
　　❹　黄庭坚.豫章黄先生文集（第8册·卷27）.
　　❺　杜哲森.中国传统绘画史纲——画脉文心两征录［M］.北京：人民美术出版社，2015：222.
　　❻　李泽厚.美的历程［M］//美学三书.合肥：安徽文艺出版社，1999：175-176.

彩，与文字禅借文字喻禅存在相通之处。元代文人画的文人气息与空寂色彩都很浓，这与佛教禅宗有关。

单国霖在《元四大家述评》中指出："鼓吹虚寂的佛教禅宗修习方法和宣扬识心见性为宗的道教人生观，很容易被失落文人所接受……元末文人画家的作品蒙上了浓重的虚无和空寂的意念色彩。"❶这些意念色彩，其实与宋元禅宗书画观文人化的倾向一致，都来源于禅宗空寂隐逸思想。因此，禅宗空寂隐逸思想是宋元山水画与宋元禅宗书画观的纽带。

本章小结

宋元禅宗书画观的特点表现在文人化与境界化两个方面。这时期的禅宗书画观，即从农禅空间向文人空间转向，是在心理层面上由前一时期的"不立文字"的口头禅向"不离文字"的文字禅转向，同时也从宗教信仰领域向艺术审美领域转向，即"见山不是山，见水不是水"的阶段。

宋元禅宗书画观是当时禅宗出现文学化现象的表征。这个阶段的禅宗书画观蕴含沉思美育意境。

❶ 单国霖.元四大家述评［M］// 张露.宋元绘画研究——庆贺薄松年教授从教60周年.北京：故宫出版社，2015：441.

第四章 明清禅宗书画观

第一节 明清禅宗书画观的形成

明清时期包括两个阶段：一是 1368—1644 年，为明王朝统治时期；二是 1644—1911 年，为清王朝统治时期。下面分别阐述明清禅宗书画观形成的时代背景与思想渊源。

一、明代禅宗的大融合

如果说宋元时期是中国传统书画（含禅宗书画）的黄金时期，那么，明清时期则是中国传统书画的世俗转型和总结时期。明代禅宗大融合的因素有三。

首先，政治所诱，转向现实。明代统治者主要推崇儒家正统思想，曾经当过和尚的明太祖朱元璋就明确提出要用儒家思想来统治国家。朱元璋曾对臣子说："天下甫定，朕愿与诸儒讲明治道。"与此同时，明代统治者对佛教禅宗加以利用，这是禅宗走向世俗化和大融合的社会根源。洪武二十四年（1391），朱元璋为了整顿佛教而颁发《申明佛教榜册》。该册规定，佛教分为禅、讲、教三类。所谓禅，就是明心见性的禅宗；所谓讲，就是其他各宗派；所谓教，就是瑜伽修行的宗派。❶ 明太祖以外的其他皇帝也有利用佛教禅宗为封建统治服务的举措。

其次，援禅入儒，以儒解禅。明代儒家知识分子在禅宗思想影响下，援禅入儒，以儒解禅。明代禅宗之所以能不绝如缕，实有得于明儒的阐扬。❷ 黄宗羲在《明儒学案》中评价王阳明"于是出入于佛、老者久之"。

---

❶ 洪修平．中国禅学思想史［M］．北京：中国人民大学出版社，2007：298-299.
❷ 麻天祥．禅宗文化大学讲稿［M］．北京：中国人民大学出版社，2007：152-153.

王阳明的"良知"说，正是禅宗心性论在儒家学说中的运用。同时，禅门中人也受儒道思想的影响，出现了以儒解禅、以道论禅的现象。诚如晚明四大高僧之一的憨山德清指出："以孔子专于经世，老子专于忘世，佛专于出世。然究竟虽不同，其实最初一步，皆以破我执为主，工夫皆由止观而入。"^❶德清还认为："儒以仁为本，释以戒为本。若曰'孝悌为仁之本'，与佛'孝名为戒'，其实一也……是知三教圣人所同者心，所异者迹也。"^❷

最后，文字般若，禅净合流。在明代，文字般若是一个非常广泛的概念，不仅指以文字为媒介，而且也包括自然、社会、艺术各领域的种种现象，是广义的"文字"。请看蕅益智旭对"文字般若"的解释："万象万行与音声点画，同名文字般若。"^❸晚明高僧云栖袾宏关于"禅宗净土，殊途同归"、蕅益智旭关于"变极诸宗，并会归于净土"大致概括了明代禅净合流的趋势。袾宏在《禅关策进》中列举了24种苦行修习，阐明真参实悟的重要性。这与早期禅宗倡导的自在任云、无修之修存在明显的区别。在明代，提倡苦修渐修已成为禅门共识。达观真可、憨山德清等高僧大德都发表过真参实悟的言论。在禅净合流的背景下，明代书画观体现了整合倾向。紫柏真可、憨山德清等明代禅宗书画美学代表人物，自觉以整合眼光看待书画创作与欣赏活动。

因此，唐五代禅宗的明心见性的精神（不立文字）中经宋元文人化（不离文字）又与本土化的心性论（不立文字）结合一体。

二、清代禅宗的世俗化

清代禅宗出现世俗化，主要包括三个方面的原因。

首先，皇帝参与禅宗活动。

清代禅宗书画观出现世俗化的倾向，这与顺治、康熙、雍正、乾隆等帝王直接参与禅宗活动，积极干预着禅宗的发展有着密切关系。顺治皇帝喜好禅宗，曾召见憨璞性聪、玉林通琇等禅师，同他们参禅问道。康熙皇

❶ 憨山.老子道德经解［M］.武汉：崇文书局，2015：8.
❷ 憨山.老子道德经解［M］.武汉：崇文书局，2015：10.
❸ 蕅益智旭.水心持金刚经跋·灵峰宗论（卷七之一）［M］//蕅益大师全集（六），福建莆田广化寺佛经流通处，1979：1050.

墨香禅意——中国古代禅宗书画研究

帝六下江南，每到名山寺庙均赐匾额。雍正皇帝与禅宗的关系更为密切，常与禅师交往，自号"圆明居士"，他还编撰了《御选语录》十九卷，以及《御制拣魔辨异录》八卷等。雍正自述："藩邸清闲，时接茶话者十余载，得其善权方便，因知究竟此事。"❶到乾隆年间，从雍正开始的汉文大藏经的雕刻《龙藏》终于完成。接着乾隆帝组织人力把汉文大藏经译成满文。其翻译的目的在于使人们"尊君亲上，去恶从善"。❷上述最高统治者的思想观点，就是当时的主流意识形态，因此，禅宗在这一政治背景下转向世俗和各家各派出现大融合是大势所趋。

其次，现实对禅宗的冲击。

清代禅宗的入世倾向与当时所处的社会现实与文化背景有关。一是禅学中心已由出家人转向世俗学者和居士。也就是说，禅学研究主要通过学者和居士来承担。❸据《新续高僧传》记载，禅僧人才缺乏。禅门有识之士不满于禅宗现实，致力于禅宗思想的改造，加速了禅宗的世俗化。二是禅宗的入世转向，也有其世界文化的背景。"西方基督教的人文主义精神和参与精神推动了宗教的世俗化进程。正如著名学者麻天祥先生所言："万历二十七年（1599）开始，利玛窦来华传教，士大夫如李之藻、徐光启、杨廷筠等奉教者史不绝书。无论是新教，还是旧教，它们对世俗生活的参与精神，都势必会影响到禅宗的世俗化进程。圆悟、通容对泰西教义的批判，康熙、雍正对西方传教士的利用、排斥，均可见基督教文化与禅宗之间的接触、冲突和渗透。"❹这一分析颇有见地，揭示了清代禅宗世俗化的社会文化背景。

最后，清儒对禅宗思想的改造。

清代禅宗的世俗化，与清儒对禅宗思想的世俗化改造分不开。梁启超在《康有为传》中说："潜心佛典，深有所悟，以为性理之学，不徒在躯壳界，而必探本于灵魂界……又以愿力无穷，故与其布施于将来，不如布施于现在；大小平等，故与其恻隐于他界，不如恻隐于最近。"❺所谓"布

❶ 周齐.清代佛教与政治文化［M］.北京：人民出版社，2015：136-137.

❷ 杜继文.佛教史［M］.南京：江苏人民出版社，2008：457.

❸ 龚隽.禅史钩沉——以问题为中心的思想史论述［M］.北京：生活·读书·新知三联书店，2006：430.

❹ 麻天祥.禅宗文化大学讲稿［M］.北京：中国人民大学出版社，2007：172-173.

❺ 麻天祥.禅宗文化大学讲稿［M］.北京：中国人民大学出版社，2007：216-217.

施于现在"，"恻隐于最近"，就是指康有为利用禅宗思想宣传其大同思想。梁启超本人对禅宗反观内省的思维几乎没有论及，而对禅宗经世性改造则与康有为的路子一样。❶

三、明清时期的书画美学思想

明清禅宗书画观的形成，除了受禅宗思想的影响以外，还与当时的书画美学思想有着千丝万缕的联系。明清书画美学是中国古典美学的总结时期。

明代画坛相继出现崇尚文人画的观点。屠隆提出"意趣具于笔前，故画成神足，庄重严律，不求工巧，而自多妙处"。❷李日华强调"绘事不必求奇，不必循格，要在胸中有吐出"。❸王履承传张璪"外师造化，中得心源"之论，提出"吾师心，心师目，目师华山"的命题。❹董其昌能够在画史上占住重要的位置，主要是他提出了"南北宗论"，即以禅宗南北宗的标准，"将雅致秀润、率意天真、旨在自娱的归为一类，其画家多为文人；将与之对应的雄放刚健、长于刻画而少书卷气的归为一类，画家多属院派或以画为职业者"。❺

上述重意趣、学问和文人士气的画论与当时阳明心学、李贽童心说等哲学思想、文艺思潮相关。清代画论出现了两种倾向：

一是以王原祁为代表，提出"龙脉"说，强调继承传统。

所谓"龙脉"，是指"画中气势源头，有斜有证、有浑有碎、有断有续、有隐有现"。❻王原祁在这里强调"龙脉"生"气势"，"气势"又产生绘画的章法，即注重绘画与古法传统的关联，一脉相承的理性精神。董棨也提出："学画必从临摹入门，使古人之笔墨，皆若出于吾人之手；继以

❶ 麻天祥.禅宗文化大学讲稿［M］.北京：中国人民大学出版社，2007：217.
❷ 潘运告.明代画论［M］.云告，译注.长沙：湖南美术出版社，2002：133.
❸ 潘运告.明代画论［M］.云告，译注.长沙：湖南美术出版社，2002：238.
❹ 潘运告.明代画论［M］.云告，译注.长沙：湖南美术出版社，2002：7.
❺ 杜哲森.中国传统绘画史纲——画脉文心两征录［M］.北京：人民美术出版社，2015：391.
❻ 高建平等.中华美学精神［M］.北京：中国社会科学出版社，2018：236.

披玩，使古人之神妙，皆若出于吾人之心。”[1]这一时期的画论大多是总结创作经验，与宋元时期相比更加系统化、理论化。

另一种倾向则是以清初画家石涛“一画”论为代表。

“一画”论力主大胆创新，堪称无法之大法。当然，这一创新原则主要吸收了老子《道德经》的有无相生和《周易》中的太极阴阳相对立统一的合理部分。也就是说，石涛的“一画”论并不完全否定传统，并不全是自己的创造[2]。对于石涛的“一画”论，有学者认为：“禅宗、儒家、道家等思想，共同构成了‘一画’的思想渊源，显示了三教圆融的时代特征”。[3]明清书画美学思想，尤其是文人画理论影响着趋向融合的明清禅宗书画观的形成与发展。

第二节　明清禅宗书画观的内涵

明清禅宗书画观是禅宗思想的大融合与大众化的产物。明清禅宗书画观也是中国禅宗书画艺术史的总结与融合。董其昌提出南北宗理论，就是以禅宗“南顿北渐”思想作为依据，将许多画家整合到北派或南派当中。运用禅宗术语评价绘画风格与成就，从一定程度体现了禅宗的强大的整合潜能与广泛的现实作用。中国佛教禅宗一方面是中国文人文化传统的重要因素，另一方面则与中国文人画的发展渊源很深。

清初八大山人、石涛、渐江（弘仁）、石谿（髡残）四大家将禅宗思想完全渗透于文人画创作之中，至此，禅画与文人难以分辨。八大山人用简约的笔墨，彻底融汇董其昌所总结的南派画法之中。[4]石涛则采取综合的方法如一画法，把禅画的前景不断拓宽，并充分利用文人惯用的题跋丰富画面的内涵，画中有诗，画中有禅。如芋头芋叶的一幅画上题写：昔王安节赠予有辞云：铜钵分泉，土炉煨芋。信知予者也。却可笑野人今年

[1] 董棨．养素居画学钩深［M］// 潘运告．清代画论．云告，译注．长沙：湖南美术出版社，2003：221.

[2] 杨成寅．搜尽奇峰：石涛画学全解［M］．北京：故宫出版社，2015：44-45.

[3] 高建平等．中华美学精神［M］．北京：中国社会科学出版社，2018：241.

[4] 陈滞冬．中国书画与文人意识［M］．桂林：广西师范大学出版社，2017：45.

馋，几个大芋头一时煨不熟，都带生吃，君试道腹中火候存几分？^❶石涛幽默机智的这段题跋，启发观者关注画面的禅悟空间。石涛绘画的世俗题材与题跋的禅悟视野水乳交融，成为明清禅宗书画的杰出代表。

明清禅宗书画观的内涵，大致分为明代儒道佛思想大融合的书画观、清代禅宗思想转向现实的书画观两个方面。

一、明代禅宗书画观

明代儒道佛思想大融合的书画观，主要体现在空谷景隆、紫柏真可、憨山德清等禅师的书学、画学著述之中。

（一）空谷景隆论书画

空谷景隆（1388—1466），明代临济宗僧人，姑苏（今江苏苏州）人。字空谷，号祖庭。俗姓陈。曾拜懒云智安和尚。擅长诗文，"其诗多合盛唐音，尤能外生死，忘物我，如天马行空，大鹏运海，显其道于光沉影绝之境，导后学于正途究竟之地。"^❷

空谷景隆论书画，特别注重自丹青返回本心，具体表现在如下三个方面：

其一，在绘画与本心的关系上，认为"幻出丹青，梦中说梦"。

这个"梦中说梦"源自《大般若波罗蜜多经》中的"复次善勇猛，如人梦中说梦所见种种自性。"^❸关于绘画与本心关系问题，禅宗存在两种意见：一种是画像可以展现本心。其理由是禅宗重视像教，可以画像宣扬禅宗主张。另外一种是不能展现本心，理由是慧能提出的"无相""无念""无住"心性说。^❹空谷景隆持否定的态度，并结合绘画作了进一步的发挥诠释，认为丹青无论怎样都不能描绘出本心所在。他的理由来自禅宗"不立文字"主张，即学佛参禅以了生脱死为终极目的，所以一切外相，包括画像是不能达到此目的的。

其二，任何杰出画家都不能够呈现禅机："活卓之机，描邈不得"。

---

❶ 参见《石涛画集》图版 52，上海人民美术出版社，1960.

❷ 明复.空谷集解题［M］// 明复.禅门逸书续编（第 2 册）：215.

❸ 大般若波罗蜜多经（卷五九六）［M］// 大正藏（第 7 册），第 220 号：1084.

❹ 慧能.坛经校释［M］.郭朋，校释.北京：中华书局，1983：31-32.

空谷景隆《自赞》中说:"一语一默,一机一境。事如理如,头正尾正。补短裁长,无少无剩。大彻投机,拍拍是令。又将五彩画虚空,大似钵盂安把柄。"❶ "一语一默,一机一境",强调禅不可思量且不可重复,可拟议重复的就不是禅机;"事如理如,头正尾正",讲的是理事相如,不可分割;"又将五彩画虚空,大似钵盂安把柄",说明绘画不能切合本体。

其三,血写佛经,功德巨大。

空谷对血书佛经予以赞赏:"书写此经卷,功勋浩无极";"惊起露地牛,一跃过沧州"❷。"此经何以名莲华,为彰权实❸同交加。离文字相道一句,不妨稳驾白牛车。道人裂破娘生指,未副当机真句子。"❹ 他在这里肯定血书经书的功德,能够返回本心,明心见性(露地白牛)。空谷认为,血书经书要"能所双忘忘亦忘",就能"便见三轮体空寂",进入"本来面目常呈露"❺ 的禅境。

(二)紫柏真可论书画

紫柏真可(1543—1603),字达观,晚号紫柏,明代僧人,江苏吴江人。

紫柏真可在书画观上值得注意的有三个方面:

其一,"未画画母,无心天地万物之祖"。

他明确指出绘画来自本心:"夫画本未画,未画本于自心。故自心欲一画,欲两画,以至于千万画,画画皆活,未尝死也。何谓死活?曰:若见一画,即谓一画,见千万画,即谓千万画,是谓知死而不知活。惟知活者,画虽无尽,晓然了知,机在我而不在画也。"❻ 真可绘画本心论渊源

---

❶ 雪岩祖钦禅师云:"头上岂可安头,钵盂岂可安柄。"参见雪岩祖钦禅师语录(卷二)[M] // 新编卍续藏经(第122册):528.

❷ 景隆.刺血磨墨书法华经为文渊跋·空谷集[M] // 明复.禅门逸书续编(第2册),第215号:17-18;另参见皮朝纲.游戏翰墨见本心——禅宗书画美学著述选释[M].成都:四川民族出版社,2013:193-194.

❸ 权:方便权假之意,实:究竟真实之意。参见释一如.三藏法数[M].杭州:浙江古籍出版社,1991:415.

❹ 皮朝纲.游戏翰墨见本心——禅宗书画美学著述选释[M].成都:四川民族出版社,2013:193.

❺ 景隆.行者克新刺血书法华经每字一礼并诵准提咒一遍求跋·空谷集[M] // 明复.禅门逸书续编(第2册),第215号:15.

❻ 真可.交芦生书《千字文》说·紫柏尊者全集(卷二十一)[M] // 新编卍续藏经(第126册):1000.

于禅宗本心论。所谓无心，即非妄心，正如延寿《宗镜录》卷八十三云：
"若不起妄心，则能顺觉。所以云，无心是道。"❶ 真可提到的"无心"，就
是如来藏清净心、真心、本心，禅宗经常讲的"明心见性""本来面目"。

其二，绘画创作应"借手见心"。

这是艺术创作源头的问题。他说："夫见画不见笔，见笔不见手，见
手不见心，见心不见心之前者，谓之见见可乎？"❷ 真可非常喜欢法华经，
并得到深刻的启示。"及读唐修雅法师《法华经歌》，则若庖丁解牛，公输
子之为匠，而纵横逆顺，精粗巨细，皆大白牛之全体也。"❸ 何谓"大白牛
之全体"？包含两层意思：

一是"大白牛"指"大白牛车"的意思，比喻佛教大乘微妙佛法。

《法华经》有牛车、鹿车、羊车分别比喻声闻乘、缘觉乘、菩萨乘；
而以大白牛比喻佛乘。释一如《三藏法数》对"大白牛"做了这样的解
释："谓大乘菩萨，以圆融三观，观于诸法实相之理，顿破无明烦恼，而
成一切种智。"❹

二是禅宗调"本心""真心"之公案。

吴言生在《禅宗哲学象征》一书中指出，《十牛图》用牧人和牛的形
象，象征修行者驯服心牛，重现本来面目的过程。❺ 真可借"白牛"来谈
绘画见本心的艺理，与禅宗牧牛公案的宗旨是一样的。《景德传灯录》载：
"石巩慧藏禅师，一日厨中作务次，马祖见而问曰：作什么？巩曰：牧
牛！祖曰：作么生牧？巩曰：一回入草去，蓦鼻拽将回。祖曰：子真牧
牛。"❻ 石巩所说"牧牛"，是表示他正在修行、调和自己的心态。宋代普
明禅师和廓庵禅师所作十牛图颂最为著名。普明的牧牛图颂分成未牧、初
调、受制、回首、驯伏、无碍、任运、相忘、独照、双泯十个阶段，主张
调心证道、循序渐进。

真可把未调制的心比为狂牛："是牛也，头角峥嵘，出入吾人六根门。

❶ 永明延寿.宗镜录［M］// 大正藏（第 48 册），第 2016 号：875.

❷ 真可.题王画卷·紫柏尊者全集（卷十五）［M］// 新编卍续藏经（第 126 册）：892.

❸ 真可.跋周叔宗听《法华歌》·紫柏尊者全集（卷十五）［M］// 新编卍续藏经（第 126
册）：900.

❹ 释一如.三藏法数［M］.杭州：浙江古籍出版社，1991：144-145.

❺ 吴言生.禅宗哲学象征［M］.北京：中华书局，2001：275-280.

❻ 普济.五灯会元（卷三）·石巩慧藏禅师［M］.苏渊雷，点校.北京：中华书局，1984：
160.

咆哮蹴踏，喜怒无常，平田浅草，绿杨吸盘，黑白互夺。使吾即文字求之而不得，离文字求之而不得，离即离非，求之而不得。毕竟至于无可奈何此畜！”正好像普明《十牛图颂》的《未牧第一》所写：“生狞头角恣咆哮，奔走溪山路转遥。一片黑云横谷口，谁知步步犯佳苗。”[1] 真可认为，修雅听《法华经歌》，可助人达到“露地白牛”境界。同时，画家画画的过程与牧牛（明心见性）的过程是同构的。

其三，重视“文字般若”的作用。

他认为书画艺术乃是“心之光”，“道之光华”。“文字语言，道之光华”[2]，“心外了无法，文字心之光”。[3] 真可反复强调文字般若在识心见性、激发生命之美的过程中的重要作用：

“娑婆界中苟无文字般若，则观照般若无有开发。观照般若既不开发，则将何物了知正因般若[4]。”“有缘因佛性，然后能熏发我固有之光。固有光开，始能了知正因佛性[5]。”“若得缘因，佛性熏炙之，则根尘之初，圆满本光终必开解。解则会行，行则终证。”[6]“盖非文字无以起观照，非观照无以鉴实相。非实相则菩萨无所宗极也。”[7]“如众生正因佛性虽在，不得缘因佛性熏之，则了因不开。了因不开则正因终不得而复矣。”[8]

明代的“文字般若”，不仅泛指一切以文字为媒介、手段或对象的参禅悟道等佛事活动，也包括自然、社会、艺术领域的“万象万行与音声点画”的种种现象。而真可用诗词、书法、绘画、音乐、工艺美术等文艺现象论述了这类文字般若与禅的内在关系。直接说文字之光就是“心光”的呈现，“盖一切语言文字，皆自心之变也。”[9]

---

[1] 普明．十牛图颂［M］// 嘉兴大藏经（第 23 册），第 128 号：347。对普明《牧牛图颂》的解析请参见冯学成．明月藏鹭——千首禅诗赏析［M］．成都：四川文艺出版社，1996：1058-1075.

[2] 真可．大悲菩萨多臂多目解并铭·紫柏尊者全集（卷二十二）［M］// 新编卍续藏经（第 126 册）：467.

[3] 真可．文薪偈·紫柏尊者全集（卷二十）［M］// 新编卍续藏经（第 126 册）：417.

[4] 真可．紫柏尊者全集（卷一），福建莆田广化寺佛经流通处，2003：42.

[5] 真可．紫柏尊者全集（卷一），福建莆田广化寺佛经流通处，2003：42.

[6] 真可．紫柏尊者全集（卷十一），福建莆田广化寺佛经流通处，2003：242.

[7] 真可．紫柏尊者全集（卷十一），福建莆田广化寺佛经流通处，2003：234.

[8] 真可．紫柏尊者全集（卷十一），福建莆田广化寺佛经流通处，2003：319.

[9] 真可．紫柏尊者全集（卷十一），福建莆田广化寺佛经流通处，2003：341.

（三）憨山德清论书画

憨山德清（1546—1623），字澄印，号憨山，明代临济宗僧人，俗姓蔡，全椒（今安徽全椒）人。憨山德清提出"为学三要"（即"不知春秋不能涉事，不精老庄不能忘世，不参禅不能出世"）❶之说，是 17 世纪以来儒、道、佛三家合一的名言，并成为后世僧人所遵从的准则。他毕生的实践，正是倡导三教合一的行动，他以禅宗的心法注释儒道佛三家经典，对禅宗书画思想进行了全面的总结，为中国禅宗书画观的完形做出了不可磨灭的贡献。

他提出"心即本体"的命题，是禅宗书画美学走向完形的重要成果。

首先，他的绘画观表现在如下几方面：

其一，禅乃心之异名，心即本体。

"禅者，心之异名也。佛言万法唯心，即经以明心，即法以明心。心正则修齐治平举是矣，于禅奚尤焉。"❷他依据把"心"视为万法之本，因而把那一颗人人具有的清净无垢的真心视为人性的灵光，是人性之美的本源，也是万物之美的根本。这一切，取决于德清把"心"（禅）作为本体范畴的学术思想与学术路径❸。突出本体之心，将一切妄想一起斩断，本自具足，返求自心。

其二，观其点画，皆从金刚心中流出。

这是关于绘画创作论的问题。唐代张彦远早有"外师造化，中得心源"之命题。德清这里强调"心源"的作用，即绘画创作从金刚心中流出。所谓金刚心，是指修禅者信心坚固如金刚。本于《大智度论》："'金刚心'者，一切结使烦恼所不能动，譬如金刚山，不为风所倾摇。"❹德清说，曹溪诸沙弥所写《华严经》是不可思议的经书，来自大法种子。以此类推，一切创作都应该从心体流出。

其三，理清丹青与本心的关系。

德清对这一问题的解释，包括辩证的两个方面：一是丹青不能直接表

墨香禅意——中国古代禅宗书画观研究

---

❶　皮朝纲.游戏翰墨见本心——禅宗书画美学著述选释［M］.成都：四川民族出版社，2013：210.

❷　皮朝纲.游戏翰墨见本心——禅宗书画美学著述选释［M］.成都：四川民族出版社，2013：211.

❸　皮朝纲.禅净合流与明代禅宗美学思想的走向［J］.四川师范大学学报，1998（4）.

❹　大智度论（卷四十五）.龙树菩萨造、鸠摩罗什，译.大正藏（第25册），第1509号：383.

达本心。因为禅宗以了生脱死为终极目标，所以不能寄托在外在的画像上。二是可以用画像展示。他说："佛本无相，随心而成。法本无住，应缘即形"。❶

其次，德清的书法观也有重要的美学价值。

其一，在禅定状态下才能进行书法创作。

他在《示惺初元禅人书经》中指出："书经之行，妙在一心不乱"的重要命题。如何做到一心不乱呢？首先要排除外在的干扰，超越功利欲望。然后，将禅宗念佛法门引入书法创作之中。禅宗念佛法门是指念佛参禅融为一体。

其二，书法创作，不能有意求好。

也就是书法创造活动过程，要克服外在所知障，让灵感来临，自然而然，乘兴而书。中国古典美学与艺术传统之中，往往把自然天成的无技巧当作最高的技巧，即"无意于佳乃佳"。

其三，书法之妙，实未易言。

越是高超的艺术作品，其效果越难以用语言表达，即"余味无穷""妙不可言"。德清深谙书法艺术真谛，总结出了书法意境的深刻内涵。

（四）颛愚观衡论书画

颛愚观衡（1579—1646），字颛愚，别号伞居，明代僧人，俗姓赵，霸州（今河北）人。系憨山大师法嗣。颛愚的书画思想具有比较系统的理论分析与思辨色彩，在明清禅宗书画观的发展过程中占有一席之地。

颛愚的书法观表现在如下三个方面：

其一，刺血书经，出诸圣典。颛愚认为，血书经典之所以功勋无量，是因为所书佛典是源头是依据，是以佛祖为榜样。一句话，血书之功在佛典，而不在于人的身躯与血书形式（非以血光为美）。其二，刺血书经，决定成佛。在颛愚看来，刺血书经是做佛事，决定成佛，这是为刺血书经的归属明确定位。他曾总结道，血书是服务于佛事的，所以最终必然会成佛，真实不虚。其三，刺血书经，盈满法界。他在《血墨合书妙法莲华经跋》中进一步论述刺血书经的意义、功德："刺血为墨，剥皮为纸，析骨

❶ 德清.憨山老人梦游集（卷三十三）[M]//新编卍续藏经（第127册）：691.

为笔，书写经卷，积如须弥，盈满法界，此又称如来藏不思议妙行，是超越中之大超越，远之更远之矣！"❶此刺血的书经并不在于血书本身而在不可思议的法身境界。

颛愚的绘画观表现在三个方面：

其一，借像发心，化人成佛。颛愚非常重视"像"在劝人发心方面的教育作用。他认为"造像"的功能在于"化人成佛"："造像者，乃借像以劝发心，因发心而成佛种。"他接着又说："盖诸佛法身，充遍一切虚空，大地土木金石无非佛身"，因此之故，"造佛作佛"，是"总一佛心"；"应佛报佛"，是"总一佛身"❷他论证造像就是发心，造佛便能成佛，造像体现佛身的方式。

其二，本来面目，不可描绘。颛愚在丹青与本来面目的关系问题上，明确指出本来面目要靠自性妙道，是不能直接描绘、简单呈现给人的。他在《让宇刘公问道图请》说得很直观："胡子一对，僧俗两样。一是让宇先生，一是颛愚和尚。无问而问，平地起堆。不答而答，无风起浪。本来面目自平常，大道不著于言象。但不分别，仁义礼智，何处不是毗卢华藏。"❸语言文字描绘作为第二义，对于第一义的本来面目（禅意）来说，简直就是"平地起堆""无风起浪"，有悖于"平常心是道"。

其三，自性妙境，绝踪无迹。"纵示全身亦者边，那边从来没处讨"。❹意思是说，即使画家描绘祖师的全身像，而且十分逼真，依然是世俗肉身（这边）的描摹，而不是祖师本来面目的形象呈现，因为"那边从来没处讨"，即祖师的生命本体（那边）未能呈现。需要解释的是，"纵示全身亦者边"中的"者边"（"这边"）是指尘俗世界，"那边"是指超越世俗的禅悟境界（本来面目）。这涉及祖师身体彰显与生命本体的关系问题。我们在下编论述"禅宗书画观的身体感应美育价值"时还将就此继续探究。

❶ 观衡.血墨合书妙法莲华经跋·紫竹林颛愚衡和尚语录［M］// 嘉兴藏（第28册），第219号：693.

❷ 观衡.山西大同府白衣庵募造佛疏·紫竹林颛愚衡和尚语录（卷十）［M］// 嘉兴藏（第28册），第219号：710.

❸ 观衡.让宇刘公问道图请·紫竹林颛愚衡和尚语录［M］// 嘉兴藏（第28册），第219号：720.

❹ 观衡.自赞·半身像·紫竹林颛愚衡和尚语录［M］// 嘉兴藏（第28册），第219号：718.

二、清代禅宗书画观

清代禅宗思想转向现实的书画观，主要包括渐江（弘仁）、石谿（髡残）、澹归今释、为霖道霈、八大山人和石涛等禅师的书画观。

（一）渐江论书画

渐江（1610—1664），俗姓江，名韬，字六奇，安徽歙县人。30多岁入闽时改名为舫，字鸥盟。礼古航道舟出家，法名弘仁，字无智，号渐江、渐江学人、梅花老衲、梅花古衲等。[1] 后隐居黄山、齐云山之间，善画山水，与石涛、八大山人、髡残并称清四大画僧。渐江本来是水名，黄宾虹称其为渐师。渐江酷爱梅花，曾嘱人在他死后于墓地多种植梅花。他童年学画，皈依佛门后，禅学功底深厚，而且表现在诗画之中。渐江是明清之际"新安画派"的开创者。渐江的友人许楚辑录了渐江绝句75首，命为《画偈》一卷，表达了他的书画思想。

其一，感言天地是吾师，万壑千崖独杖藜。

他主张以天地为师，学习大自然。他对黄山有着深入的观察，而且日思夜梦，把握了黄山的神韵。世人称"石涛得黄山之灵，梅瞿山得黄山之影，渐江得黄山之质"。"所画山石多空勾留白，略加皴点，稍加渲染"，"有宋画格局而去其繁缛，得元人意味而强其筋骨。"[2] 渐江的山水画，笔墨精谨，山石取势瘦峭方硬，意境清旷素洁。黄山独有的自然景观是渐江绘画风格形成的客观因素，即"外师造化"的结果。

其二，诵读之余，我思元瓒。

他不仅学习倪瓒的构图方式（如一河两岸、疏树怪石空亭等），而且重在学习倪瓒绘画的文心（传统文化的滋养），学习不落俗套的人品气质（高人雅士）。渐江画风脱胎于倪瓒，但又不局限于倪瓒，广学博取，既有宋画的意境，又强化了笔墨形式。渐江虽然以倪瓒为楷模，但有所突破，有着自己的独创。倪瓒用笔随意洒脱，渐江则刚健锋利；倪瓒多为太湖风景，渐江则多取黄山峻峰奇境；倪瓒以韵味取胜，而渐江以风骨出名。

[1] 于建华，于津.中国佛门书画家图典［M］.北京：学林出版社，2013：162-163.

[2] 杜哲森.中国传统绘画史纲——画脉文心两征录［M］.北京：人民美术出版社，2015：424.

（二）髡残论书画

石谿（髡残）（1612—1673），俗姓刘，字石谿，号白秃、石道人、残道人、电住道人等，武陵（今湖南常德）人。钱澄之《髡残石谿小传》云：髡残母亲生他前梦见和尚入室，认为自己的前身是和尚，所以幼年即喜读佛书。明崇祯十一年出家为僧，取法名智果。[1]髡残性格刚直豪爽，崇尚节气。和渐江一样，以传统文人为楷模，对明王朝始终忠耿不二，具有强烈的反清复明的思想。髡残在自题《溪山无尽图卷》中讲道："大凡天地生人，宜清勤自持，不可懒惰。若当得个懒字，便是懒汉，终无用处。如出家人若懒，则佛相不得庄严而千家不能一钵也。"髡残强调包括修行、绘画在内一切事业都不能偷懒，他正是以这种精进精神在绘画上取得突出成就。

我们拟从髡残山水画意境、用笔、深度三个方面认识其书画审美观。

其一，构图宏阔，意境幽邃。

髡残在绘画创作中，将宋人的严整规格与元人的浪漫笔意结合在一起，营造严谨幽深的意境。美国纽约大都会美术馆收藏髡残 1666 年画的《蒸岚昏峦图》，英国学者苏立文对此画评价道："精到的笔触，使人在最优美抒情的境界中想起肖邦，那花蜜那一场的沉静。"[2]髡残长期隐居山中，曾写道"既足供吾目，又言息吾趼"，意思是大自然一方面供我欣赏，另外一方面让我得到充分休息。《蒸岚昏峦图》宏阔的构图，浑厚的画面就达到了这两方面的审美效果。

其二，秃笔散锋，随意挥洒。

髡残还有另外一种风格，运用干笔，任意挥洒，即不是构思好再下笔而是随意挥洒。在山石表现上，不像宋代人那样讲究，比元代人走得更远，如皴法的披麻解索、斧劈刮铁等规范，他全都抛开，代以秃笔散锋，随意皴擦，如夏日快雨畅快淋漓。无法而法，尽显率真。

其三，是身如电，云屋禅机。

髡残山水画喜欢运用云与屋来建构绘画的深度。他的山水画卷"很少能感受到那种彻底的飘逸仙气，即便在那些明显以云蒸霞蔚的景色为主题的画作中，也仍然有着一股凝重的深度感，牢牢地掌控着作品的基本架

❶ 于建华，于津.中国佛门书画家图典［M］.北京：学林出版社，2013：223.
❷ 迈珂·苏立文.山川悠远：中国山水画艺术［M］.上海：上海书画出版社，2015：140.

构。"❶渐江严谨中透出刚正清逸，而髡残则于严谨中显露深厚。髡残的深厚，就来自凝重的深度，这恰好成为髡残山水画的独到之处。

（三）澹归今释论书画

澹归今释（1614—1680），清代僧人。澹归今释从如下几个方面论书画：

其一，强调以绘画作佛事。澹归今释在《如来藏歌为叶洁吾画佛赠》中指出，叶洁吾擅长佛画，求者云集，却业瘴不断："叶侯画佛五千四十八，砚池日谜夜莲花发。缁衣白衣来者肩相摩，不觉瘴海通金河。"❷在他看来，叶侯佛画"水墨浑圆相非相"，艺术水平相当高，但其画相（"相"——"凡所有相，丘壑在胸，烟云出手皆是虚妄"）并非佛之相（佛性、真如）。

其二，"丘壑在胸，烟云出手"。❸澹归今释云："丘壑在胸，烟云出手，画亦何负于人哉！"❹他在《题赵双白真册》中，充分肯定赵双白所绘"二十图"为上乘之作，他读此画深受感动："赵子双白作二十图，九峰三泖之胜，四时之美，物华人宝之盛，置身其中，无一放过，可谓不虚到云间矣。"❺他指出，赵氏创作成功的关键，是曾亲身观察、体验过这些名山胜水。

其三，确立绘画鉴赏原则。他认为，画者非画者，"同入无我法，赏鉴亦如是"❻。他还指出，在绘画赏鉴品评中，要摒弃执著，排除成见，不要横生褒贬，不要爱憎偏颇，更不要梦中说梦，也不要醒后说梦。

其四，提出"意游"与"画游"两个概念。他说："所已游者，以意游之，意中有画。所未游者，以画游之，画中有意。药地和尚，作此补足

❶ 姜宇辉.画与真：梅洛·庞蒂与中国山水画境［M］.上海：上海人民出版社，2013：172.

❷ 澹归今释.如来藏歌为叶洁吾画佛赠·遍行堂集（下）［M］//明复.禅门逸书续编（第5册）.台北：汉声出版社，1987.

❸ 澹归今释.题张抱一像·遍行堂续集［M］//明复.禅门逸书续编（第6册）.台北：汉声出版社，1987：158.

❹ 澹归今释.题张抱一像·遍行堂续集［M］//明复.禅门逸书续编（第6册）.台北：汉声出版社，1987：158.

❺ 澹归今释.题赵双白真册·遍行堂续集［M］//明复.禅门逸书续编（第6册）.台北：汉声出版社，1987：161.

❻ 澹归今释.为定者禅公题所画罗汉卷·遍行堂集（上）（卷十六）［M］//明复.禅门逸书续编（第4册）.台北：汉声出版社，1987：370.

力之不逮。尺幅以内，万里为遥。"❶

其五，重视画家的人格修养。澹归今释在《题曾行可册》中指出："心术不正，虽有妙道，博学多才，如楼间无基，必至倾倒。"画家之所以能取重于世者，是因"行可以忠信笃敬""取重于贤豪长者间""不独以其技也"。❷

（四）为霖道霈论书画

为霖道霈（1615—1702），清代曹洞宗僧人。字为霖，号旅泊，福建建安（今建瓯）人。俗姓丁。为霖道霈的书画著述探讨了丹青与本心的关系、写经的作用、禅画的警醒作用等，为清代禅宗书画思想增添了新内容、新看法。

道霈绘画观具体表现如下：

其一，丹青乃本来面目之影上现影。道霈在《鼓山诸祖道影记》中说："尝观佛祖众生亲从法身现起，都是个影子。而丹青者，又于影上现影。"❸在道霈看来，佛祖画像只是形相（佛祖法身的影子）之影子，与法身（本来面目）隔着三层。所谓法身？"法身者，谓本有法性之身，若佛出世及不出世，常住不动，无有变易也。"❹这种命题让人联想起古希腊哲学家柏拉图关于艺术是"影子的影子"的模仿说，两者存在相似之处，说明为霖道霈的书画思想颇具理论价值。❺

其二，唯赖像教，启迪群迷。道霈重像教作用，他在《募塑大佛像疏》中指出，"是知造佛，乃成佛因缘，不独为人天福报而已"，"其功德利益，岂止区区为一身而已哉！"❻道霈认为，虽然绘画能够启迪观众，但不能直接呈现本体。"如来真相原无相，巧匠如何刻得成"，"三十二相都

❶ 澹归今释.题药地大师画册·遍行堂集（上）（卷十六）[M]//明复.禅门逸书续编（第4册）.台北：汉声出版社，1987：357.

❷ 澹归今释.题曾行可册·遍行堂集（上）（卷十六）[M]//明复.禅门逸书续编（第4册）.台北：汉声出版社，1987：364.

❸ 道霈.鼓山诸祖道影记·为霖道霈禅师还山录（卷四）[M]//新编卍续藏经（第125册）：971.

❹ 释一如.三藏法数[M].杭州：浙江古籍出版社，1991：12.

❺ 柏拉图.理想国·文艺对话集[M].朱光潜，译.北京：人民文学出版社，1990：67—73.

❻ 道霈.募塑大佛像疏·为霖道霈禅师餐香录（卷下）[M]//新编卍续藏经（第125册）：894.

雕出，唯有梵音雕不来"❶。

其三，宇宙之间，总是一幅大画。道霈在《题清明上河图》中提出了一个重要的命题，"宇宙之间，总是一幅大画。今观仇实父所作《清明上河图》，又是画上作画。虽则山川形胜，街市纵横，车马骈闹，人物纷错，极其精妙，要之九牛一毛。"❷道霈的意思是：绘画是在宇宙大画基础上作画，所以必须从大画着眼，从绘画与宇宙之间的关系入手。概言之，绘画创作要跳出小我，从宇宙大画着眼，来表现宇宙大画。

其四，不独绘画妙，警世意良深。

道霈还提出佛教绘画的批评标准："不独绘画妙，警世意良深。"❸他指出，绘画的深意作进一步的理解，不能停留在绘画技巧是否娴熟成功上面，必须把握以画喻禅的深层意蕴。他在评价慧洪的《画浪轩记》时说："往岁读东坡《赤壁赋》，既爱其文之敏妙，又爱其理之精深，以谓世无过之者。"❹道霈坚持以佛事为本体，所以要强调绘画到底为佛事有何意义，呈现了多少禅意。

道霈的书法观也值得重视。

其一，以人品看书品。中国古代文艺理论早就有"文如其人""书如其人""画如其人"的说法。禅宗美学界也有以人品论书品的主张，道霈就是其中的代表。他在《题洪紫农先生墨迹》中引用了"论书当兼论其平生"的说法，以此盛赞"洪紫农先生墨迹"，其人品超尘脱俗："其为人脱略机械，飘然尘垢之外。功名利禄，杂然陈前，竟无以夺其志。"❺他说洪氏书法"峻骨擎天，匠心独出。"❻

其二，以文字溯根源。道霈在《赠僧书华严经》中说："须弥聚笔海

❶ 道霈.世尊旃檀瑞像赞·为霖禅师旅泊庵稿（卷四）[M]//新编卍续藏经（第126册）：58.

❷ 道霈.题揭钵图·为霖道霈禅师餐香录（卷下）[M]//新编卍续藏经（第125册）：891.

❸ 道霈.题清明上河图·为霖道霈禅师餐香录（卷下）[M]//新编卍续藏经（第125册）：891.

❹ 道霈.圣箭堂述古[M]//新编卍续藏经（第127册）：180.

❺ 道霈.题洪紫农先生墨迹·为霖道霈禅师餐香录（卷下）[M]//新编卍续藏经（第125册）：890.

❻ 道霈.题洪紫农先生墨迹·为霖道霈禅师餐香录（卷下）[M]//新编卍续藏经（第125册）：890.

量墨，难写华严一字门。拈起毫端彰法界，须知事事彻根源。"❶ 他认为，一部《华严经》广大无边，是难书写的。僧人书写经书，是一种修福智的实践，所书佛典有"毫光吐彩成金轴，墨浪飞花泼梵园"❷ 之美。

其三，以书经作佛像。道霈在《谢石公茂才书经作佛像，其字画细如毛发，精心妙手不可思议，（某）敬为之赞》中高度肯定谢茂才"谢子笔端，有经有佛"，其字画细如毛发。在道霈看来，"以佛视经，是说法主"，意思是说从佛像看经书，佛像就成为"说法主"；"以经视佛，是诸佛师"❸，其意为从经文看佛像，经文就是"诸佛师"。这是将书写经文与塑造佛像沟通起来，实现两者的联系。在道霈看来，经文书法和绘画造像一样，都有弘扬佛法、启人开悟的功能。两者可谓是相得益彰，图文并茂。

（五）八大山人论书画

八大山人（1626—1705），江西南昌人，明代宗室后裔，一般以为其谱名为朱耷，但没有文献资料能够佐证。顺治五年（1648）二十三岁时削发为僧，二十八岁受戒于耕庵老人颖学弘敏，因身世独特对禅学境界领悟深刻，讲经说法犹如一代宗师。近年来，学者们关于八大山人的著作有综合研究，如朱良志的《八大山人研究》、肖鸿鸣的《圣洁的狂僧——八大山人》；还有论文集，如八大山人纪念馆编辑的《八大山人研究》、王方宇的《八大山人论集》；另外就是作品和画论专题研究，如杨维鸿的《八大山人书艺之研究》、崔自默的《为道日损：八大山人画语解读》、杨江波的《八大山人笔墨研究》、肖鸿鸣的《八大山人印款说》等 ❹。

八大山人与禅学的渊源关系可从两个方面分析：

一是从画作与题款来看。八大山人，表明他是以佛教为人生信仰。题款隐晦，受曹洞宗"机关不露"禅风之影响。八大山人在画作中题款钤印颇有讲究，大概与此细密禅风有关。如八大山人连起来写像"哭之笑之"

❶ 道霈.赠僧书华严经·为霖禅师旅泊庵稿（卷四）[M]//新编卍续藏经（第126册）：70.

❷ 道霈.熊子伟居士书华严经疏论篡要竟，作此赠之·为霖禅师旅泊庵稿（卷四）[M]//新编卍续藏经（第126册）：72.

❸ 道霈.谢石公茂才书经作佛像，其字画细如毛发，精心妙手不可思议，（某）敬为之赞·为霖禅师旅泊庵稿（卷四）[M]//新编卍续藏经（第126册）：59.

❹ 杨江波.八大山人笔墨研究[M].北京：中国文史出版社，2016：6.

字样。这里要注意,"哭之笑之"来自禅宗百丈怀海禅师曾给马祖道一作侍者被马祖棒喝的公案。八大山人喜画奇怪的东西,如白眼痴呆的鱼,缩颈拱背的鸟,醉眠寂寞的鸭,枯枝残叶的树等。他为何常拿这些丑怪的东西来画呢?这还得从禅宗来探究竟。白眼的鱼、沉眠的鸭,隐含反观自性的意思。而缩颈拱背的鸟与禅宗修行的姿势有相似之处:禅修时要求脊椎如箭直,便于打通气脉,你看那些罗汉塑像往往是缩颈拱背的。八大山人的画,疏而不失,肆而不露,饱含画外之意,正是其禅修经验的艺术呈现,它能够激发观者的内观智慧。有学者认为,八大山人画作中"鸟"的"缩颈拱背的团型造型更符合美的要求,从给观众的心理感受来看更有含蓄,向内观照的意味。"❶

二是从人生阅历修养来看。八大山人虽然返回世俗的曲折经历,但他始终未曾偏离佛教信仰中心。他在书画创作实践中一直流露出禅宗思想情感倾向,正根源于他一辈子的佛缘与人生态度。同时也体现了他的奇古、残缺、雄浑的书画观。朱良志教授认为,八大山人的创作以"涉事"为题,打上了浓厚的禅宗思想的烙印。"涉事"表达的是禅宗的哲学精髓。这个概念得自其曹洞家法。八大山人传于明曹洞宗博山元来一系。博山是他的佛门四祖。❷所谓"涉事",就是禅宗"涉事涉尘"中见真性(禅意)的意思,即出污泥而不染、过河脚不湿的自由境界。

八大山人这种禅学观念,可从他的绘画选材、艺术构图、表现手段三个方面来看:

其一,绘画选材上表现奇古的特色。在八大山人的绘画作品,选材多为菊花、白菜、石榴、古松等,这些题材都是用来宣泄画家内心苦闷的对象。当然,画家进行夸张变形、造型奇古,都不是纯客观的再现和机械的模仿。

其二,艺术构图也有着中国传统文人的特点。八大山人往往喜欢描写一些小动物,如鸟儿、鱼儿之类,有时寥寥几笔,或题字或署名,却带给观者以言尽而旨远、心旷神怡的审美感受。上海博物馆收藏的《藤月》❸,视角独特,藤在画面的上方占住大部分空间,然而月亮只有下面一点点,

---

❶ 杨江波.八大山人笔墨研究 [M].北京:中国文史出版社,2016:46.

❷ 朱良志.南画十六观 [M].北京:北京大学出版社,2013:462.

❸ 花卉册(之十)[M] // 八大山人全集(第一卷):27.

观者随即产生飘空之感。❶八大山人在《题丁云鹏十六真图册》中，其书法作品在章法安排上也有独特之处，每一页安排都不尽相同，有的文字偏左，右边则留出大片空白；有的文字偏右，左边则有一大片空白；有的文字偏于一角，其余大部分为空白。

其三，有限的空间表现无限的魅力。用笔极其简练，没有繁枝末叶，却意味无穷。如晚年的一幅《双鸟图轴》，笔墨非常成熟，写山石取书法之篆隶笔法，中锋用笔、圆劲含蓄、沉稳简古。在八大山人看来，世界一切都似有非有，山在依稀迷离中，水在茫然无着处，有一种雁过无痕的美。对八大山人这一特殊的表现手法，朱良志认为与禅宗的曹洞宗的"鸟道"学说存在着紧密的关联。❷

（六）石涛论书画

石涛（1630—1707），明末清初著名画僧，俗姓朱，名若极，字石涛，削发为僧后法名原济，石涛的名号很多，主要有清湘、清湘道人、瞎尊者、苦瓜和尚等，晚年多用大涤子。出生于广西桂林或全州，他是明代皇室后裔。❸

根据著名美术理论家杨成寅教授的研究，石涛的绘画美学思想体系即"一画"论体系包括三个方面❹。

其一，"一画"论体系的四个层次。一是哲学层次，也就是指阴阳相反相成、有无相反相生、经权相异统一；二是美学层次，即绘画形象与客观现实审美形象的辩证统一；三是形式美层次，即笔墨相合又相分的氤氲状态；四是绘画手段层次，即笔墨画出的线条。

其二，"一画"论体系的主要范畴。"一画"论包含一画、天地万物、心、蒙养、生活、笔墨、氤氲、资任等概念。

其三，"一画"论体系的主要命题。"一画"论中提出许多有价值的美学命题，如绘画是客观描绘与主观表现的统一，蒙养与生活统一，笔墨是中国绘画的主要手段，似与不似的统一。

❶ 崔自默.为道日损：八大山人画语解读［M］.北京：人民美术出版社，2005：135.
❷ 朱良志.八大山人研究［M］.合肥：安徽教育出版社，2008.
❸ 杨成寅.搜尽奇峰：石涛画学全解（上）［M］.北京：故宫出版社，2015：189.
❹ 杨成寅.搜尽奇峰：石涛画学全解（上）［M］.北京：故宫出版社，2015：109-112.

墨香禅意——中国古代禅宗书画观研究

赖贤宗教授认为，石涛《画谱》（即《苦瓜和尚画语录》）分为三部分，对应禅画意境美学的三个环节。❶首先是艺术体验论。《画谱》从《一画章第一》至《尊受章第四》阐释了一画心悟的艺术体验论。一画是禅宗本心之悟在禅画中的体现。《了法章第二》《变化章第三》《尊受章第四》则是对"一画"的艺术体验论的补充说明。其次是艺术形象论。《笔墨章第五》到《兼字章第十七》阐述了不即不离的艺术形象论。《笔墨章第五》《运腕章第六》《氤氲章第七》《山川章第八》《皴法章第九》《境界章第十》《蹊径章第十一》《林木章第十二》《海涛章第十三》《四时章第十四》《远尘章第十五》《脱俗章第十六》等，则是对艺术形象的进一步论证。最后是艺术真理论。《兼字章第十七》和《资任章第十八》，阐述艺术真理。《资任章第十八》是《画谱》最后一章，其无为自然的"资任"与第一章"一画"遥相呼应。

　　法籍华裔学者程抱一指出，石涛"作为艺术家的一生，是不断探索的一生，不只关系到技巧问题，也关系到艺术创造和人类命运的奥秘。其成果便是这个高度综合的作品：《画语录》。"❷他还认为，《画语录》主要受到道家和禅宗智慧的启发，它也并不排除儒家的最美好的成分，尤其是董仲舒和《中庸》中的思想。❸北京大学朱良志教授在《南画十六观》中指出，"要理解石涛的'躁'，还要从他的'法'、从他越出文人画规范的内在逻辑中寻找原因。"❹石涛的绘画观是反传统的，真正的艺术创造是唯一的。在朱良志看来，石涛的"我用我法"是要返回本心，但不是张扬个性主义，否则就陷入"我执"的法障。❺上述论者值得我们重视。

第三节　明清禅宗书画观的融合化与世俗化特征

　　如果说唐五代禅宗书画观是在价值层面上本土化的产物，宋元禅宗书画观是在心理层面上审美化的产物，那么，明清禅宗书画观则是在社会层

❶　赖贤宗.意境美学与诠释学［M］.北京：北京大学出版社，2009：70.
❷　程抱一.中国诗画语言研究［M］.南京：江苏人民出版社，2006：372.
❸　程抱一.中国诗画语言研究［M］.南京：江苏人民出版社，2006：389.
❹　朱良志.南画十六观［M］.北京：北京大学出版社，2013：577.
❺　朱良志.南画十六观［M］.北京：北京大学出版社，2013：581.

面上世俗化的结果。换言之，是由宋元向内转（心灵化）的书画观到明清向外转（现实化）的书画观的转变。

一、禅宗与儒道佛思想的大融合

明代禅宗思想有一个重要特点，那就是禅净合流，以及儒道佛三家思想的大融合。

明代高僧德清虽是禅门宗匠，但他大力提倡禅净兼修，在他晚年更为突出，他认为："念佛是参禅兼修之行，极为稳当法门。"[1] 他是以禅宗明心见性、见性成佛之理论去改造净土往生佛国的思想。同时他又倡导禅教一致。德清认为，儒、道、佛三家都"统属一心"，他们在审美境界观上是相通相融的。南京大学洪修平教授指出，"元明清时期的禅学一方面在佛教内部进一步加强与教净律的结合，另一方面也进一步对儒道等传统思想文化加强了融合。"[2] 晚明四位佛教大师，即云栖袾宏、紫柏真可、憨山德清、蕅益智旭，他们的思想虽各有特色，但都主张禅净一致，儒道佛三家思想的融合。这些融合论极力推动了禅宗书画观的成熟与完形，紫柏真可、憨山德清等禅宗大师发表了系统的书画思想，一批禅门书画作品应运而生，如明末清初的渐江（弘仁）、石谿（髡残）、八大山人、石涛四位画僧作品彰显了禅与儒道一体的书画精神。

有学者指出："清初四画僧朱耷（八大山人）、石涛、石谿、弘仁而论，其画与同时期的文人画已经没有太大的区别，说明禅画的传统在明清之际政治压力的搅和之下已开始与文人画融为一体，尤其是在绘画的技巧上更是如此。"[3] 石涛、石谿两人的禅画与文人画的区别最小，也就是他们的绘画中既渗透着禅宗思想，又融入了儒道思想。石谿题山水说："一峰道人，从笔墨三昧证阿罗汉，今欲效颦。不只一行脚僧耳，予因学道，偶以笔墨为游戏，原非博名，然亦不知不觉坠其中。笑不知禅者为门外汉，予复何辞。"[4]

---

❶ 德清.憨山老人梦游集（江北刻经处本）卷五，福建莆田广化寺佛经流通处影印。
❷ 洪修平.中国禅学思想史［M］.北京：中国人民大学出版社，2007：324.
❸ 陈滞冬.中国书画与文人意识［M］.桂林：广西师范大学出版社，2017：46.
❹ 艺苑掇英（第三十七期）［M］.上海：上海人民出版社，1987：30.

明清文人绘画与禅宗修炼合为一体。文人题画往往用禅宗语录，说明这一时期禅宗思想已经广泛渗透至文人的日常生活与书画艺术活动之中。

二、明清禅宗书画观的世俗化倾向

在明清政治干预禅宗的背景下，禅宗内部出现两种价值取向：一种是归顺新朝。如临济宗的木陈道忞，于顺治十六年被诏进京，受赐"弘觉禅师"。他为了迎合朝廷，四处宣传他与顺治皇帝之间的对话，并号召其他禅师归顺新朝。这在他的书画观上也有所反映，《上赐御画山水图》中说："皇上所赐一山水、一蒲桃，其艺术造诣是历代骚人韵士揣摩半生而为真气捆者。"❶ 另外一种是反对朝廷，宣传反清复明的思想。如觉浪道盛，"为国说法"，澹归今释自称"于世出世间，吞过几许辛酸汁"。

不管禅师是迎合朝廷政治还是反对主流思想形态，都极力关注现实人生，走人间佛教之路。禅宗的入世精神，也使得禅宗书画观出现世俗化的倾向。明清时期禅宗书画观为转入世俗和文化融合的阶段，即"见山仍是山，见水仍是水"的阶段。这一时期的禅宗书画观反映了明清时期禅宗政治化和日常生活化的特点，可借用杜威的实用主义思想去深入研究。

杜威实用主义哲学的核心概念就是"经验"，这是一个包罗万象、超越主客体对立从而超越唯物主义与唯心主义对立的普泛概念。❷ 安乐哲在《和而不同：中西哲学的会通》中得出结论："美国的实用主义与亚洲的儒家思想有很大的而相通之处。"❸ 意思是说，中国传统哲学的"经世致用"思想与杜威实用主义一样，都重视日常经验和事物的关联性。禅宗吸收了儒家的实用主义思想，也注重在日常生活中修行悟道。李泽厚先生在论述禅宗与中国传统哲学关系时说："禅把儒道的超越面提高了一层，而对其内在的实践面，却仍然遵循着中国的传统。"❹ 换句话说，禅宗保留了中国传统哲学（儒家为代表）的实用主义倾向，所谓"担水砍柴，莫非妙道"，

❶ 道忞.上赐御画山水图·弘觉忞禅师北游集（卷五）[M]//嘉兴集（第26册），第180号：301.

❷ 朱立元.现代西方美学史[M].上海：上海文艺出版社，1993：635-636.

❸ 安乐哲.儒家思想与实用主义[M]//和而不同：中西哲学的会通.温海明，等译.北京：北京大学出版社，2009：40.

❹ 李泽厚.华夏美学[M]//美学三书.合肥：安徽文艺出版社，1999：372.

行住坐卧均可参禅，都是世俗化的表现。而到了明清时期，禅宗和禅宗书画观的世俗化特征表现得更充分、更突出。例如，八大山人的禅意画，选取日常生活经验中的呆鱼眠鸭、残荷败叶等表现他对宇宙人生的态度。他喜欢用"涉事"印章，就是禅宗"涉事涉尘"中见真性的意思。

本章小结

明清禅宗书画观，作为中国古代禅宗书画观的集大成阶段，朝着融合化和世俗化方向演变。这一时期的禅宗书画观，是从文人空间向世俗社会空间转向。这种转向是在社会层面上由前一时期禅宗的心灵化、文人化向禅宗大众化、世俗化和感性化的转向，同时出现禅宗与儒道佛文化之间的大融合。

这一时期的禅宗书画观反映了明清时期禅宗政治化和日常生活化的特点。由于禅宗呈现融合化和世俗化的特征，这一时期的禅宗书画观也具有世俗化与融合化的特点。

中编 · 禅宗书画观的本体论

引　言

　　上编首先考察了禅宗书画观的生成语境，即禅意作为本体范畴、文化蕴藉和诗性智慧的特征，然后梳理了禅宗书画观的演变历程，打开了禅宗书画观的知识视界。本编则从中国传统哲学"虚"的角度和成中英首倡的本体诠释学，对禅宗书画观的本体进行深度诠释。关于"虚"的概念，我们可以从哲学传统、生活现象、中国绘画三个层面去理解。

　　一是从哲学传统来看。所谓虚，是中国古代哲学的核心概念，在中国古代哲学史上处于中心地位。虚是与实相对的一种总体观念中的一个成分，是事物源初的状态，亦是万物所归，虚在万物运转中不可或缺。"虚"在《易经》中就有体现，在道家思想中表现为"虚静"，在儒家思想中表现为"虚心"，在禅宗思想中表现为"空寂"。中国文化的自由，是一种向自然的复归。自由完全是一种反价值存在的东西。❶这种消解价值的东西，近似于中国古代哲学里的"虚"的概念，即它是非实体对象，是本源性、超越性、遍在性的非对象。"从遍在性看，是不离于有；从超越性看，是不离于无；从本源性看，是不离有无，不落有无。永远在变的是遍在性；永远不变的是超越性；变而不变，不变而变的，是本源性。"❷总之，中国古代哲学的"虚"，是指"道"作为非对象性存在，是一个"寂静的力量"，犹如壶中之"无"。

　　二是从生活现象来看。"虚"不仅是具有本体性质的范畴，同时也是具有生活现象性质的概念。通过虚，人心可以成为自身与宇宙的尺子或镜子，因为人不只是血肉之躯，同时也禀有宇宙之元气，身处意象和形体的源头。他捕捉空间和时间的韵律节奏；他掌握转化的规律。只有当人心成为自身与宇宙之间的镜子时，才能触及事物的本体和生活的真正可能性。

---

❶　潘知常．中国美学精神［M］．南京：江苏人民出版社，2017：117.
❷　潘知常．中国美学精神［M］．南京：江苏人民出版社，2017：96.

虚在人的有限生命中，实施着持续不断的质变。❶老子说："知足不辱，知止不殆，可以长久"❷，就是通过"虚"来把握人生智慧的。

三是从中国传统书画来看。中国传统书画，乃是中国古代哲学虚的传统的具体表现。它又包括笔墨、阴阳、山水、人天和第五维度五个层次。❸这些层次前后关联，形成一个有机的整体。在这个整体中，虚从笔墨出发，接着在阴阳、山水、人天直至最后超越时空的意境和神韵中持续发挥作用，遵循着螺旋形的运动。可见，中国传统书画建构的不是孤立的实体对象，而是一个充满生气的小宇宙，与"象外之象"大宇宙始终对应、息息相关。中国传统书画的每一个环节、每一个元素乃至整个活动，都围绕着中国古代哲学虚的成分而进行，这是中国绘画与西方绘画的根本区别。从上编第二、第三、第四章禅宗书画观的演变历程来看，我们更能发现中国古代哲学中"虚"的成分所发挥的重要作用。

因此，本书在诠释禅宗书画观的生成演变（上编）与其美育价值（下编）之间插入"虚"的成分，是契合中国古代哲学和中国古代禅宗精神的。同时，本编具有承上启下的作用：一方面，对上编禅宗书画观的生成语境（第一章）和演变历程（第二、三、四章）深入研究，为更清晰地把握禅宗书画观的本体内涵提供一种合适的参照视角和诠释方法；另一方面，为下编禅宗书画观的美育价值研究奠定本体论基础。

本编包括两章内容：

第五章：禅宗书画观的自本体诠释与对本体诠释。本章借鉴成中英的本体诠释理论，并结合马克思主义哲学的观点，对禅宗书画观进行了自本体和对本体的深度诠释。

首先，禅宗书画观的自本体诠释。

它是指从生命本体出发，对禅宗书画观所处的审美文化环境（禅宗、中国古代美学和书画论）进行具体诠释，把禅宗书画观诠释为一个整合的对象，即视为生命本体的派生物。禅宗书画观中的禅意，是禅宗哲学美学的本体范畴，也是儒道佛文化的积淀与蕴藉，更是佛教中国化之后重视生命体验的诗性智慧。从生命本体诠释来看，禅宗书画体现了内在本真生命

---

❶ 程抱一.中国诗画语言研究［M］.南京：江苏人民出版社，2006：325-336.

❷ 蕅益.老子道德经解［M］.武汉：崇文书局，2015：89.

❸ 程抱一.中国诗画语言研究［M］.南京：江苏人民出版社，2006：341-362.

活动。中国古代书画观，尤其禅宗书画观充满生命智慧。

其次，禅宗书画观的对本体诠释。

禅宗书画观的对本体诠释，是对禅宗书画观的表现、过程、结构、目标四个方面进行整体诠释。禅宗书画观的本体，由禅宗的本体范畴禅（心）派生而来，其特征主要表现为四个方面，也就是禅宗书画观的"体"（体系特征）从四个方面呈现，并归结为禅宗书画观之"本"（本心），这就是由"体"到"本"的诠释。

顿悟生成。它是指禅宗书画观生成的顿悟突发。包括笔法的偶发性、构图的偶发性、意蕴的偶发性。

直观接受。它是指接受状态，不经过逻辑推理仅凭生命体验直接观照事物和书画的本体。

视域超融。它是指禅宗书画观视域中，用的是"超融"思维，既超越了各种感觉器官、媒介符号、时空界限、形神差异、真正境界领域，又融合了它们，破除了我执和法执，空无挂碍，自由自在。

禅艺合流。它是禅宗书画观不同于一般的艺术观，它所追求的终极目标不是艺术审美本身，也不是逃避现实、否定世俗，而是透过书画启发观者顿悟生命本来面目，获得精神自由与解放。

第六章：禅宗书画观与图像本体诠释的比较。本章是在上一章禅宗书画观的本体诠释的基础上，结合图像诠释理论，提出图像本体诠释方法和思路，并与禅宗书画观进行异同比较。

国外的图像本体诠释，是对本体的图像诠释，而中国的图像诠释，是自本体的图像诠释。中国古代图像论侧重于图像的自本体诠释，也就是把图像纳入中国传统文化本体系统去诠释。中国图像诠释渗透中国传统文化精神，蕴藏着极其丰富而深厚的生命体验意蕴。

禅宗书画观与图像本体诠释的共通性：一是两者都超越了认识论，把身体感性存在作为图像的根源；二是两者都具有可见与不可见的双重性；三是两者都存在表现本体的局限性；四是两者可以相互转化，走向视界融合。

禅宗书画观与图像本体诠释的差异性：两者产生背景、表达方式和沟通效果不同。

其一，产生背景不同。图像本体诠释是在存在论和视觉图像文化背景

墨香禅意——中国古代禅宗书画观研究

下形成的观点，是西方 20 世纪存在主义哲学思想与视觉文化理论相互交融的产物，具有鲜明的现代色彩。禅宗书画观是中国传统文化尤其是唐以后禅宗文化背景下产生和发展的独特话语形态，与唐代以来的封建文化和佛教文化存在深层的同构性。

其二，表达方式不同。图像本体诠释往往是用许多理论术语去分析建构一个完整的体系。它的逻辑性强，所描述的对象时时处处可见，诠释的道理易于被大众接受，读者认知的成本也很低，打开电视、手机，浏览网络视频，时时可见，处处可见。禅宗书画观的表达方式，主要是运用公案、偈语、诗句等生动有趣的话语。禅宗书画观不是理论话语体系，没有严密的逻辑，甚至带有非逻辑、非理性色彩，强调"观"空的虚境。

其三，沟通效果不同。图像本体诠释注重图像的身体感性存在，把人的存在作为图像观看活动的前提和基础，并且特别关注世俗社会群体的广泛领域，以及传播速度快的事物，侧重社会影响的广度。对广大观看者与图像之间的沟通问题极其感兴趣。禅宗书画观是超越世俗的闲话著述，其主要读者是参禅的僧侣和悟道的文人，它的传播范围、影响广度不及图像本体诠释。

第五章　禅宗书画观的本体诠释

本章首先从本体出发，即从生命本体（包括人的生物生命、精神生命和宇宙生命存在）出发对禅宗书画观进行深度诠释，也就是先沿着自本体"一即一切"的思路，把禅宗书画观视为生命本体的派生物。然后，我们沿着对本体"一切即一"的思路，发现禅宗书画观是一个顿悟生成、直观接受、视域超融与禅艺合流的话语体系。

第一节　禅宗书画观的自本体诠释

首先，要明确本体的含义。我们所谓的本体，不是西方"Ontology"意义上的外在化、超越化的抽象存在，而是与人的存在密不可分的真实存在的本体，包括人的身体、生命和宇宙的整体存在。作为整体存在的本体，"是在人对生命的体验中建立的一种真实的存在。这种存在，从客观方面讲它是一种生命存在的形式，因为它能够有一个本根性、整体性，体现为一套生活形态或存在形态；从主观方面讲，人了解了这个宇宙，以及宇宙中的任何事物都有一种形态……由此可见本体概念有一种辐射性和包含性"❶，即人的生命与宇宙融为一体的本体 ❷。

---

❶　成中英，杨庆中．从中西会通到本体诠释——成中英教授访谈录［M］．北京：中国人民大学出版社，2013：252.

❷　关于本体的三点说明：第一，本体可以将本和体分开来理解，本不只是时间的起点，而且也是支持持续发展的创造力，可以说是创造性的起源；体就是体系，是由本派生出的现象，一定时空存在的经验对象。本有包括以什么为根据（逻辑）和以什么为源头（时间）两层含义。本体是一个开放的创造性的活动，而不是封闭的刻板对象，即存在发生的本到体的过程及其结果。第二，生命的本体和宇宙的本体最终是一体的，生命的本体即宇宙的本体，宇宙的本体也是生命的本体。第三，本书下编将讨论禅宗书画观的超融美育价值，正是基于禅宗书画观所依托的生命本体与宇宙本体的整体把握，或者说是禅宗书画观的本体（身体、生命和宇宙存在）在当代美育实践中的具体作用。

其次，要弄清本体诠释的含义。

本体诠释是成中英先生提出的诠释学与中国哲学相结合的代表性思想中的核心概念，是指从本体或者对本体进行的诠释活动。本体需要诠释，诠释对象是本体。诠释是指一种认知的分析，一种理解的分析，诠释有两个意思，一是"诠"，就是在语言上表达出来，二是"释"，就是释放出来，把关系显示出来。❶诠释与解释之一字之差，但两者的侧重点不同：诠释（Interpretation）用在人文方面允许更多的主观参与，作为说服、说理的含义超过解释（Explanation）——解释更注重客观❷。诠释带有融合的意味，强调两种观点的融合。诠释还有言之全的含义，即把意思表达清楚完整之意，侧重文本的深层意义。❸

再次，本体诠释的分类。

它又包括自本体和对本体的两个维度。对本体的认识，就是把本体看作一个特殊的对象，叫诠释本体；自本体的认识，就是从本体（整体存在）来了解一个具体的对象，叫本体诠释。❹

最后，将本体诠释方法引入到禅宗书画观的认识当中，我们得出以下两种诠释进路：

其一，禅宗书画观的自本体诠释。

所谓自本体诠释，是从生命本体，即人的三重生命的统一体（生物生命、精神生命和宇宙生命）❺出发，对禅宗书画观进行诠释。禅宗书画观的自本体诠释，可以说是"以大观小"，即由本到体的思路。这种诠释与中

---

❶ 成中英．美的深处：本体美学［M］．杭州：浙江大学出版社，2011：163-164.

❷ 成中英．本体诠释学三论［J］．安徽师范大学学报（人文社会科学版），2004（4）.

❸ 路强．本体诠释学：本体与超融——成中英教授访谈录［J］．晋阳学刊，2014（3）.

❹ 关于自本体与对本体的认识，成中英先生在《从真理与方法到本体与诠释》一文中说，诠释可以是对本体之道的诠释，也可以是自本体的理解中进行诠释［参见成中英本体与诠释［M］．北京：生活·读书·新知三联书店，2000：6］；有学者进而指出，自本体诠释与对本体诠释的差异也就是中西哲学思维方式的区别，即西方哲学侧重于对本体诠释——视本体为对象化的存在，而中国古代哲学则很重视自本体诠释——视本体为无法与认知主体分离的存在［参见胡伟希．自本体与对本体：中西哲学的诠释学基础［J］．孔子研究，2005（3）.］；还有学者指出，对本体的诠释旨在客观地理解外在的对象，自本体的诠释乃是基于所领悟的本体、亦即呈现于我们心中的本体而展开［潘德荣．本体诠释学与本体论诠释学［J］．天津社会科学，2020（2）.］。

❺ 有学者提出，人是三重生命的统一体，是生物生命、精神生命和社会生命的统一体。我们在此基础上，认为人的生命由生物生命、精神生命和宇宙生命三个层次构成，其中宇宙生命包括社会生命，且比社会生命的范围更广，意义更深刻。参见封孝伦．人类生命系统中的美学［M］．合肥：安徽教育出版社，2013：77-128.

国古代哲学思维方式较接近。

其二，禅宗书画观的对本体诠释。

所谓对本体诠释，即把禅宗书画观的本体作为对象进行诠释。把握禅宗书画观这一诠释对象（体），要追溯到生命之本。所谓禅宗书画观的对本体诠释，就是发掘禅宗书画观的本体内涵及特征，可以说是"小中见大"，即从体到本的思路。这种诠释与西方哲学思维方式较接近。

本节先谈禅宗书画观的自本体诠释。自本体诠释是从禅宗书画观生成的源头和根据（生命本体）出发的诠释，这样它就与上编第一章提到的禅意作为禅宗书画观的本体范畴、文化蕴藉和诗性智慧紧密关联起来了。禅宗书画观作为本体诠释的对象无法与诠释主体分离。❶

英国学者迈珂·苏立文对中国禅画有段富有启发性的论述："是什么构成了禅画？直指本心肯定算做一种传统吗？后者的答案是肯定的，可它同时又超越了思想，甚至抛弃了形式。禅宗艺术否定了历史、传统、知识、诗歌和文学，还有体裁本身。画中若是包含了这些成分，它就不能算禅画。禅画实质上不是事物，而是行动。"❷意思是说，禅画是从超越历史传统的直指本心的自由创造精神（禅意）派生而来的。迈珂·苏立文对禅画的认识也启发我们，反思一个问题：到底是什么构成了禅宗书画观？其实就是我们这里要追问的禅宗书画观的本体问题。

解答上述问题，先要了解禅宗书画观的诠释结构。根据诠释者身份的不同，禅宗书画观的诠释结构划分为三个向度：一度诠释：禅师或居士的书画创作；二度诠释：禅师或居士的书画著述；三度诠释：历代学者的再度诠释。

对于历代学者而言，作为诠释对象的禅宗书画观（书画著述），包括"论"和"悟"两个方面，其中"论"是指禅师或居士对书画活动的著述（语言形态）；"悟"是指禅门书画家在书画创作活动中所体现出来的审美感

❶ 禅宗书画观是禅师（或居士）对待书画活动及其结果（作品）的评价态度与观点，它是与禅宗的本体范畴（本心、自性）密切相关的体系。上编第一章论述了禅意作为本体范畴（本心、自性），这个本体范畴无疑成为了禅宗书画观之根源（本），而禅宗书画观就是这个"本"在书画美学领域中的展开（体）。禅宗书画观主要包括本体论、创作论、鉴赏论，其讨论的核心命题是丹青与本心的关系问题。因为禅师们往往将书画活动纳入到他们的"佛事"之中（以书画悟禅），把握禅意（顿悟本心）既是禅宗书画观的起点，也是其归宿。

❷ 迈珂·苏立文.山川悠远：中国山水画艺术［M］.洪再新，译.上海：上海书画出版社，2015：7.

悟（图像形态）。这些书画论述和书画感悟存在于禅宗美学话语秩序之中。

禅宗书画（创作实践）与禅宗书画观（欣赏评论）之间存在相互转化的关系：一方面，从创作者来看，禅宗书画是禅师或居士生命体验的现象化（图像化）；另一方面，从接受者来看，禅宗书画观则是对禅宗书画活动及作品的理解和诠释。

在这里需要强调的是，禅宗书画观（诠释对象）与诠释主体（禅师、居士、学者）之间不能截然分开，两极处于一种如马丁·布伯所谓的"我和你"的互动与平等对话关系。在这里，我们在历代禅师（或居士）书画著述基础上进行再度诠释，肯定包含着当代诠释者的"前理解"：生活经验、学术视野与文化背景的重构因素。

然后，自本体出发对禅宗书画观进行诠释。

作为当代诠释者，我们从超越时间有限性的生命本体出发，对禅宗书画观相关的三个层次：中国禅宗（禅）、中国美学（美）、古典书画论（艺）——进行诠释，然后形成一个以禅宗书画观为中心的"禅艺合流"的整合对象。换言之，禅宗书画观的自本体诠释，就是从生命本体出发，"用语言来表达一个整合的对象，而本体就是把外面的经验形成一个整体的体系，以说明现象中的所有事物"❶。我们所诠释的禅宗书画观，不是一个单一对象，而是处于中国禅宗、中国美学和古典书画论三个方面的交叉区域，即包含三者又超越三者的整合体系。

一、生命本体诠释中的中国古代禅宗

首先，禅宗从生命本体（禅）构建一个独特而整体的话语体系。

禅宗不同于一般的宗教，它是佛教中国化的重视生命体验的诗化活动。日本禅学大师铃木大拙说："禅在其本质上是了解人的存在之本性的艺术，它指出从束缚到自由的道路。"❷ 禅宗的本体是禅，即人的存在之本性。❸ "体"是对"本"的展开，书画就是禅宗之本"禅"的具体展现，是

❶ 成中英，杨庆中.从中西会通到本体诠释——成中英教授访谈录［M］.北京：中国人民大学出版社，2013：282-283.

❷ 铃木大拙.禅宗与精神分析［M］.沈阳：辽宁教育出版社，1988：138.

❸ 皮朝纲.关于禅宗美学本体论的再思考［J］.四川师范大学学报（社会科学版），2004（2）.

展开和具体化。成中英指出"隋唐中国佛学的发展，把一个佛性本体的概念推向一个至高无上的境地，并透过禅悟的方式来体现于具体的人生。"❶元代临济宗笑隐大䜣用华严"法界事事无碍"的主张，充分肯定"世俗技艺，无非佛事，水鸟树林，咸宣妙法"。❷日常生活具体活动、事物都是佛性的体现。禅宗的本体是"心性"，或者"自性"。按照佛教遮诠方法，"自性"作为"实相"（生命本来面目），它是不能做肯定的解释，它只是"缘起性空"的"非相"。"禅宗更是把佛学的相对主义推向了登峰造极的状态……它那涵盖一切的心本体，正是藉相对存在的非本体性才得以成立的。"❸从生命本体诠释禅宗的心性本体，两者之间是不隔的，是同构对应的。因此，我们从生命本体出发诠释禅宗书画观，首先要弄清禅宗与生命本体之间的渊源关系。禅宗书画观隐含着本（禅）和体（书画观）两层意思。

根据成中英的本体诠释论，书画观作为"体"还原为禅宗心性之"本"，无非就是禅师的不即不离、非有非无的本心的体现，因此，禅师看待身体、生命和宇宙的总体观决定了书画观的价值取向与基本内涵。

禅宗书画观是对禅师书画活动的评述。而禅宗书画作为禅师生命体验、对象感知的方式，主要通过观感体验生命（存在），而不是抽象之"思"（存在者）。因为存在者割裂了人的生命与物之间的关联，遮蔽了生命自身的存在。唐代著名书僧怀素与大书法家颜真卿的对话，道出了草书创作"乘兴而作"的经验："怀素与邬彤为兄弟，常从彤受笔法。彤曰：'草圣尽于此矣。'"❹怀素的《自叙帖》气势恢宏，雄强狂纵，被誉为天下第一草书。书法创作过程的"性情"，就是我们这里所说的禅师生命体验。又如明代高僧达观真可所言："心外了无法，文字心之光"❺，文字语言乃"道之光华"。❻也就是说，一切文字记录中的禅宗书画观，是历代禅师

❶　成中英.本体诠释学体系的建立：本体诠释与诠释本体［J］.安徽师范大学学报（人文社会科学版），2002（3）.

❷　大䜣.题松雪翁画佛·笑隐大䜣禅师语录（卷四）［M］//新编卍续藏经（第121册）：246.

❸　麻天祥.中国佛学非本体的本体诠释［J］.中国社会科学，2001（6）.

❹　陆羽.僧怀素传，倪涛.六艺之一录（卷二百九十四），文渊阁四库全书影印本（第836册）：336.

❺　真可.文薪偈·紫柏尊者全集（卷二十）［M］//新编卍续藏经（第126册）：417.

❻　真可.大悲菩萨多臂多目解并铭·紫柏尊者全集（卷二十二）［M］//新编卍续藏经（第126册）：467.

观照书画所留下的"心之光"，值得我们以开放的心灵去领悟，而不是脱离生命体验的抽象之"思"。在这里，打个比方，"存在"如春，而"存在物"如花。然而，离开了花（存在物即色）哪来春（存在即空）？本书强调禅宗书画观中所蕴含的生命体验（本），其目的在于观花（书画，存在者）而悟春（自心，存在）。因此，禅宗书画观中蕴藏着禅师或居士丰富的生命体验与书画体验意蕴（心之光）。

二、生命本体诠释中的中国古典美学

受禅宗思想的影响，中唐以后中国古典美学呈现心灵化、境界化的趋势。

禅宗书画观所处的中国古典美学以中唐为界。中唐以前，"赋比兴"中的"赋比"再现手法为主的文学艺术与美学思想获得长足发展，如汉大赋铺陈。中唐以后，禅宗思想对美学艺术广泛地渗透，"赋比兴"中的"兴"这种以情思表达委婉含蓄见长的表现手法愈来愈受到艺术家的青睐。❶ 说到中唐以后禅宗美学对中国美学的影响，张节末先生指出："我们从唐代以后美学和艺术的发展中看到，禅宗的直观方式向中国的山水画、写意画导入了精神的深度，使之心灵化和境界化；向中国诗歌的缘情传统导入了更为虚灵空幻的意（已经大体不是诗言志的"志"）形成了诗的意境。"❷ 潘知常先生也指出，"就中国美学而言，我们可以中唐为界，把它分为前期与后期……而在这当中，禅宗美学为中国美学所带来的新的美学智慧，在后期的中国美学中无疑就起着非常重要的作用。"禅宗美学对中国美学的这种贡献包括两个方面："首先，从外在世界的角度来看，禅宗美学导致中国美学从'取象'的追问转向'取镜'的追问"，"其次，从内在世界的角度来看，禅宗美学导致中国美学从'无心'的追问转向'平常心'的追问。这是一种对于真正的无待、绝对的自由的追问。"❸ 这两个转向："对'取镜'的追问"，"真正的无待、绝对的自由的追问"，就是本节

第五章　禅宗书画观的本体诠释

---

❶　韩林德.境生象外——华夏审美与艺术特征考察［M］.北京：生活·读书·新知三联书店，1995：57.

❷　张节末.禅宗美学［M］.北京：北京大学出版社，2006：20.

❸　潘知常.中国美学精神［M］.南京：江苏人民出版社，2017：457-458.

所阐述的生命本体诠释中的自由。

禅宗书画观作为中国古典美学的组成部分，充分体现了中唐以后中国美学的心灵化、境界化的特点。换言之，禅宗书画观与中唐以后中国美学与艺术的心灵化、境界化在本体诠释意义上具有密切的联系。

三、生命本体诠释中的中国古代书画论

中国古代美学中的书画论，具有"以大观小"的特点。《易经》提出"无往不复，天地际也"的著名命题，这正是中国人自古以来的对空间的生命体验。正如宗白华先生所言："节奏化了的自然，可以由中国书法艺术表达出来，就同音乐、舞蹈一样。而中国画家所画的自然也就是音乐的境界。他的空间意识和空间表达就是'无往不复的天地之际'。"❶宗先生认为此种空间意识是"音乐性的（不是科学的、算学的、建筑性的）。它不是用几何、三角测算来的，而是由音乐、舞蹈体验而来的"❷，即时空一体。时空一体的，由音乐、舞蹈体验而来的正是宋代学者沈括提出的"以大观小之法"。这里的"大"，类似于本节提出的"生命本体"；这里的"小"，就是书画具体描写内容与对象；这里的"观"，就是本节所指的"本体诠释"。所谓"以大观小"，这个"大"是指中国古典美学极力倡导的生命本体，"小"指的是书画论中所观的局部事物和细节，"观"则是由"本"到"体"的诠释。

其实，"观"的智慧在中国古代山水画作品及山水画论中体现尤为突出。最早与山水画和山水画理论的联系，当以宗炳《画山水序》中的文字为依据。宗炳《画山水序》中有"观画图者"。"圣人含道映物，贤者澄怀味像"❸，宗炳所言的"物"与"象"，有《易经》"观物取象"的影响与痕迹。王微《叙画》中有"以图画非止艺行，诚当与易象同体"❹。王微所指"诚当与易象同体"的意思就是图画渊源于《易经》的"易象"。谢赫也有

---

❶ 宗白华.中国诗画中所表现的空间意识［M］//美议.北京：北京大学出版社，2010：98.

❷ 宗白华.中国诗画中所表现的空间意识［M］//美议.北京：北京大学出版社，2010：97.

❸ 王伯敏等.画学集成［M］.石家庄：河北美术出版社，2002：12.

❹ 王伯敏等.画学集成［M］.石家庄：河北美术出版社，2002：15.

"观其风骨"的说法。❶王维《山水论》中，有"观者先看气象，后辨清浊……"❷张彦远《历代名画记》有"观画者……莫不仰戴，莫不悲惋。"❸郭熙在《林泉高致》中说："须远而观之……"❹画家用心灵之眼去"观"，即"把全部景界组织成一幅气韵生动、有节奏有和谐的艺术画面"❺，而不是西方那种只能看见片面，看不到全面的透视法。

因此，禅宗书画观作为中国古典书画论的组成部分，是更富生命本体意味的书画观。我们把禅宗书画观置入中国古典书画论，更能把握其本体特征。禅宗书画观与中国古典书画论在本体诠释意义上存在内在的关联性。

综上所述，禅宗书画观是在中国古代禅宗（禅）、中国古代美学（美）、中国古代书画论（艺）基础上形成的话语体系。禅宗书画观作为中国古代美学思潮之一的禅宗美学的书画观，正处于中国古代禅宗、中国古代美学和中国古代书画论三者相交的居间性体验区域，如图5-1所示。

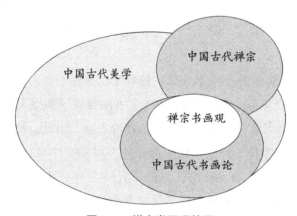

图5-1 禅宗书画观简图

中国古代书画论，既包含在中国古代美学之中，同时又与中国古代禅宗相关，其相关部分就是本书研究对象：禅宗书画观，它又从属于中国古代美学思潮中的禅宗美学话语体系。换言之，中国古代美学内的禅宗美

❶ 王伯敏等.画学集成［M］.石家庄：河北美术出版社，2002：18.
❷ 王伯敏等.画学集成［M］.石家庄：河北美术出版社，2002：64.
❸ 王伯敏等.画学集成［M］.石家庄：河北美术出版社，2002：96.
❹ 王伯敏等.画学集成［M］.石家庄：河北美术出版社，2002：292.
❺ 宗白华.中国诗画中所表现的空间意识［M］//美议.北京：北京大学出版社，2010：95.

学，包含禅宗书画观；中国古代美学中有书画论，书画论内包含有禅宗书画观。需要说明的是，禅宗书画观虽然与中国古代美学、书画论相关，但又不同于一般的古代美学观和书画论，它有着自身的特殊性——禅宗对书画的居间性体验。所以，我们说是禅宗书画观的本体范畴（禅意）奠定了禅宗书画观的特殊性。

禅宗书画观这一话语体系，隐含着中国古代禅宗（禅）与中国古代书画观（艺）两极相互对应的召唤结构，即禅艺合流是禅宗书画观建构的美学基础。从生命本体诠释看，禅宗书画观是由本到体的派生、具体化。就创作者而言，本体诠释是从禅悟（本）中通过语言表达书画观（体），而就接受者而言又是从书画观（体）中启发出禅悟（本）。禅宗书画观的自本体诠释，蕴藏着从本到体的创造性运动。

第二节　禅宗书画观的对本体诠释

如果说自本体诠释是由本到体的诠释（以大观小）的话，那么，本节则是由体到本的诠释（小中见大）。禅宗书画观属于禅宗美学的重要组成部分，是禅宗对书画创作与鉴赏实践的评价态度，因此，禅宗书画观的本体是由禅宗美学本体（禅意）派生而来的。禅宗美学以禅（心性、自性）为本体，这是禅宗美学界普遍认可的。我们在第一章第一节就详细论述过，禅宗把禅（心）作为哲学和美学的逻辑起点，这里"禅"与"心"是可以互换的，是异名同体。皮朝纲先生早在他的系列论文论著中多次作了阐述。他指出："禅宗把'心'作为本体范畴。"❶此外，禅宗大量典籍特别是书画著述亦可佐证，禅宗书画观的本体就是禅宗心性本体在书画领域的具体呈现。例如，元代中峰明本禅师说："禅是诸人本来面目"❷，他把禅列为生命本体；明代达观真可提出："夫画本未画，未画本于自心。故自心欲一画，欲两画，以至于千万画，画画皆活，未尝死也……有能因画

❶　皮朝纲.关于禅宗美学的逻辑起点、研究对象与理论范式的思考［J］.四川师范大学学报，1999（3）.

❷　中峰明本.天目明本禅师杂录（卷上）［M］//卍新纂续藏经（第70册），第1402号：715.

而悟未画，因心而得悟心。"❶ 他的意思说，绘画的本体是自心，因为未画本于自心。这种主张，不就是指禅宗书画以心性为本吗？明代高僧憨山德清就绘画与本心关系发表辩证的见解：一方面，肯定画像可以展示祖师本心："法身非相，托有相以明心。"❷ 另一方面，他又否定绘画能够直接揭示本来面目："尔自心痴迷，向外驰求，不知顿歇狂心……了无出期。"❸ 他之所以强调书画不能直达本心，其依据是禅宗心性本体论。禅宗心性本体论认为，心的本性是空寂的，无迹可求。禅宗法眼宗文益的再传弟子延寿《宗镜录》对本体"心"的论述："一切法中，心为上首"❹，并说"心无形无色，无根无住，无生无灭，亦无觉观可行。若有可观行者，即是受想行识，非是本心，皆是有为功用。"❺ 本心无形无色，所以丹青（绘画）难以描绘出无形之本心（禅意）。

禅宗书画观的本体，来自禅宗的本体范畴即禅（心性本体），我们在第一章第一节就进行了阐述。下面，拟从顿悟生成、直观接受、视域超融和禅艺合流四个方面对禅宗书画观的本体进行深入诠释。

一、顿悟生成

与禅宗书画观的接受状态相关，禅宗书画观的生成状态具有随机顿悟性。这种随机性具体表现在三个方面：

一是笔法的随机。所谓笔法的随机，是指禅师书画家没有刻意对笔法进行控制，而是自由自在临场发挥。在这里，毛笔的灵活自如，现磨的墨汁的干湿浓淡，宣纸的吸水性能等因素，均有利于禅师的自由发挥。例如，唐代书僧怀素曾提出书兴说，主张偶然突发的感兴投入创作。陆羽对他的创作进行评价："饮酒以养性，草书以畅志。时酒酣兴发，遇寺壁里衣裳器皿靡不书之。"❻ 在饮酒、养性和草书三环节中，参禅顿悟对禅

❶ 真可.交芦生书《千字文》说·紫柏尊者全集（卷二十一）［M］//新编卍续藏经（第126 册）：1000.

❷ 德清.造旃檀香佛疏·憨山老人梦游集（卷四十）［M］//新编卍续藏经（第127 册）：794.

❸ 德清.示赞侍者·憨山老人梦游集（卷三）［M］//新编卍续藏经（第127 册）：243.

❹ 延寿.宗镜录（卷2）［M］//大正藏（第48卷）：423.

❺ 延寿.宗镜录（卷2）［M］//大正藏（第48卷）：426.

❻ 于建华，于津.中国佛门书画家图典［M］.北京：学林出版社，2013：42.

宗书画观的生成发挥了重要的作用。任华对此评论道："金盆盛酒竹叶香，十杯五杯不解意，百杯已后始颠狂，一颠一狂多意气，大叫数声起攘臂，挥毫倏忽千万字。"❶ 戴御史叔伦则说："心手相师势转奇，诡形怪状翻合宜。"❷ 怀素草书之妙，就在于"一颠一狂多意气"，"心手相师势转奇"，狂放不羁，一气呵成，于狂放恣肆中体现真情。

二是构图的随意。所谓构图的偶发性，是指禅师书画家没有对构图予以控制，而是让自然山水、花鸟虫鱼、天光云影，如其自身，各具形态，并且留下大量空白让观者补充。这种书画构图的偶发性和自由散漫，来自于禅师书画家生活的无目的性与艺术的无目的性。如清僧渐江弘仁《黄山图册》中，黄山石头奇特，但他画的山石光滑，基本上没有皴法，构图简洁洗练，好像碎石堆叠在一起，很随意的样子。渐江诗云："画禅诗癖足优游，老树孤亭正晚秋。吟到夕阳归鸟尽，一溪寒月照渔舟。"❸ 他在《溪畔清昔图》上写下："不学苏门啸，长挥溪畔琴。在心亦停响，流水有清音。"❹ 他崇尚自然，追求内心的宁静淡泊，此题诗与此构图交相辉映。他的画作体现了他的禅宗绘画观：没有惊心动魄的暴风骤雨，也没有划破长空的闪电雷鸣，只有冷静空旷，恬淡和谐的构图。宋画僧法常（牧溪）也是随意构图的代表，他在绘画时随意点墨而成，采取斜角的构图，粗豪放逸❺。

三是意蕴的偶发自然。除了笔法、构图的随意性以外，最后就是意蕴的偶发自然。所谓意蕴的偶发自然，指的是禅师书画家创作或著述时并没有"意在笔先"的设想，而是一气呵成地泼墨行笔，或对书画作品顿时产生感悟，都是随机而作。或者说禅宗书画不是创作，而是随意涂抹。例如，明僧空谷景隆在《自赞》中就表达过这样的见解："一语一默，一机一境。事如理如，头正尾正。补短裁长，无少无剩。大彻投机，拍拍是令。"❻ "一语一默，一机一境"，是说禅不可思量也不可重复，可拟议重复的就不是禅机；"事如理如，头正尾正"，讲的是理事不二，意蕴不可逻辑

❶ 任华.怀素上人草书歌［M］// 倪涛.六艺之一录（卷二百九十四），文渊阁四库全书影印本（第836册）：325.
❷ 戴叔伦.怀素上人草书歌［M］// 全唐诗（卷273）.北京：中华书局，1979：3070.
❸ 于建华，于津.中国佛门书画家图典［M］.北京：学林出版社，2013：163.
❹ 尚荣.中国佛教艺术100讲［M］.天津：百花文艺出版社，2010：159.
❺ 尚荣.中国佛教艺术100讲［M］.天津：百花文艺出版社，2010：123.
❻ 雪岩祖钦禅师云："头上岂可安头，钵盂岂可安柄。"参见雪岩祖钦禅师语录（卷二）［M］// 新编卍续藏经（第122册）：528.

分析。其他如唐代的怀素、五代的贯休、宋代牧溪、梁楷笔下的游荡疯狂，清代石涛的"一画"、八大山人的"涉事"写意，都是主张随机偶发、自然天成的。

总之，禅宗书画观的偶发性，源自禅宗书画观的顿悟性，关于这一点我们将在下面继续阐述。

二、直观接受

所谓禅宗书画观的直接性，是指我们面对禅宗书画作品或著述主要通过生命体验直接观照事物和书画的本体。具体表现在时间体验、空间体验和意义生成三个方面。

首先，是时间体验的直接性。

所谓时间体验的直接性，是指我们面前的禅宗书画作品或著述，忘掉时间的存在，具有体验的无分别性。我们与禅宗书画观及其呈现的世界本来面目相互照面，中间没有丝毫的间隔。例如，元朝高峰原妙大力倡导实参实悟，"生死事大，无常迅速，生不知来处，谓之生大，死不知去处，谓之死大。三世如来，恒沙诸佛，千变万化，出现世间，盖为生死一大事"[1]，他认为画画就如参禅一样，"自小丹青画不成，年来始觉艺方精。等闲掷笔成龙去，换却时人眼里睛"。顿时我们自身便会产生类似感觉，不需要过多推理和思考。

董其昌是有参禅体验的画家。他曾有两日半"意识不行"，"忽现一念三世境界"，进入所谓"心不在焉，视而不见，听而不闻"的"悟境"。他对画、对禅的理解，他的参禅体验，决定了他画中的禅意。董其昌山水，如参禅入定，明净无尘，一片清光，是其画禅所在。董其昌的画禅，由禅入定，由定而净，由净而明。即便是最没有禅心的读者，如果静心品读，或也能马上读出其画中之定、笔墨之净、山水之明。

其次，是空间体验的直接性。所谓空间体验的直接性，是指我们与禅宗书画观的空间体验的无分别性，即空间体验中与禅师书画家及其笔下的人与物、物与物不存在分别、割裂、抽象、计较、判断。例如，六祖慧能

❶ 皮朝纲.游戏翰墨见本心——禅宗书画美学著述选释［M］.成都：四川民族出版社，2013：116-118.

曾对蜀地画家方辩批评道："汝只解塑性，不解佛性。" ❶ 就是说，如果从对象性思维看，方辩是一位了不起的画家，而从禅宗空间观看则是一个不懂得整体把握生命本来面目的画匠。慧能所谓的"佛性"，就是"不思善，不思恶"的本来面目，即禅宗本体"自性"，把自身与山河大地当做连续的整体。方辩不可能画出这个无形无色的自性，历代画僧也没人号称画出了生命本来面目。我们还可从下则公案，妙悟其理：

> 师（盘山宝积）将顺世，告众曰："有人邈得吾真否？"众将所写真呈，皆不契师意。普化出曰："某甲邈得。"师曰："何不呈拟老僧？"化乃打筋斗而出。师曰："这汉掣风狂去在！"师乃奄化。❷

正如宝积禅师所言"大智非明，真空无迹。真如凡圣，皆是梦言。佛及涅槃，并为增语。禅德直须自看，无人替代" ❸，所有的画都是局部的、片段的，只有普化身心一体的"打筋斗而出"，即生命整体的直接展示，才是禅师妙悟的写真。因为"打筋斗而出"这一瞬间，呈现给读者的是物我双会的生命的整体感。普化得宝积心传，真正体悟到我即世界即佛，三位一体，毫无间隔。芭蕉是色，本体为空。

深受禅宗思想影响的北宋大文豪东坡居士曾有言："根性既全，一弹指倾，所见千万，纵横变化，俱是妙用。" ❹ 所谓"所见千万，纵横变化，俱是妙用"，就蕴涵着禅宗空间体验直接性的看法：所见日常景象与大全生命不可分割。苏轼另有一首题画诗曰："毫端偶集一微尘，何处溪山非此身" ❺，"微尘"即"溪山"整体，两者同一。

最后是意义生成的直接性。

禅宗书画观在时间体验的直接性与空间体验的直接性基础上形成意义生成的直接性。所谓意义生成的直接性，是指我们观照禅师的笔墨，体会其手与心、笔、墨、纸配合默契，自由轻松移动，顿时超越意识控制，环

❶ 慧能.六祖大师法宝坛经·机缘第七［M］//大正藏（第48册），第2008号.台北：新文丰出版有限股份公司，1983：358.

❷ 普济.五灯会元（卷三）［M］.苏渊雷，点校.北京：中华书局，1984：150.

❸ 普济.五灯会元（卷三）［M］.苏渊雷，点校.北京：中华书局，1984：149.

❹ 苏轼.论六祖坛经［M］//东坡志林.北京：中华书局，1981：33.

❺ 苏轼.又书王晋卿画四首四明狂客［M］//东坡诗集.北京：中华书局，1982：284.

境干扰，超越物我、超越时空让禅意瞬间生成。

意义生成的直接性，相当于佛教中的"现量"。王夫之把"现量"这个概念引进美学领域，用来说明审美意象的基本性质，即审美意象必须从直接审美观照中产生。❶

意义生成的直接性，在禅宗书画观中有突出的表现。我们先看《金陵清凉文益禅师语录》中记载的一则公案：

> 师云：门上但书"门"字，窗上但书"窗"字，壁上但书"壁"字（玄觉云：门上不要书门字，窗上不要书"窗"字，壁上不要书壁字。何故？字义炳然）❷。为何老宿门上书"心"，窗上书"心"，其他均可书"心"字？这是因为禅宗主张"心生万物"的缘故，门窗等万物都是"心"之表现。而清凉文益禅师破除了"心生万物"的念头，反对门上书"心"，只要门上书"门"。永嘉玄觉禅师比文益禅师更加直接、彻底，连"门"也不要书，门就是门，直接呈现，佛法现成，一切具足。这便是唐代青原惟信禅师所顿悟的"山依然是山，水依然是水"的本真境界，也是苏轼"庐山烟雨浙江潮"的意境，即意义生成的直接性，一切逻辑概念包括禅宗念头也都被消解掉了。八大山人画作中"鸟"的"缩颈拱背的团型造型更符合美的要求，从给观众的心理感受来看更有含蓄，向内观照的意味。"❸

还要说明一下，禅宗书画观中的空间观对中国美学有重要贡献。由于禅宗空间观的影响，中国美学从中唐以后发生了明显的转向，即从先唐的"观物取象"到唐后的"境生象外"的转向。"境"作为非对象性的空间远比"象"开阔、完整、无限，更接近生命的本来面目。

三、视域超融

禅宗书画观创作、接受活动所处的视域，是一种对禅宗书画观诠释

---

❶ 叶朗.中国美学史大纲［M］.上海：上海人民出版社，1985：461-462.
❷ 清凉院文益禅师语录［M］//大正藏（第47册），第1991号：591.
❸ 杨江波.八大山人笔墨研究［M］.北京：中国文史出版社，2016：46.

者遭遇的周围各种因素（自然环境、社会环境、文化修养、心性修养等等）的超越与融合。两者组合成一个词就是"超融"（Transcendental Integration），它是对事物各种因素进行整合，"看作一个整体，一体多面。超融是一种方法，其自身已经是一个诠释的范畴。"❶禅宗书画观的视域超融性，是从视域来分析其特征的。按照成中英"悟""通"认知模式阐发禅宗书画观的整体美育意蕴，即通过超越自然（丘壑）、自我（本心）、观感以及书画对象（线条、色彩、构图）、笔墨、纸张、书写环境等因素，还包含上述各种因素的方式来整体把握禅宗书画观的本体。❷禅宗书画观的视域超融性主要表现在各种符号、价值态度与时空界限三个方面。

一是各种符号上的视域超融。所谓符号的视域超融，是指在禅宗书画观中，从生命中流出的禅意，业已跨越禅宗符号、视觉符号、语言符号、声音符号、图像符号、书写动作符号，同时包含了许许多多的符号。因此，从禅意符号来看，禅宗书画观是跨越多种符号的视域融合。宋代圆悟克勤说："指南之旨，不在言诠。"❸他的意思就是学人必须超越语言符号，自觉自悟。元代原叟行端也认为，欣赏绘画"切忌按图索骥"，也要"脱略笔墨畦径"，"得其精而忘其粗，在其内而忘其外"，"在道眼，不在翰墨"❹。原叟行端所谓"得其精""在其内"和"在道眼"，就是不同符号的视域超融。唐代盐官齐安的一则"索犀牛扇话"脍炙人口。"师（盐官）唤侍者云：'将犀牛扇子来。'侍者云：'破也。'师云：'扇子破还我犀牛来。'侍者无对。"❺原叟行端就这则公案画发表评论："今观此图，虽是头角分明，若乃人以为实，正如失剑刻舟。"❻他的意思是禅机并非置于图像上，而要超越图像符号领会其言外之意、象外之象，否则就会犯刻舟求剑的毛病。

二是价值态度上的视域融合。在禅宗书画观中，由于禅宗吸收了儒道

❶ 成中英.论本体诠释学的四个核心范畴及其超融性［J］.齐鲁学刊，2013（5）.

❷ 陈兵.新编佛教辞典［M］.北京：中国世界语出版社，1994：131.

❸ 雪窦重显，圆悟克勤.碧岩录［M］.北京：东方出版社，2013：68.

❹ 皮朝纲.游戏翰墨见本心——禅宗书画美学著述选释［M］.成都：四川民族出版社，2013：123-125.

❺ 普济.五灯会元（卷三）·盐官齐安国师［M］.苏渊雷，点校.北京：中华书局，1984：142-143.

❻ 皮朝纲.游戏翰墨见本心——禅宗书画美学著述选释［M］.成都：四川民族出版社，2013：123.

墨香禅意——中国古代禅宗书画观研究

玄各家智慧，如第一章第一节所论述的，与儒道玄学具有相关性，与三者某些观点存在相似性和交叉性，也突破了世俗与超俗之间的障碍，实现了境界上的融合。例如，在宋元禅宗书画观中，由于受理学思想影响，禅宗与儒家道家思想呈现融合的局面，到了明清时期禅宗书画观的融合性更加突出。在禅宗与中国艺术精神关系问题上，有的学者有所误读。如徐复观在论述明代董其昌的以禅论画说的时候，认为是庄学影响中国山水画的艺术精神而不是禅宗，其实他的解释有失偏颇。❶ 他批评董其昌"所把握的禅，只是与庄学在同一层次；与真正的禅，尚有向上一关，未曾透入"。❷ 我们认为，徐复观对禅宗的误读，恰恰说明宋明以后儒道佛三者视域融合的特点。禅宗书画观中，既体现了儒家的入世态度，也有道家的自然倾向，还保存了佛教空寂的特色。

三是时空界限的超融。所谓时空界限的超融，是指时间与空间是相互沟通的，既可在空间中表现时间，亦可在时间中表现空间。中国古代美学早就有时空一体的观念。宗白华先生曾经对中国艺术的空间描写做出了精辟论述，如果把宗先生的论述引入禅宗书画观研究问题中也是很吻合的。禅宗书画观中，书画观突破现实空间观，更是禅师忘却自我和时间的体现。例如，王维以"雪中芭蕉"入画，则在同一作品中，打破了时间与空间的界限，将芭蕉与人身视为一体，充分体现了禅宗书画观的超越时空的特征。

总之，禅宗书画观中，禅师对书画的生命真性的诠释，是在符号表达、价值态度、时空界限上的视域超融。禅宗书画观这种超融智慧引出以下禅与艺之间的有机融合。

四、禅艺合流

禅师以书画喻禅，即把艺术作为佛事和参禅的重要途径，这样禅艺两者就合为一体了。禅宗书画观的禅艺合一的特征，是与禅宗书画观的本体

---

❶ 刘建平. 徐复观与 20 世纪中国美学［M］. 北京：中国社会科学出版社，2015：234-241. 该书第六章第三节肯定了禅宗对中国艺术精神的重要影响，并针对徐复观对禅宗的误读，进行了分析。

❷ 徐复观. 中国艺术精神［M］. 上海：华东师范大学出版社，2001：363.

禅意同构的。禅宗书画观的目标是透过书画启发观者顿悟自性（生命本来面目），获得精神自由与解放。

下面从禅艺合流的研究成果、生成根源做进一步诠释。

首先，关于禅艺合流的研究成果。

一是皮朝纲、董运庭先生的观点。他们在《禅宗的美学》一书中重点阐述了禅和艺术合流的原因，认为"禅与艺术在核心上相通的一面被人们广泛注意，并且得到理论上的明确揭示，始于两宋时期。禅、艺沟通，进一步扩展和丰富了中国人的心灵境界，也进一步拓宽和深化了中国美学的理论体系。"❶他们根据禅与艺术逐步走向合流的历程，厘清了禅的意境论与意境美学的共通基础。

二是张育英先生的观点。张育英在《禅与艺术》中指出："意境与禅，在本质上具有一致性。"❷他认为，禅对文人画的影响，就是意境对文人画之影响。

三是赖贤宗先生的观点。赖贤宗先生认为，禅与艺术合流经历了三个阶段。第一，分流而沟通的时期。唐代王维、皎然、贯休等人在创作中沟通禅与艺术，但未提出禅和艺术合流的较为完整理论。第二，沟通而融合的时期。两宋"以禅喻诗""以禅论艺"风气盛行，禅与艺术因沟通而进一步融合。第三，融合而合一的时期。在明清时代，形成诗书画禅一体化的主张。禅与画的合一主张，以石涛"不似似之"和"一画"论为代表。❸赖贤宗指出，禅宗"不即不离"的主张，也即是画禅合流的本体诠释基础。一句话，"不即不离"最能概括禅与书画之间的关系。

四是明复法师认为禅画包括如来禅和祖师禅时期。明复法师认为，两汉到唐初为如来禅时期。这个时期的禅画注重"传神"。盛唐以后到清代为祖师禅时期。平淡与萧散是这一时期的禅画意境。禅风的画作强调"不似之似"传写超脱洒然的画外之意。❹

五是晓云法师论画与禅的内在精神相通。在晓云法师看来，"中国画之发展及其演变，直接融汇儒、道、释三家思想，而最能影响开拓中国画

❶ 皮朝纲，董运庭. 禅宗的美学［M］. 台北：丽文文化公司，1995：79.
❷ 张育英. 禅与艺术［M］. 杭州：浙江人民出版社，1992：109.
❸ 赖贤宗. 意境美学与诠释学［M］. 北京：北京大学出版社，2009：52-53.
❹ 赖贤宗. 意境美学与诠释学［M］. 北京：北京大学出版社，2009：53-54.

墨香禅意——中国古代禅宗书画观研究

艺境界者，就是佛教禅宗思想。"晓云法师以王维为例说明"禅宗之超越三昧"与"画人之心胸洒脱"相通，即"画意禅心两不分"。❶

综合以上各家学说，笔者认为学者们用禅宗"不即不离"的观点来诠释禅艺（书画）合流的思想基础，乃是最合适也最科学的。赖贤宗运用本体诠释方法，指出禅（本心）与见闻觉知的关系是"不即不离"❷。其实也阐明了禅与艺之间的关系。皮朝纲的《禅宗的美学》也用"不即不离"来解释禅艺合流。他说："不即不离这个佛教用语之所以能派生为文艺美学用语，就在于般若观照有着深刻的一致性。"❸张育英则认为"不即不离"的禅宗思维与文人画和禅画中的"含蓄朦胧的审美理想"相关联。❹

其次，禅艺合流的生成根源。

禅宗欲把色相看空，不执着于它的分殊，跳出二元对立思维，从而摆脱色相对心灵自由的束缚。超越"意在五色"的计量是实现"净心"的一种方式，"运墨"就是这种方式的表达。同时，"净心"消泯了情感的律动和"万法"的因果联系，物象不会随情感的变化而显示出"拟人"的特点。禅师对书画的诠释，根源于他们对佛性本来面目即生命真性的追求。包括禅宗书画观在内的禅宗美学，既渊源于儒道美学❺，但又超越与融合了儒道美学。"即心即佛"近似于儒家美学的入世情怀，"非心非佛"近似于道家美学的飘逸风格，"不是物"则浓缩了禅宗美学的精华思想：万法自现（见）。在汉语语境中"见"与"看"不同："看与见都与视觉有关，但看含有手和眼，是'看'一个独立于看者之外的对象，所看与能看是彼此独立的。'见'与之不同，'见'表示纯粹'见'的活动。"❻禅宗书画观是禅艺合流的产物，是以把握禅宗本体（本心）为终极目的。禅宗书画僧强调以书画为方便，克服妄心进而妙觉明心。在历代禅宗书画僧看来，所谓

---

❶ 晓云法师. 佛教禅宗与中国画［M］// 晓云. 中国画话：111.

❷ 赖贤宗. 意境美学与诠释学［M］. 北京：北京大学出版社，2009：59-63.

❸ 皮朝纲. 禅宗的美学［M］. 台北：丽文文化公司：223.

❹ 张育英. 禅与艺术［M］. 杭州：浙江人民出版社，1992：116-118.

❺ 参见本书第一章第二节禅宗的思想渊源。

❻ 铃木大拙. 禅风禅骨［M］. 耿仁秋，译. 北京：中国青年出版社，1989：37.

明心见性，就是通过丹青来参悟本心。^❶

　　总之，禅宗书画观是一个顿悟生成、直观接受、视域超融和禅艺合流的整体话语体系，且四个方面（体）都指向禅宗书画观之本（本心），如图5-2所示。

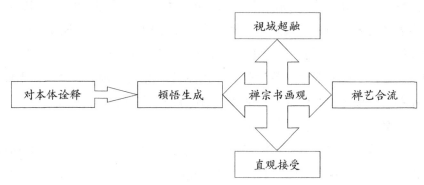

图 5-2　禅宗书画观整体话语体系

本章小结

　　本章借鉴成中英的本体诠释理论，并结合马克思主义哲学的观点，对禅宗书画观进行了本体诠释。

　　首先，禅宗书画观的自本体诠释。所谓禅宗书画观的自本体诠释，是指从生命本体出发，对禅宗书画观（对象整体）所处的中国古代禅宗、中国古代美学、中国古代书画论三个体系进行具体诠释，把禅宗书画观诠释为整合的对象，即视为生命本体的派生物。禅宗书画观中的禅意，是佛教中国化的重视生命体验的诗性智慧；生命本体诠释中的书画，是指体现生命活动的符号表达；中国古代书画论应包含禅宗书画观。

　　其次，禅宗书画观的对本体诠释。它是对禅宗书画观的表现、过程、

---

❶ 如宋僧淮海原肇提出，对待优秀的绘画作品要"以生死为极则"，切莫"以笔墨畦町流玩"，告诫观图者"切忌案图索马"（元肇《跋陈郎中禅会图》，《淮海外集》，明复主编《禅门逸书续编》第1册，第209号，第27页下），要直指本心；元代禅师笑隐大䜣对书画本体也有深刻的见解："心法之妙言不能宣，大用现前心无所传。"（大䜣《维摩问疾图》，《慈化愈长老绘师像请赞》，《笑隐大䜣禅师语录》，《新编卍续藏经》第121册，第230页下）；明高僧达观真可提出："未画画母，无心天地万物之祖"，（真可《交芦生书〈千字文〉说》，《紫柏尊者全集》卷二十一，第126册，第1000页下），这里所谓"未画画母""无心"都是指绘画之前的生命本来面目之意。

结构、目标四个方面进行诠释。禅宗书画观的"体"呈现为四个向度，并归结为禅宗书画观之"体"，这是从"体"到"本"的诠释路径。

顿悟生成。它是指禅宗书画观生成的顿悟突发，包括笔法的偶发性、构图的偶发性、意蕴的偶发性。直观接受。直观接受指的是仅凭生命体验直接把握事物的本体。视域超融。它是指禅宗书画观运用"超融"思维，超越各种感觉器官及媒介符号，打破时空界限与形神差异，进入真正自由的境界。禅艺合流。禅宗书画观所追求的终极目标是顿悟本来面目，并获得精神自由与彻底解放。

第六章　禅宗书画观与图像本体诠释

本章是在前章禅宗书画观本体诠释的基础上，结合图像诠释理论，进一步提出图像本体诠释方法和思路。国外的图像诠释理论，注重对图像的本体进行诠释，而中国古代的图像诠释则往往重视自本体的诠释。将禅宗书画观与图像本体诠释进行比较，有利于深入把握禅宗书画观的本体。禅宗书画观与图像本体诠释的共通性：一是两者都超越了认识论，把身体感性存在作为图像的根源；二是两者都具有可见与不可见的双重性；三是两者都存在表现本体的局限性；四是两者可以相互转化，走向视界融合。禅宗书画观不同于图像本体诠释：即两者产生背景、表达方式和沟通效果不同。

第一节　图像本体诠释

本节是在前章禅宗书画观的本体诠释基础上，结合中外图像诠释理论，提出图像本体诠释概念。首先，辨析对待图像的两种路径：图像认识论与图像本体诠释；其次，简要介绍中国古代四种图像观；最后，阐述中国当代图像本体诠释的内涵。

一、两种图像诠释路径

首先，我们先要辨析"观念"与"存在"两个概念的区别。

所谓"观念"，是人们对事实的静止、确定和相对稳定的意识活动。所谓"存在"，即事实本身，是指理性无法把握、语言无法言说的感性活动。这里的存在，没有具体所指，从否定意义上说，存在不是具体的存在物，存在是事物存在的根据；从肯定意义上说，存在即存在。不能直接表

墨香禅意——中国古代禅宗书画观研究

达的存在，是否真的存在？眼睛能够观看事物，但不能观看人的整体感应活动。海德格尔借助东方智慧（直觉），意识到"我思"即理性的局限性。也就是说，在东方哲学看来，存在是不能当作认识对象来把握的，犹如禅宗所谓"本心"是不可思议的，绝对不能用"我思"（西方理性主义思维）去把握。一切离开了存在的事物，都是没有意义的，因为思想观念只是存在的显现。简单地说，先有存在后有存在的显现与派生。需要说明的是，存在问题，只有人有资格提出来，其他事物不可能提出。前面说过，"存在"不是存在物，只有人才能意识到那强大的、令人敬畏的实在，即"存在"。❶ 用一个简单的说法，"存在"是个体的、感性的、当下的"活着"，是存在物之为存在物的内在根据。这里所指的"活着"，并非过去活着，也不是未来活着，而是现在活着。活着就是瞬息的"现在"。❷ 人的观念活动，是在人的"活着"基础上的派生物。如果没有"现在活着"这一事实，一切认识活动都不复存在。可见，"活着"（存在）这一事实，是认识（观念）的前提。我们要把握真理，达到人类终极目标，就必须超越"观念"的遮蔽而让"存在"自由呈现。

其次，诠释图像的两种路径。

弄清了观念与存在的区别与联系之后，我们再来讨论图像诠释问题。关于图像的认识，主要包括观念论与存在论两种路径。所谓图像观念论，是指从人的头脑中的观念出发的传统图像认识论。根据图像观念论，图像只是观念的反映。所谓图像存在论，是从存在（活着）出发的图像本体诠释。根据图像本体诠释，图像是存在的感性显现。

第一种图像诠释路径是图像认识论（观念论）。图像认识论认为，图像是人的意识观念的再现。图像认识论又可分为两种类型：一种是所谓的理念形式，即图像被视为抽象理念的形式；另一种是所谓的感觉经验形式，即图像是感觉经验的外观表象。

传统认识论的图像论，存在三个弊端：

一是重认识轻价值。认识论思维方式上，坚持人与图像的二元对立。人们对图像的直觉，超出了传统认识论的理性认知范围。图像具有比文字优先吸引人的地方，原因到底是什么呢？柏拉图归结为理式，亚里士多德

---

❶ 海德格尔. 存在与在［M］. 北京：民族出版社，2004：79.
❷ 李鸿祥. 图像与存在［M］. 上海：上海书店出版社，2011：45.

167

解释为求知欲，弗洛伊德从性本能找原因，荣格从原始意象来解释，这些说法都是从预设的观念出发，都没能给出意识产生前的深层动机。实际上，任何图像都是离不开人的直觉经验的、在意识产生之前的难以言表的东西，而认识论恰恰忽视了这一极具魅力的部分。伽达默尔认为，图像是从混沌到存在过渡的状态。也就是说，我们要超出语言（理性）才能把握图像（感性）的本质。

二是见物不见人，遮蔽了人的存在。传统认识论把图像视为思维的工具，人的感性存在状态被抽象压缩，人仅仅是思维的主体，已经不是被看作有复杂情感、有矛盾冲突的生命整体。福柯曾在《词与物》《马奈的绘画》《这不是一只烟斗》三个文本中重点讨论图像（绘画）。福柯证明同一个主题：再现的崩溃。图像不直接是对象的客观反映，它有不能被理性认识再现的地方。现象学认为，对象离不开人的意向性而存在。

三是只见树木不见森林，缺乏整体把握的眼光。传统认识论不能真正解决图像的来源问题。今天，图像成了现代人日常生活的重要部分，现代人简直被图像包围起来。图像不只是人的认识对象。当人们认识图像的时候，它早就走进人的生活、梦幻、情感和潜意识之中。

第二种图像诠释路径是图像本体诠释（存在论）。所谓图像本体诠释，是图像诠释与本体诠释的融合，是本体诠释中关于图像的诠释，或者说图像诠释中的本体诠释。

图像本体诠释涵盖五个方面的内容：

一是本书所指的图像，包括书法图像和绘画图像两个方面。

所谓书法图像，首先是指以书体为中心的图像，有基本书体和变体之分。基本书体包括古体和今体。变体是基本书体基础上的主要风格变化，如楷体中的欧颜柳赵；其次是以笔法为中心的图像，如隶书的蚕头燕尾图案；最后是以拓印为中心的图像，拓印是中国古代书法复制的主要方法，就是用宣纸和墨汁将金石等质地上的文字痕迹复制下来。中国古代对书法图像研究有文字学、金石学和史学研究三个传统。与图像学进行比较可以看到，书法的文字学研究近似于图像的自然题材研究，书法的金石学、史学研究近似于图像的特定含义研究。❶

❶ 张安平.书法的图像与诠释［J］.中国书画，2013（9）.

绘画图像就是绘画线条、色彩、浓淡、构图所构成的图像。我们将禅宗书法观与绘画观合并在一起（即禅宗书画观）与图像本体诠释进行比较（本章第二节），就是因为书法图像与绘画图像存在诸多共通处❶。

二是图像本体诠释包括自本体和对本体两种方式。

对本体的图像诠释，是对图像的本体进行诠释，即强调诠释对象图像本身的客观存在，西方文化语境下的图像诠释大多属于这一类；自本体的图像诠释，即自本体出发诠释图像，注重诠释者的主观性，主要是指中国文化语境中的图像诠释，本书讨论的禅宗书画观就属于这种类型。自本体的图像诠释，也就是从存在论出发，认为图像不是存在于头脑中的观念的东西，而是存在人的身体与世界之间的感应活动中，是身体感性存在的显现，即生命本体的呈现。

三是图像本体诠释包括"境"与"象"两个层次。

所谓"境"，是指身体体验的模糊的与非意识的存在，相当于老子所谓的"大象无形"，不仅包括"象"，而且还包括"象外之象"——虚空；所谓"象"，则是理性意识的结果，是某种孤立的、单个的存在物。区分"境"与"象"的目的在于，让境界走出理性的约束，回归到活生生的身体体验的感性存在。要认识什么是境界，唯一的途径就是进入境界亲身感受境界，不能用理性、知识去获取。相对于西方突出自我概念，《易经》和老庄、佛禅中的境界，恰恰是打破自我执着而达到心无挂念的自由状态。图像源于人的感性存在的观点，与我们诠释的禅宗书画观存在契合之处。这是下节要专门讨论的问题。

四是图像本体诠释包括三重意向行为。

图像本体诠释是诠释者从本体出发或对图像本体进行诠释的意向性行为，因此它涉及诠释者的图像意识。图像意识是关于图像的意识，包括图像意向行为与图像意向对象两个部分。其中，图像意向性行为是一种复合的意向性行为。从现象学角度来看，诠释者具有三重意向行为（三重立义）：

其一，普通感知，与之对应的意向对象则是图像事物，如所看到的纸张、墨汁、线条构图等物理层面；其二，感知性想象，与之对应的意向对

---

❶ 皮朝纲.中国禅宗书画美学思想史纲［M］.成都：四川美术出版社，2012：5-25.

象是图像客体，如山水、房屋等画面；其三，图像客体所带出的东西，即被展示的东西（图像主题）。简言之，图像意识（作为复合的意向行为）包括图像事物、图像客体和图像主题❶。三重意向行为与意向对象形成一一对应关系，图像本体诠释侧重第三重意向性行为与意向对象，也就是生命本体意向与生命本体对象。

五是身体感应活动连接着图像诠释与本体诠释。

所谓对本体的图像诠释，是从体到本的图像诠释，也就是揭示出图像的本体——人的身体感性存在，从本体论意义看，图像是存在的感性显现；❷所谓自本体的图像诠释，是从本到体的图像诠释，也就是从人的感性存在这个本体出发诠释具体的图像。

西方的图像理论大多注重对本体的图像诠释，中国古代图像理论多倾向于自本体的图像诠释。在图像认识过程中，从图像认识论向图像本体论的转向，即由现实图像世界（局部）向存在境界（整体）的超越，也是从理性意识形态（观念）向身体感性存在（存在）的超越。

二、中国古代图像本体诠释

中国古代图像论侧重于图像的自本体诠释，即图像被纳入中国传统文化的生命本体中。中国古代图像诠释，渗透着中国传统文化的艺术精神，蕴藏着丰富的生命体验意蕴。

首先，从中国古代图像本体诠释辨析图与画的异同。

中国绘画史上，图与画这两个概念是相互纠缠在一起的："图就其作为动词而言，指对一件事情的反复考虑和谋划；就其作为名词而言，则指图像和图画。画也兼有动词和名词的双重特性。作为动词，它指筹划、计划，也指画画；作为名词则指绘画作品……图与画作为动词，因兼有谋划、筹划的意思而词义相近；作为名词，一指图像，二指绘画，具有共同的视觉形象。"❸图与画所处层次不同："图"居于人心理活动的深层，"画"

❶ 程赟.作为"居间体验"的看——书法作品的现象学分析［J］.贵州大学学报（社会科学版），2020（4）.

❷ 李鸿祥.图像与存在［M］.上海：上海书店出版社，2011：63.

❸ 刘成纪.先秦两汉艺术观念史（下卷）［M］.北京：人民出版社，2017：580.

居于人心理活动的表层。"图"在表意上侧重内容,"画"具有形式分割的意义。❶ 两者主要区别与联系在于,一是"图"指向人的内在心理意图,而"画"则是趋向具体的实践活动;二是图是画的前奏,画是图的延续;三是图比画更隐蔽,离某一目标较远,画比图更直观,离某一目标更近;四是图侧重于认知价值,而画则供人欣赏,倾向于审美价值。从中国文化来看,图是对事物的全貌呈现,画则是对事物的局部呈现;图在本源上是自然的神性给予,画是人工摹拟。❷

中国传统文化中,图与画存在交叉现象。由于"图"注重内容和思想深度,所以称单幅作品为"图",如张择端的《清明上河图》、黄公望的《富春山居图》、吴镇的《渔父图》、沈周的《落花图》、倪瓒的《溪山图》、唐寅的《韩熙载夜宴图》、董其昌的《渔村夕照图》、陈洪绶的《蕉林酌酒图》、八大山人的《鱼鸟图》、石涛的《罗浮图》等。❸ 因为"画"侧重于形式,所以古人在表示某一类型的画时则以"画"命名,如人物画、山水画、花鸟画、禅宗画等。

总之,中国古代图像论重视本体诠释,具有重图(深度内容)轻画(表层形式)的倾向。

其次,从中国古代图像论本体诠释来了解象思维。

中国古代朴素的图像观,是由"象"的性质所决定的,集中体现在象思维上。刘长林《中国象科学观:易道与兵医》❹ 突出了"象"的地位,阐述了象思维的规律及其对中国传统文化的影响。王树人在比较中西思维方式时指出:"西方传统思维从一开始,就表现为理性的规定性,即对实体下定义,并进而做出判断、推理、分析、综合……但是,与此不同,中国传统思维,则表现为以'象'为核心,从而围绕'象'来展开"。❺ 王树人将中国传统思维称为"象思维",这是很有见地的。确实,中国哲学从《周易》开始,就很重视象思维。胡伟希《中观哲学导论》认为,象不仅是思维方式,作为宇宙生成图式,它还具有本体论与存在论的意义。❻ 在

❶ 刘成纪.先秦两汉艺术观念史(下卷)[M].北京:人民出版社,2017:585.
❷ 刘成纪.先秦两汉艺术观念史(下卷)[M].北京:人民出版社,2017:585.
❸ 朱良志.南画十六观[M].北京:北京大学出版社,2013:1-15.
❹ 刘长林.中国象科学观:易道与兵医[M].北京:社会科学文献出版社,2008.
❺ 王树人.中国传统智慧与艺魂[M].武汉:武汉出版社,2006:8.
❻ 胡伟希.中观哲学导论[M].北京:北京大学出版社,2016:59.

中国传统艺术中，诗书画之所以同源，是因为它们都是以"象思维"相通的。张祥龙则从现象学角度进行阐述："汉字不只是音符，又不只是象形文字，它内含象性，伏有发意之几。只有这种文字的书法或笔意方能通画意、诗意、禅意和卦意"。❶

总之，中国古代图像论注重象思维，"象"被作为把握世界本体的根本方式，具有本体论的意义。

最后，我们以《周易》、老子、庄子和禅宗的图像观为例展开论述。

其一，《周易》中的图像观。《周易》提出了作为世界本体的"易"，"是故，易者象也，象也者，像也"❷，究其实质就是"象"。明代高僧蕅益对此做出评价："所谓《易》者，不过示人以象耳。"❸《周易》的象，包括"立象以尽意"与"观物取象"的两种规定。前者是指语言概念存在局限性，而图像作为感性存在具体生动，能够表现深远的意思。后者阐明了象的来源，包括观（观照）与取（选择）两个环节。《周易》的观图法对后世审美艺术产生了深刻的影响。例如，王羲之《兰亭集序》中的名句："仰观宇宙之大，俯察品类之盛，所以游目骋怀，足以极视听之娱，信可乐也"，正是接着《周易》观物方式而来。宗白华先生在《美学散步》中也说："俯仰往还，远近取与，是中国哲人的观照方法，也是诗人的观照方法。"❹我们要抛开抽象理念和流俗的形象思维理论，才能真正把握《周易》的图像本体论的精髓。

其二，老子的图像观。老子的图像论是在《周易》"象"的基础上发展而来的。老子在《道德经》中提出了作为世界本体的"道"的核心范畴。老子言道，说是"道之为物，惟恍惟惚。惚兮恍兮，其中有象；恍兮惚兮，其中有物。"❺道是"无状之状，无物之象"❻，"大音希声，大象无形，道隐无名。"❼道与象之间形成极大的张力与弹性空间，说明象的本体是"无"，是"道"。老子言"象"，不脱离"道"与"气"，即把它置于道——

❶ 张祥龙.从现象学到孔夫子［M］.北京：商务印书馆，2011：276.
❷ 周易·系辞下［M］//十三经.北京：北京燕山出版社，1991：82.
❸ 蕅益.周易禅解［M］.刘俊堂，点校.武汉：崇文书局，2015：252.
❹ 宗白华.美学散步［M］.上海：上海人民出版社，1981：93.
❺ 憨山.老子道德经解［M］.梅愚，点校.武汉：崇文书局，2015：49.
❻ 憨山.老子道德经解［M］.梅愚，点校.武汉：崇文书局，2015：34.
❼ 憨山.老子道德经解［M］.梅愚，点校.武汉：崇文书局，2015：84.

气—象三位一体的宇宙生命整体之中，让"象"通向"气"与"道"。老子的大象无形理论，不仅引导中国古代美学艺术走向空灵境界——艺术本体与生命本体同构，而且与海德格尔的"天、地、人、神"映射整体说也很相近。老子以大象言道，却否定人的感官在悟道过程中的作用："五色令人目盲，五音令人耳聋，五味令人口爽，驰骋畋猎令人心发狂，难得之货令人行妨。"❶

其三，庄子的图像观。与老子相比，庄子的图像观更重视形而上的自由。《庄子·逍遥游》就是一篇以神话幻想塑像言道的范文。庄子塑造的自由形象，既不是为了实用和道德说教，也不是为了审美、刺激和好玩，而是为了展现生命自由的存在。庄子言象，比老子更神秘诡异，更超越逻辑语言的约束。《庄子·天地》中的"象罔"，象征着"道"的有形与无形，亦有亦无，非有非无，虚实结合。"使知索之而不得，使离朱索之而不得，使喫诟索之而不得也。乃使象罔，象罔得之。"❷ "知"（理智）、"离朱"（感官）和"喫诟"（善辨）都有各自的特长，为何不能觅得"玄珠"（道）呢？因为道是有别于存在者的存在，无论是理性认识还是感性认识都难以把握，它必须是以"有"（在场）显"无"（不在场）。庄子还描述了一些外貌丑陋的形象，强调精神自由才是最重要的。

其四，禅宗的图像观。禅宗融合了儒家和道家图像观的精华，对待图像的态度有两种。一是主张丹青（绘画图像）——不能描绘本心。禅宗认为一切外相都是虚幻不实，因缘和合所生，每一种事物都不能够孤立存在。佛道本体是"般若无相"，不能用形象表达。《维摩诘经》说："以无分别空故空"❸，《金刚经》上说"凡所有相，皆是虚妄"❹，慧能指出"无相者，于相而离相"❺，琅邪慧觉禅师阻止僧人画圆相❻，都是指一切外相均为"虚妄之相"。清代高僧道需指出，丹青不能描绘本心："如来真相原无相，

---

❶ 憨山.老子道德经解［M］.梅愚，点校.武汉：崇文书局，2015：30.

❷ 曹础基.庄子浅注［M］.北京：中华书局，1982：166.

❸ 赖永海，高永旺，译注.维摩诘经［M］.北京：中华书局，2013：81.

❹ 陈秋平，尚荣，译注.金刚经·心经·坛经［M］.北京：中华书局，2013：32.

❺ 慧能.坛经校释［M］.郭朋，校释.北京：中华书局，1983：32.

❻ 宗果.琅邪拟议便打·正法眼藏（卷一）［M］.董群，点校.郑州：中州古籍出版社，2016：15.

173

第六章　禅宗书画观与图像本体诠释

巧匠如何刻得成","三十二相都雕出，唯有梵音雕不来"。❶

二是主张假象传真，广为造像。佛教虽然认为佛道不在相，但又常借用譬喻和图像普度众生，开悟弟子，因此佛教又被称为像教。禅宗主张"不立文字"，结果用了大量的图像去暗示禅意。晚明四大高僧之一的达观真可强调像教的作用："圣人设教，大觉垂形"，目的在于"开众生本有知心，熏发本有之善"，而"圣人形化而影留，使天下后世，即影得形，即形得心，即心复性"❷。道霈在《募塑大佛像疏》中指出，"是知造佛，乃成佛因缘，不独为人天福报而已"，"其功德利益，岂止区区为一身而已哉！"❸

综上所述，《周易》、老子、庄子、禅宗图像观作为中国古代图像本体诠释的代表，其形成发展过程中带有规律性的内容是时空一体观，以及强烈的生命意识（生命本体论）。我们对禅宗书画观的自本体诠释，必须重视和借鉴民族文化资源与图像本体论所蕴藏的智慧。

三、中国当代图像本体诠释

中国当代图像本体诠释是在中国古代图像本体诠释基础上，吸收西方现象学存在主义理论精华，进而融合的产物。中国当代图像本体诠释，既超越了图像认识论的重理性而轻感性存在的局限，且与禅宗书画观的本体诠释研究采用的本体诠释方法相契合。❹

我们认为，中国当代图像诠释主要包括三个方面的内涵。

其一，把握了存在内涵。

在海德格尔看来，以往的哲学将存在者与存在混为一谈，思考的是存在者并不是存在。"哲学作为理性活动，在思想事实的时候，通常都会采用先设定一个观念（理式、神、绝对精神、自由、图式），然后以这个观念为本，来提升自我意识以思想事实。"❺佛教认为，人的观念产生之前，

❶ 道霈.世尊旃檀瑞像赞·为霖禅师旅泊庵稿（卷四）[M]//新编卍续藏经（第126册）：58.

❷ 真可.募写十六开士道影疏·紫柏尊者全集（卷十三）[M]//新编卍续藏经（第126册）：866, 869.

❸ 道霈.募塑大佛像疏·为霖道霈禅师餐香录（卷下）[M]//新编卍续藏经（第125册）：894.

❹ 李鸿祥.图像与存在[M].上海：上海书店出版社，2011.

❺ 李鸿祥.图像与存在[M].上海：上海书店出版社，2011：42.

人就已经存在，人的任何观念都是存在着的人的观念。因此，不能通过人的意识观念去认识事实本身。事实本身应该如何把握呢？这就需要真切地领会存在的内涵。"用一个通行的说法，存在就是个体的、感性地活着。"❶人类要做的不是超越现在的存在，而是超越观念，回到现在——存在本身。把握存在的内涵，对于理解图像本体具有十分重要的意义。存在是感性的存在，它不同于感性认识、非理性活动，更不同于理性抽象。

因此，所谓的图像本体，其实是人的感性存在。在进行图像本体诠释的时候，真正的问题是发现被理性所遮蔽的感性，而不是去解释世界和改变理性。在认识世界之前，人与世界已经联系在一起。这个中介就是法国身体现象学家梅洛·庞蒂所强调的身体感性存在。感性的觉悟，乃是人的真正觉悟，这是感性存在论对于一切认识和实践活动的本源性意义。当然也是我们认识图像本体的关键所在。

其二，厘清了图像与存在的关系。

存在是人的活着的现在，图像就是这种存在的显现。人们为什么要观看图像？也只能从人的存在着手去分析。换句话说，图像不是意识观念的反映，而是存在即动态的、不确定的、转瞬即逝的身体感性的表现。而身体感性是联系人与世界之间的纽带，要寻找图像的来源，离开人的感性存在别无他途。人的存在活动是视觉图像的本源和前提条件，仅有观念绝对不能把握图像的最终本体。以往的二元对立的认识论，只是人作为主体与图像作为客体之间的单向度的认识关系，而没有把握两者之间更加深刻的存在关系，这是认识论不能解决视觉图像本体的根本原因。

其三，讨论了图像的实用与审美特性。

出于不同的目的，图像便会有不同的特性。一般来说，图像具有实用和审美两种特性。例如，对于商人来说，一幅画具有实用属性，而对于画家来说，则具有审美属性。根据胡塞尔的观点，图像的本质是相似性。"图像则通过相似性而与实事相联系。如果缺乏相似性，那就谈不上图像。"❷胡塞尔进一步分析图像的图像性。他认为视觉图像不同于符号，不是一个与意识相对立的对象，而是直观活动中由主体意向性构成的客观对象。西方思想家在探讨图像性质，经历了传统形而上学的观念本质论、主

---

❶ 李鸿祥.图像与存在［M］.上海：上海书店出版社，2011：45.
❷ 胡塞尔.逻辑研究（第二卷）［M］.倪梁康，译.上海：上海译文出版社，1999：53.

体论，到现象学的关系本质论、过程本质论的过程，都忽视了图像的本源——人的当下活动。把图像与符号混为一谈，关键原因是停留于认识论，而没有从存在论去把握。

第二节　禅宗书画观与图像本体诠释

所谓图像本体诠释，不是传统认识论的图像理论，而是从本体出发或者揭示图像的本体，即将图像诠释与本体诠释相结合的方法和图像论，相当于图像存在论的基本内涵。禅宗书画观的图像本体诠释，即从图像本体（生命存在）出发，诠释禅宗书画观中所蕴含的智慧。本节重点考察禅宗书画观与图像本体诠释的共通性与差异性。

一、禅宗书画观与图像本体诠释的共通性

禅宗书画观与图像本体诠释作为不同时代语境的图像观，起码存在以下四个方面的共通性：

首先，两者都超越了认识论，强调生命存在视角。

图像本体诠释，不管是中国的自本体诠释，还是西方的对本体诠释，都不是从认识论的抽象观念出发，而是强调当下身体存在在图像生产和鉴赏活动中的主体地位。李鸿祥在《图像与存在》中指出，西方思想家在探讨图像性质，从传统形而上学的观念——本质论、主体论，到现象学的关系本质论、过程本质论，都忽视了图像的本源——人的当下活动。图像存在论其实就是从人的身体感性出发，探究图像存在的根源，即重视图像感知与消费欲望。视觉快感与消费欲望是视觉图像表层的"可见部分"，而人生感与历史感、全球化与宇宙感则是图像的"不可见部分"。"只有把图像置于人的活动中，才能够理解它的意义。但是，问题在于，如何从人的存在转向现实所看到的图像对象，还是一个很难解决的问题。因为，观看本身并不只是一个视觉活动，同时也是一个身体整体的存在活动。"❶ 在梅

  ❶　李鸿祥.图像与存在［M］.上海：上海书店出版社，2011：8.

洛·庞蒂看来，存在是被身体"看到"的生存联系。身体是含糊的、不能定义的，生存也是不确定的，因而对存在整体的把握，关键在于理解和领会。理解和领会主要是审美经验。身体及其所介入的世界表明，内部的东西和外部的东西、主观的东西和客观的东西是不可分的。

　　1993年德国诠释学者伽达默尔发表《言辞与图像中的艺术作品——"如此的真实，如此的存在！"》[1]一文，作为艺术哲学的最后论断，他抓住图像来直接界定存在的内涵与等级，试图找出一个使绘画和雕塑图像成为艺术并使诗成为艺术的共同性。他认为图像类艺术与言辞类艺术的共同点都不是以使用为目的。认为艺术是一种被展出的存在。伽达默尔以图像的本质来界定艺术经验。他将存在界定为三种状态：一是混沌状态，二是由混沌向存在过渡状态，图像就是这种处于变化的状态，三是固有的已经变成了的存在状态，即被语言系统确定下来的存在状态。他认为，言辞类与图像类艺术就其本质上来说都是没有完全变成语言或传统的图像式存在，也就是从混沌向存在的变化。

　　法国现象学学者梅洛·庞蒂后期寻找的是"一种全新的光的理念"，并在法兰西学院课堂解释说："真实本身就是暧昧不明的"[2]，这一观点使人看见图像即看见其中的真理的自行显现。梅洛·庞蒂还提出"光是存在的永恒特征"[3]，令人想起明代高僧达观真可的一句名言"心外了无法，文字心之光"[4]，达观真可所谓的"心之光"，类似于梅洛·庞蒂在图像诠释的"存在之光"。两者都指向人与世界的瞬时显现。

　　因此，图像本体诠释中的这种存在的视角与禅宗书画观中反复强调本心（生命本来面目）的观点存在某种相通之处。

　　其次，两者都承认图像在显现本体时的局限性。

　　图像本体诠释并不主张图像是万能的。法国图像研究学者雷吉斯·德布雷论述了视像是不可靠的。他列出的理由有：一是镜头背后有人控制；二是视像的镜头往往是一面看的；三是视像无法反映抽象而深刻的东西，

---

❶　李鸿祥.图像与存在［M］.上海：上海书店出版社，2011：317-350.

❷　莫罗·卡波内.图像的肉身：在绘画与电影之间［M］.曲晓蕊，译.上海：华东师范大学出版社，2016：138.

❸　莫罗·卡波内.图像的肉身：在绘画与电影之间［M］.曲晓蕊，译.上海：华东师范大学出版社，2016：144.

❹　皮朝纲.中国禅宗书画美学思想史纲［M］.成都：四川美术出版社，2012：364-365.

第六章　禅宗书画观与图像本体诠释

177

诸如自由平等的问题。他还分析了视像时代图像世界存在的许多矛盾现象。例如，"电视向世界开放；电视遮蔽了世界。"❶ "电视是绝佳的储存器；电视是有害的过滤器。"❷

禅宗书画观是禅师个体存在的体现，禅师的书画观是禅师面向内在世界的本体呈现（内观）。禅宗提出"不立文字，直指人心"，如清代为霖道霈指出的"如来真相原无相，巧匠如何刻得成？"❸ 广义的文字也包括书画图像，不能直接呈现真如本体。其目的在于启发人自证自悟，促使人对存在的自觉。佛禅将这种面向内心领悟存在的自觉方式称为内观。内观不同于反思，内观是舍弃自我意识、让心灵处于寂静状态的直觉活动，而哲学上的反思则是在自我意识基础上的深沉思考。存在不是去理性认识的对象，而是人所能够感受和体验到的"现在"，是非对象化的瞬间，禅师对书画的论述观点与图像本体诠释方法，都是对应于图像或书画之"不可见部分"，即人生感和历史感、宇宙感。图像本体诠释中的图像源于人的感性存在的核心观点，与我们诠释的禅宗书画观中关于书画与本心关系命题存在某种契合。

所以，图像存在论与禅宗书画观在本体诠释上存在相通之处。

再次，两者都具有"可见性"与"不可见性"的双重性。

图像本体诠释即从存在论角度，透过图像的"可见部分"，去发现图像"不可见"的部分，说明图像中的"观看"与图像背景不可见的部分意识、语言存在很大的相关性。

禅宗书画观也有可见部分与不可见部分，即张世英先生指出的显隐关系，是一种自反性的文化形态。例如，唐五代时期的禅宗书画观之所以形成本土化、直觉化的特点，是因为当时印度佛教思想逐步走向中国化的结果。宋元时期，禅宗书画观受理学思想和文人画的影响，其实就是当时文人意识的渗透。

简言之，视觉图像的精神本体与禅宗书画观的精神本体相似，都是人

❶ 雷吉斯·德布雷.图像的生与死：西方观图史［M］.黄迅余，黄建华，译.上海：华东师范大学出版社，2014：305.

❷ 雷吉斯·德布雷.图像的生与死：西方观图史［M］.黄迅余，黄建华，译.上海：华东师范大学出版社，2014：309.

❸ 道霈.世尊游檀瑞像赞·为霖禅师旅泊庵稿（卷四）［M］//新编卍续藏经（第126册）：58.

类文化学的研究对象。

最后，两者可以相互转化，走向视界融合。

禅宗书画观可以置于图像本体诠释即存在论中去补充、发展，把书画揭示为禅师的存在状态，内观视为存在的显现，而现代图像本体诠释亦可作为研究禅宗书画观的视角与诠释经验。我们也可以通过禅宗书画观来加深对现代图像本体诠释的理解，如对梅洛·庞蒂的身体现象学、福柯的目光考古学的理解，以此丰富和发展图像本体诠释的内涵与意义。这种探索将禅宗书画观本体诠释推向一个新的高度。禅宗书画观的图像本体诠释，就是在第四章本体诠释基础上添加了图像诠释的维度，使我们的研究步步深入，获得巨大的立体效果。

尽管图像的特征各不相同、表现形态千差万别，但它们在本质上却是相同的，那就是：它们都强调图像的生命体验意蕴，均有时空一体的感悟。也就是说，无论是创作性图像还是复制性图像，都必须在特定的空间中包孕特定的时间。禅宗书画观所指的绝对不是抽象的观念，而是特定时空中的"体悟"，即"万古长空，一朝风月"❶的不可复制的瞬间，直观感性的"应无所住而生其心"❷的当下。特定的时空存在性，是两者转化的根本原因和基础。

二、禅宗书画观与图像本体诠释的差异性

禅宗书画观与图像本体诠释两种话语体系之间不仅具有共通性，而且还存在明显的差异性。禅宗书画观与图像本体诠释的差异性具体表现在产生背景、表达方式和沟通效果三个方面：

其一，两者产生背景不同。

图像本体诠释是在存在论和视觉图像文化背景下形成的观点，是西方20世纪存在主义哲学思想与视觉文化理论的相互交融的产物。

禅宗书画观是在禅宗的本体范畴、文化蕴藉、诗性智慧等哲学、文化和艺术生成语境下形成、演变来的，与禅宗文化存在着深层的同构性。如

❶ 普济.五灯会元（卷二）·天柱崇慧禅师［M］.苏渊雷，点校.北京：中华书局，1984：66.

❷ 金刚经·心经·坛经［M］.陈秋平，尚荣，译注.北京：中华书局，2013：49.

八大山人的书画观与他的悲惨生存处境、佛教信仰有密切关系。再如把握宋元禅宗书画观的特点，就必须考察宋代政府对待宗教的政策态度、理学思潮、文人画、士大夫的喜禅、印刷术的发展、文字禅兴起、文化整合需要等诸多因素。

其二，两者表达方式不同。

法国学者雷吉斯·德布雷在其专著《图像的生与死：西方观图史》中阐述了图像本体诠释的观点。他认为，人类之所以要塑造图像，首先不是为了观看或者审美鉴赏，而是因为图像具有抗拒死亡、延续生命的功能。也就是说，先有人的死亡，后有制作出来的雕像、塑像、画像等一系列的图像。他说，如果没有死亡也就没有图像的产生。他认为，将人类容易腐朽的东西永远保存下来，是人类的普遍要求，而图像正是适应这种要求的产物。图像的源初形态是具有魔幻色彩的偶像，也就是死者的替代品。在他看来，宗教与图像的关系密切，"图像的目的原在于拉近人和超自然的距离"。❶雷吉斯·德布雷还指出，图像与书画动态性质不同，指示的方向也不一样。图像诠释运用了许多专业术语，具有鲜明的理性色彩。

禅宗书画观作为禅意的书画呈现，是个体独特的符号表达行为。其表达方式不是逻辑概念的抽象表达，而是运用公案、机锋、偈语、诗句等超逻辑甚至超常识的诗性话语。禅宗书画观不是抽象的理论话语，甚至还带有非逻辑、非理性色彩，强调"观"空的虚境。禅宗书画作品必须是在宁静状态下进行观看、领会，不能几个人一起看，也不能半睡状态来看。在禅宗书画活动中，书画只是作为图与像之间的中介，既不能取代"像"，也不能代表"本心"。因此，在有关禅宗书画的公案中存在大量的丹青（画画）不能描写本心的论述。真可非常喜欢《法华经》，并得到深刻的启示。"及读唐修雅法师《法华经歌》，则若庖丁解牛，公输子之为匠，而纵横逆顺，精粗巨细，皆大白牛之全体也。"❷真可借用禅宗"露地白牛"公案阐发观点。再如清代高僧为霖道霈用影子打比方："尝观佛祖众生亲从

❶　雷吉斯·德布雷.图像的生与死：西方观图史［M］.黄迅余，黄建华，译.上海：华东师范大学出版社，2014：2.

❷　真可.跋周叔宗听《法华歌》·紫柏尊者全集（卷十五）［M］//新编卍续藏经（第126册）：900.

法身现起，都是个影子。而丹青者，又于影上现影。"❶意思是说，法身（本来面目）不能通过绘画直接表达。

其三，两者沟通效果不同。

图像本体诠释注重图像的身体感性存在，把人的存在作为图像观看活动的前提和基础。也就是说，离开人的存在，图像观看活动就没有根据和意义。图像本体诠释特别关注世俗社会群体的广泛领域，以及传播速度快的事物，侧重社会影响的广度。对广大观看者与图像之间的沟通问题极其感兴趣。

禅宗书画观是在中国传统文化语境中形成发展起来的书画著述里的观点态度，当时的读者主要是参禅悟道的僧侣和文人，它的传播范围、影响广度不及图像本体诠释。关于禅宗书画观与图像本体诠释沟通效果的差异，这里选两个例子加以说明。

一是以艺术中的狂欢与沉思两种类型为例。禅宗书画观是沉思类型，因为它是书画僧或居士在入定状态下，对书画本体与本心、书画家与心源关系的沉思，对书画创作与鉴赏等的深度体验；而图像本体诠释则是面向大众的图像狂欢状态的理论概括。

二是我国现代学者胡适与日本禅师铃木大拙对待禅宗的两种截然相反的态度，前者立足求证，后者侧重体验。图像本体诠释就是胡适所喜欢的求证方式，而禅宗书画观则是铃木大拙力主的生命体验的方式。正如清代高僧澹归今释所言："所已游者，以意游之，意中有画。所未游者，以画游之，画中有意。药地和尚，作此补足力之不逮。尺幅以内，万里为遥。"❷他在发表绘画鉴赏批评时，强调主体"游"的情感体验，而不是求证与逻辑的力量。

总之，禅宗书画观是禅门的书画观（诗性智慧），而不是世俗大众化的视觉图像观，侧重于书画活动背后的大"佛事"——蕴含着微妙而丰富的生命体验与禅悟价值。

❶ 道霈.鼓山诸祖道影记·为霖道霈禅师还山录（卷四）[M]//新编卍续藏经（第125册）：971.

❷ 澹归今释.题药地大师画册·遍行堂集（上）（卷十六）[M]//明复.禅门逸书续编（第4册）.台北：汉声出版社，1987：357.

本章小结

本章是在本体诠释的基础上，结合中外图像诠释理论，提出图像本体诠释方法和思路。

国外的图像本体诠释，重视对本体的图像诠释，而中国古代的图像诠释，则强调自本体的图像诠释。中国古代，关于图像的看法，主要强调图像的本体性阐释。中国图像诠释渗透中国传统文化精神、蕴含生命体验意蕴。

禅宗书画观与图像本体诠释的共通性：一是两者都超越了认识论，把身体感性存在作为图像的根源；二是两者都具有可见与不可见的双重性；三是两者都存在表现本体的局限性；四是两者可以相互转化，走向视界融合。

禅宗书画观与图像本体诠释的差异性：两者产生背景、表达方式和沟通效果不同。

其一，产生背景不同。图像本体诠释的哲学文化背景是西方存在主义和视觉图像文化，具有鲜明的现代性和时代特征。禅宗书画观与唐代以后的封建文化尤其是唐代佛教文化之间存在深层次的联系。

其二，表达方式上的差异。图像本体诠释大都通过概念术语来建构完整的话语体系。它的逻辑性强，接受者认识的成本也较低。禅宗书画观运用公案、偈语、诗句等形式，禅宗书画观注重直觉感悟，带有非理性色彩。

其三，沟通效果上的差异。图像本体诠释注重图像的身体感性存在，把人的存在作为图像观看活动的前提和基础，并且特别关注世俗社会群体的广泛领域，以及传播速度快的事物，侧重社会影响的广度。

下编·禅宗书画观的价值论

引　言

本编是禅宗书画观的本体（禅意）在经验世界中的具体展开与运用，即是从价值的角度诠释禅宗书画观在美育实践中的具体运用即超融美育价值。禅宗书画观的超融美育价值包括三个层面：即从人的身体感应层面、生命沉思层面和宇宙超融层面，分别考察禅宗书画观的超融美育价值。

在禅宗书画观的生成语境、演变历程（上编）、本体诠释（中编）基础上，我们还要进一步探讨其美育价值（下编）。主要从以下三个方面考虑。

首先，马克思主义强调价值的重要性。马克思主义哲学主张实践论基础上的认识论与价值论的统一。在价值论中，客观指向主观，而在认识关系中，主观指向客观。如果离开了人的目的性（价值），世界上任何事物的存在（认识）都没有意义。缺乏价值论的分析，任何学术理论研究都将失去意义。❶因此，我们关于中国古代禅宗书画观的研究，不仅涉及生成论和本体论的问题（认识论的问题），而且更应该关注价值论的问题。

其次，生命体验美学的启发。生命体验美学认为，美学所面临的不是一个实在的世界而是一个意义的世界。❷所谓意义的世界，也就是体验的世界。体验是将主客对立融为一体的过程，与生命生活共在的"经历"，也是清代学者王夫之提出的"身之所历，目之所见"。❸王夫之曾以"现量"说来阐释诗人"即目会心"的直感❹。中国传统哲学就属于诗化哲学（体验），西方现代哲学也是从传统理智型转向体验型的。审美体验是超越因果逻辑和物理时空的，正如朱光潜先生所说："他忘记时光的飞驰，刹那对于他便是终古。"❺北京大学著名美学家叶朗先生指出："美感不是认

❶　陈明.审美意识价值论［M］.合肥：安徽大学出版社，2006：1-3.

❷　潘知常.中国美学精神［M］.南京：江苏人民出版社，2017：367-368.

❸　叶朗.中国美学史大纲［M］.上海：上海人民出版社，1985：460.

❹　李壮鹰.中华古文论选注（下册）［M］.天津：百花文艺出版社，1991：227.

❺　朱光潜.文艺心理学·朱光潜美学文集（第一卷）［M］.上海：上海文艺出版社，1982：17.

识，而是体验"❶。中国美学是超越对象性思维的非实体的生命美学，具有"道"的本源性、遍在性和超越性的特点。❷ 禅宗和禅宗书画观则是中国美学的杰出代表，在克服二元对立、超越自我，比起康德和尼采还要彻底。❸ 著名禅宗美学专家皮朝纲先生发表了精辟的见解："中国传统美学特别关注人生，重视生命，强调体验，从而独具风采，它既是人生美学，又是生命美学，又是体验美学。""禅宗美学使中国美学加深了对于人生、宇宙的诗性领悟，同时也使中国传统美学增添了于现世人生中使人生诗性化的内容与理论。"❹ "诗性领悟""人生诗性化"，指的正是中国传统美学注重体验的意思。禅宗美学是中国古代美学中最注重人生体验与生命价值的美学。临济义玄禅师所谓的"无位真人"，其实是超越自我的"真我"（"空"或"无"）。这个"空"或"无"，"不立文字""直指人心"，意思是只能妙悟体验，绝对不能用认识论的有与无去分析。

因此，我们说禅宗不同于西方的思辨哲学与宗教哲学，而就是生命体验美学；禅宗书画观蕴藏着丰富的禅意，隽永的诗意。因此，我们有必要从生命体验美学角度，对禅宗书画观的美育价值做出深入研究。

再次，禅宗书画观确实具有丰富的美育价值。美育价值是审美活动中属于人的存在与超越的价值。所以，美育必须关注人的生命存在意义。我们认为，人的生命包括三个层次❺。

一为身体感应层次。人作为身体的存在，就是指人首先依赖身体而存在，身体居于何处，存在于何时，这种最基本的身体处所，就是身体感应层次。身体存在不是脱离世界的抽象存在，而是人的生命在世界中的存在，即处身性的存在。法国知觉现象学家梅洛·庞蒂提出身体性在世的观点。他认为，精神必须奠基于身体，而且它不可能离开身体和知

---

❶ 叶朗.美学原理［M］.北京：北京大学出版社，2009：89.

❷ 潘知常.中国美学精神［M］.南京：江苏人民出版社，2017：88-96.

❸ 张世英.哲学导论［M］.北京：北京师范大学出版社，2014：79-91.张先生在该书第八章禅宗关于超越自我的思想时指出，康德、尼采在超越自我方面存在实体性、超验性的局限，没有达到自我的空灵性。只有禅宗彻底超越了自我，达到了自我的空灵性。他用"真我"指代禅宗超越自我的"无"。

❹ 皮朝纲.禅宗美学思想的嬗变轨迹［M］.成都：电子科技大学出版社，2003：284.

❺ 此处关于人的生命层次的看法是受到有关学者的启发并经过本人的思考而提出的。参见封孝伦：《人类生命系统中的美学》，安徽教育出版社，2013：二章第一节《人有三重生命》。

引言

185

觉。●身体是一个原初的空间，不但能开辟一个实际的生存空间，而且也可以开辟一个想象的空间，都反映着身体主体在一个具体环境中的扎根。❷由此可见，人的身体存在（身体感应），是人的生命沉思和宇宙超融层次的基石。

二为生命沉思层次。人作为生命沉思的存在，是指人这种存在不同于其他事物和动物的存在。在实际的生存生活过程中，去成为什么，存在多种可能性，出离自身（现有层次），又生成自身（另一层次）。人就是一个从生到死的不断展开过程。❸这个生存过程，不仅仅是生理过程，更重要的是生命沉思和选择过程，即选择去成为什么，选择成为自己的可能性。把人的生命当作每时每刻作出自由选择的过程，这便是人的生命沉思层次。

三为宇宙超融层次。人的生命不仅具有身体感应、生命沉思层次，还有宇宙超融层次，即人的生命存在感悟宇宙并与宇宙融为一体，人的身体、生命必须依赖宇宙万物而存在。用海德格尔的话说，人在世界之中存在。人自身的展开，就是世界的展开过程。在中国传统文化中，宇宙是一个与人的生命（即内宇宙）合为一体的大宇宙概念。人类社会是生命的一次伟大的成功。当人完成精神生命之后，还在谋求一种宇宙生命，"人类正在运用智慧尽可能地延长自己的生命。'永恒'不过是遥远的看不见的地方，只要活着，就有希望。"❹有学者在讨论中国书画时也提到"宇宙生命"："充盈于万物中的宇宙生命的宏流在文人书法家那里都能够最精确、最深刻地转生到书法之中，因而，流淌着宇宙的永恒生命的书法空间中，自然也包容着书法家文人们的自由精神。"❺与中国书画密切相关的禅宗书画观中也隐含着宇宙生命意蕴。关于宇宙的含义，我们将在第九章第二节专门进行深入的诠释。

禅宗书画观具有身体超融美育价值、生命超融美育价值和宇宙超融美育价值三个方面。

❶ 张尧均.隐喻的身体：梅洛·庞蒂身体现象学研究［M］.北京：中国美术学院出版社，2006：37.

❷ 张尧均.隐喻的身体：梅洛·庞蒂身体现象学研究［M］.北京：中国美术学院出版社，2006：65.

❸ 牛宏宝.美学概论［M］.北京：中国人民大学出版社，2013：142-143.

❹ 封孝伦.人类生命系统中的美学［M］.合肥：安徽教育出版社，2013：115.

❺ 陈滞冬.中国书画与文人意识［M］.桂林：广西师范大学出版社，2017：90.

第七章　禅宗书画观的身体超融美育价值

本章从人的身体存在来阐述禅宗书画观的美育价值。本章沿着本—体—用三个环节论述：一是把握禅宗身体观的内涵、特质（本），二是揭示禅宗书画观的身体感应内涵（体），三是论述禅宗书画观的身体超融美育价值（用）。

第一节　禅宗身体观

从宏观层次看，禅宗具有以心观身（本）的身体观。所谓以心观身，是指禅宗看空肉体的修行方法。本节先界定禅宗身体观的内涵，然后比较禅宗身体观与儒、道身体观的异同，旨在深入把握禅宗身体观的思想渊源与创造特质。

一、禅宗身体观的内涵

佛教把身体视为因缘聚集之所，而禅宗则特别注重身体内省、亲证活参的观念。佛教三身有多种不同的说法，比如有法身、报身、应身说；又有法身、应身、化身说；还有自性身、受用身、变化身之说。[1] 法身是指佛之本体，无漏无为，超越了色身，那是一种奇境，可给视觉艺术以灵感。报身是以法身为因，通过修炼而得到佛果之身。化身则是佛或菩萨暂时出现于凡间之形体。[2] 化身观念由印度传入中国，隋慧远说："佛随众生现种种形，或人或天，或龙或鬼，如是一切，同世色像，不为佛形，名为

---

[1] 董群.禅宗伦理［M］.杭州：浙江人民出版社，2000：152-153.
[2] 黄鸣奋.数码艺术潜学科群研究（第1册）［M］.北京：学林出版社，2014：402-403.

化身。"❶在慧远看来，法身为了超度众生而显现的幻相，就是化身。❷鸠摩罗什回答慧远的疑问，"法身可以假名说，不可以取相求。"❸法身也是名言假说，是无相可求的。因为一切都是因缘和合的，佛、菩萨也没有真正的实体存在，"不须戏论有无之实也"。❹而"化身"一词为了应对排佛的倾向，同时也对文学艺术产生的影响较大，因为它给人留下大的想象空间。化身在把握世俗之身与法身区别的基础上，把修行落实于当下生活之中。明代郭正域《无念传》："身外无身，界外无戒，在处有佛，又何指方寻佛？本性即佛，佛外更何有佛？佛外更寻他佛，又何佛之有哉？"❺这种观念打破了现实生活与修道的鸿沟。明代达观真可禅师认为："知足，则茅茨土阶虽瑶宫金屋不能过之；不知足，虽处九天之上，若在沟壑。虽然，有身而无心，荣辱谁知？有心而无身，苦乐谁受？"❻身心应该在知足基础上才能统一。

　　禅宗提出一体三身自性佛说，也就是从自性出发解释佛三身。慧能说："令善知识兼自三身佛：于自色身归依清净法身佛，于自色身归依千百亿化身佛，于自色身归依当来圆满报身佛。色身者是舍宅，不可言归。向者三身在自法性，世人尽有，为迷不见，外觅三身如来，不见自色身三身佛。"❼什么是法身呢？慧能说："于自性中，万法皆见，一切法自在性，名为清净法身。"❽慧能对报身的理解："念念善即是报身。"他对化身的解释则是："从法身思量，即是化身。"❾在慧能看来，法身就在自性之中，三身佛都是由众生自性所派生出来的，不必外求。慧能的一体三身自性佛说，集中体现了禅宗的自性身体观。慧能之后的禅宗学人发展了慧能的学说。如吸收唯识宗的八识思想，把三身阐述为："转灭三心得三身：一根本心，即第八识转得法身；二依本心，即第七识转得报身；三起事

❶　慧远.大乘义章（卷十九）［M］//大正新修大藏经：704.
❷　方立天.中国佛教哲学要义（上册）［M］.北京：中国人民大学出版社，2012：151.
❸　方立天.中国佛教哲学要义（上册）［M］.北京：中国人民大学出版社，2012：151.
❹　鸠摩罗什法师大义.问法身感应并答［M］//大正藏（第45卷）：130.
❺　郭正域.无念传·合并黄离草（卷二十三），明万历刻本：494.
❻　真可.足轩铭·紫柏老人集（卷十一），明天启七年释三炬刻本：352.
❼　慧能.坛经［M］.郭朋，校释.北京：中华书局，1983：39.
❽　慧能.坛经［M］.郭朋，校释.北京：中华书局，1983：39.
❾　慧能.坛经［M］.郭朋，校释.北京：中华书局，1983：39.

墨香禅意——中国古代禅宗书画观研究

心，即前六识转得化身。"❶

按照禅宗的观点，身体所在之处就是成佛的途径。下面从亲证活参的缘由、类型与意义三个方面予以探讨。

其一，亲证活参的缘由。

禅的内涵决定了亲证活参的重要地位。禅宗之禅，是老庄"象罔"思想基础上发展的强调意在言外的一种意境。既然是一种意境，就要"不立文字，直指人心"。亲证活参是禅宗获得这种意境的途径与方法。所谓亲证活参包含两层意思：

一是亲证即存在还原，重视内省。内省是超越逻辑语言，直接体验自身的实相，自我观察的技巧。内省也是佛陀的内观（Vipassana Meditation），通常被形容为灵观一闪的洞见，或是对真理的直观。❷借用海德格尔的话说，亲证就是作为此在（Dasein）的个人切身体验存在（Sein）的方法。❸活参即自由解读，不拘形式，领会内涵，灵活随机。参活句，是禅宗修行的方法，意思是参禅者要破除对宗教教义的僵化刻板的理解。五代时期禅宗云门宗德山缘密禅师首次提出"参活句"：

上堂：但参活句，莫参死句。活句下荐得，永劫无滞。❹参活句就是以自己的身体直觉去体会，不拘泥于宗教教义的字面意思。

二是身体作为禅修与生活结合的媒介。禅师认为，在日常生活中照样可以修行，身体的一举手一投足便可以参禅悟道。"沩山一日见师，即以两手相交过，各拨三下，却竖一指。师亦以两手相交过，各拨三下，却向胸前仰一手覆一手，以目瞻视，沩山休去。"❺在这里，沩山与仰山二话不说，纯粹以身体动作表示体用相融的禅理，身体成为它们交流的媒介。"农禅""普请"是亲证活参的催化剂。早期禅宗主要是北方失去土地的流民，他们"向南方移动，其规模之大，持续之久，以及由此推动江淮、东

---

❶ 方立天.中国佛教哲学要义（上册）[M].北京：中国人民大学出版社，2012：160.

❷ 威廉·哈特.内观：葛印卡教授的解脱之道[M].海口：海南出版社，2009：119.

❸ 海德格尔.康德和形而上学问题[M]//孙周兴.海德格尔选集.上海：上海三联书店，1996：115-119.

❹ 普济.五灯会元（卷一五）·德山缘密禅师[M].苏渊雷，点校.北京：中华书局，1984：935.

❺ 普济.五灯会元（卷九）·仰山慧寂禅师[M].苏渊雷，点校.北京：中华书局，1984：530.

南、岭南等地区的开发，在历史上曾蔚为壮观。"❶《百丈清规》中的"普请"制度，对于禅宗修行方法的影响深远。所谓"普请"，规定禅寺上下共同农业生产劳动。一日不作，一日不食。参与修行者亦农亦禅，自给自足，改变了传统佛教靠他人供养的生存状态。在探究禅宗亲证活参方法形成历史与缘由时，特别值得注意的是，"农耕是所在僧众存活的重要依据。"❷

其二，亲证活参的类型。

禅宗亲证活参的类型多种多样。从身体部位来说，有面部的、手部的、足部的，有全身的，也有局部的。如俱胝和尚因见天龙竖一指而开悟❸，雪峰义存作丈夫拜❹，沩山灵佑与仰山慧寂用手势交流，双方动作如同打哑谜❺。禅宗还有借用器具参禅的，如挥棒、竖拂、拈花、磨砖、推门、拍床等。禅宗亲证活参即存在还原，有切记体认和身临其境两种方式。❻切记体认就是设身处地去领会禅意，而身临其境则是身体直接参与其中。

其三，亲证活参的意义。

亲证活参的意义包括两个方面。一是超越语言局限，具有直观效果。俱胝和尚向天龙和尚问道，天龙竖起一个指头予以回应，俱胝和尚当下悟道。自此凡有学者参问，俱胝便举一指头一日潜袖子刀，问童曰："闻你会佛法，是否？"童曰："是。"师曰："如何是佛？"童竖起指头，师以刀断其指，童叫唤走出。师召童子，童回首。师曰："如何是佛？"童举手不见其指头，豁然大悟。这就是著名的"一指头禅"。❼俱胝和尚从天龙参悟一指头禅，童子依样画葫芦也跟着竖起指头，并没有领会"一指头"的禅意，拘泥于动作本身，缺乏"活参"（于相而离相）。万法归一的佛理，一根指头就直观地启发，何其简单明了，没有语言逻辑那么复杂

❶ 杜继文，魏道儒.中国禅宗通史［M］.南京：江苏古籍出版社，1993：3.
❷ 孙昌武.中国禅宗十五讲［M］.北京：中华书局，2016：222.
❸ 普济.五灯会元（卷四）·金华俱胝和尚［M］.苏渊雷，点校.北京：中华书局，1984：250-251.
❹ 普济.五灯会元（卷七）·雪峰义存禅师［M］.苏渊雷，点校.北京：中华书局，1984：384.
❺ 普济.五灯会元（卷九）·仰山慧寂禅师［M］.苏渊雷，点校.北京：中华书局，1984：527.
❻ 周裕锴.中国古代阐释学研究［M］.上海：上海人民出版社，2003：260-261.
❼ 普济.五灯会元（卷四）·金华俱胝和尚［M］.苏渊雷，点校.北京：中华书局，1984：250-251.

难懂。二是发挥动作的象征功能，启发学人开悟。所谓动作的象征意义，是指动作感性形象和超越性意义的合一状态。^❶ 请看马祖道一启发百丈的公案：

> 马大师与百丈行次，见野鸭子飞过，大师云："是什么？"丈云："野鸭子。"大师云："什么处去也？"丈云："飞过去也。"大师遂扭百丈鼻头，丈作忍痛声。大师云："何曾飞过？"^❷

在这则公案中，马祖扭百丈鼻头，是想提醒他肯定生灭法的错误，即打破百丈的主观（我执）和野鸭子飞过之客观（法执）对立分别心。

二、禅宗身体观与儒家身体观的异同

首先，禅宗身体观与儒家身体观之间具有共性。

两者都重视个体的入世修炼，追求身体与环境的和谐统一。

儒家基于天人合一的思维方式，把个人的修养与宇宙大道连为一体。儒家提出"道不远人"，"为仁由己"，"君子求诸己，小人求诸人"。自春秋君子阶层以至孔、孟、荀对待身体感官的态度一方面直面人生、承认感官存在作为生命基础的意义，另一方面将感官功能置于人文规范、精神修养的框架中加以谈论。例如，孔子本人在齐闻韶"三月不知肉味"；在饮食时讲究"食不厌精，脍不厌细"。朱子解此句为："食精则能养人，脍粗则能害人。"^❸ 钱穆不同意他的解释，认为："厌胶足义，不厌不饱食也。孔子曰：'疏食饮水，乐在其中'又曰：'士耻恶食，不足与议。'不因食脍之精细而特饱食。"^❹ 李泽厚以为孔子确乎多次表示饮食方面不应讲究的话，但此处恐不然。因为"全章都是记述孔子很讲究饮食起居，这正是儒学重生的具体表现，它们也确乎大体符合现代卫生，有益于健康。"^❺ 这可证明

❶ 张伟.生命·文化·艺术——艺术文化学导论［M］.北京：人民教育出版社，1999：117.

❷ 雪窦重显，圆悟克勤.碧岩录（第53则）［M］.北京：东方出版社，2013：350-351.

❸ 朱熹.四书章句集注［M］.北京：中华书局，1983：119.

❹ 钱穆.论语新解［M］.北京：生活·读书·新知三联书店，2002：258.

❺ 李泽厚.论语今读［M］.合肥：安徽文艺出版社，1998：246.

儒家既肯定身体感官需要，又重视社会礼乐的约束。儒家追求情欲与礼制的和谐统一。

禅宗也主张在世修行悟道，主体与现实环境之间建立了密切的关系。反对脱离环境前去修行。禅宗悟道与日常生活融为一体，正如大珠慧海所言："会道者，行住坐卧是道。"禅宗以平常心对待修行，身体修行不是离境而修，而是在世俗环境中随遇而安，以出世的精神做入世的事业。

其次，分析禅宗身体观与儒家身体观之间的差异。

儒家身体观主要包括三个方面：

一是护身。儒家主张爱护身体，因为身体是父母所给，保护身体是"孝"的表现。《孝经》云："身体发肤，受之父母，不敢毁伤，孝之始也。"❶身体是维护家庭血缘关系的纽带。

二是修身。儒家除了护身，另外特别注重修身。《大学》云："古之欲明明德于天下者，先治其国；欲治其国者，先齐其家；欲齐其家者，先修其身；欲修其身者，先正其心；欲正其心者，先诚其意；欲诚其意者，先致其知；致知在格物，物格而后知至，知至而后意诚，意诚而后心正，心正而后身修，身修而后家齐，家齐而后国治，国治而后天下平。"❷"修身、齐家、治国、平天下"，修身为本。需要说明的是儒家所言的身体，不仅是生理上的身体，而且是社会人伦上的身体，更是置身于各种社会关系与待人接物情境之中的身体。儒家的身体是社会化、道德化的身体，而不是孤立的个人的静修身体。儒家十分重视"修身"问题："自天子以至于庶人，壹是皆以修身为本"❸，坚持"修身"的价值取向。孔子说颜回："贤哉，回也！一箪食，一瓢饮，在陋室。人不堪其忧，回也不改其乐。贤哉，回也！"❹通过肉体苦行获得精神上的快乐。

三是反身。除护身、修身之外，儒家还有一个"反身"的问题。曾子曰："吾日三省吾身：为人谋而不忠乎？与朋友交而不信乎？传不习

❶ 孔安国. 古文孝经·开宗明谊章第一，清知不足斋丛书本：1–2.
❷ 郑玄注，孔颖达疏. 礼记正义·大学［M］. 北京：北京大学出版社，1999：1592.
❸ 郑玄注，孔颖达疏. 礼记正义·大学［M］. 北京：北京大学出版社，1999：1592.
❹ 朱熹. 四书章句集注［M］. 北京：中华书局，2011：85；李泽厚. 论语今读［M］. 合肥：安徽文艺出版社，1998：152.

墨香禅意
——中国古代禅宗书画观研究

乎？"❶"三省吾身"也就是多次返回自身，向内体验观照。身体为仁的践行服务，重视内部而轻视外形，注重身体的伦理倾向。

与儒家重修身不同，禅宗将世俗身体看空。慧能说："菩提本无树，明镜亦非台。本来无一物，何处惹尘埃。"❷禅宗认为肉体生命是现象，是自性所现之象。肉体生命有生有死，自性却无生无死，永恒存在。正如黄檗希运所说："此心无始以来，不曾生不曾灭，不青不黄，无形无相，不属有无，不计新旧，非长非短，非大非小，超过一切限量名言踪迹对待……唯此一心即是佛（佛性）。"❸"此心"即指自性、佛性，非指常人所谓个体心灵。

根据以上论述，我们归纳两者的差异：禅宗认为身体只是暂时的现象，它是自性所现之象，身体是"色"，最终归灭、消殒于自性本体之空。

儒家则注重身体，将身体归于人性本体。《大戴礼记·曾子立孝》："身者，亲之遗体也。行亲之遗体，敢不敬乎？故居处不庄，非孝也；事君不忠，非孝也；莅官不敬，非孝也；朋友不信，非孝也；战阵无勇，非孝也。五者不遂，灾及乎身，敢不敬乎？"❹"父母全而生之，子全而归之，可谓孝矣"。❺简言之，禅宗身体观带有抽象色彩，而儒家身体观则更为具体。

三、禅宗身体观与道家身体观的异同

先看两者的共性：

一是两者都将身体归于一个抽象本体：身之道与身之空。道家认为身体属于"道"，是因为我们的身体为"道"之直接体现。既然"道"是至高无上的，那么对于体现"道"的身体也应贵之、重之；佛家根据缘起论，认为身体属于"空"，即承认佛、菩萨的超越性而看空世俗身体。

二是两者都顺应身体。老子说："圣人之治，虚其心，实其腹，弱其

---

❶ 朱熹.四书章句集注［M］.北京：中华书局，2011：50；李泽厚.论语今读［M］.合肥：安徽文艺出版社，1998：32-33.

❷ 慧能.坛经，行由第一，大正新修大藏经：3.

❸ 袁宾.中国禅宗语录大观［M］.天津：百花洲文艺出版社，1991：135.

❹ 大戴礼记解诂（卷四）·曾子立孝［M］.北京：中华书局，1983：82-83.

❺ 郑玄注，孔颖达疏.礼记正义（卷五十六）·祭义［M］.北京：北京大学出版社，1999：1848.

第七章　禅宗书画观的身体超融美育价值

志，强其骨。"❶ 道家主张道法自然。禅宗反对以苦行摧残身体，饥来即食，困来则眠。禅宗将心性与形态结合，提出"即心即佛"。此心不是抽象的，而是当下现实人的心性。我们在此比较禅宗身体观与儒、道身体观的异同，第一，为了进一步把握禅宗身体观的内涵特质，第二，为下一节探讨禅宗书画观的身体感应内涵提供理论支撑。

其次，分析禅宗身体观与道家身体观之间的差异性。

道家身体观中身体占重要位置。《老子》文本中"身"字的出现频率共计有 23 处，虽然比"道"字出现的频率低，但是要多于儒家《论语》的仅仅 17 处提及"身"字。这说明老子重视身体存在问题。他说："吾所以有大患者，为吾有身，及吾无身，吾有何患。"❷ 意思是贵此身，为身累。要摆脱身体的局限，才能获取精神自由。从"身"与"道"合一观来看，"道"所具有的特性，身体也会相应地呈现出来。老子心目中的身体，是由物质性与精神性两个方面统一起来的，而且是精神性胜过物质性的，即精神修养高于身体修持。是"道"与"身"一体的，顺乎道而实现"长生久视"与"谷神不死"的身体还原。庄子曰："通天下一气耳"❸，"一气"即宇宙大化流行的过程，天下（身体）皆源于"一气"。具体来说，人的身体是"杂然芒芴之间，变而有气，气变而有形，形变而有生"❹。身体不过是"气之聚也"❺，是气化流行中的暂时现象。故曰："生者，假借也。假之而生生者，尘垢也。"❻ 身体不过是假借气之流行而暂有生命的"尘垢"。因此，"汝身非汝有也"，"是天地之委形也"。❼ 身体其实并不属于"我"而是属于"道"。

禅宗强调观身悟空，把身体视为因缘聚合的场所，是空的现象。道家则把身体视为道的直接体现。简言之，禅宗身体观侧重于虚无，而道家则把身体视为自然实有的存在，更具有相对主义的倾向。

❶ 憨山.老子道德经解［M］.武汉：崇文书局，2015：16-17.
❷ 憨山.老子道德经解［M］.武汉：崇文书局，2015：32；熊春锦.老子·道德经［M］.北京：中央编译出版社，2011：152.
❸ 庄子集释（卷七下）·知北游［M］.北京：中华书局，1961：733.
❹ 庄子集释（卷六下）·至乐［M］.北京：中华书局，1961：615.
❺ 庄子集释（卷七下）·知北游［M］.北京：中华书局，1961：733.
❻ 庄子集释（卷六下）·至乐［M］.北京：中华书局，1961：616.
❼ 庄子集释（卷七下）·知北游（中册）［M］.北京：中华书局，1961：739.

墨香禅意——中国古代禅宗书画观研究

第二节 禅宗书画观的身体感应意蕴

一、身体感应的内涵

"感应"在《辞海》中的释义："1.交感相应。《易·咸》：咸，感也；柔上而刚下，二气感应以相与。2.佛教名词。感是感召，应是应现，佛教谓众生对佛有所愿望（要求），如果心意至诚，便可感召佛菩萨应现而得到满足，故曰感应。"❶《新编佛教辞典》对"感应"的解释：是指众生因礼拜供养祈念观修等机缘，感通佛菩萨，以神通法力加被，满足愿求，给予利益，谓之感应，也叫感通。有感必应，是大乘经中所说的佛菩萨证得的利益众生的功德。❷佛教中的感应，侧重众生（感召）与佛菩萨（应现）之间的关系。也就是物体在一定环境条件下对周围其他物体的相应反映的变化。如风动，树木也随之在动，这是树木对风的感应；风动，石头也被风化，这是石头对风的感应。感应如果发生在人这一生命体与事物间，其感应则更加高级、丰富、复杂、微妙。身体感应，是指身体与万事万物之间的感应关系，如天晴身体就畅快舒服，天寒身体骨骼皮肤就感到伤痛麻木等。人们喜欢用《传习录下》中的游南镇故事来批判他的唯心主义错误。其实，阳明的思想是一种感应模式，他并没有否定岩石花树的存在，花的颜色因为感应而明白起来。即"未看此花时"，人与花之间没有形成感应关系。所以，"这个宇宙从来就是活泼泼的，就精微处来说，则天地之间只是一个感与应而已！"❸

简言之，身体感应是指身体与环境之间的感应。

二、禅宗书画观的身体感应意蕴

禅宗书画观的身体感应意蕴指的是什么？就是禅师在书画创作或著述

❶ 辞海编辑委员会.辞海［M］.上海：上海辞书出版社，1989：1804.
❷ 陈兵.新编佛教辞典［M］.北京：中国世界语出版社，1994：238.
❸ 刘述先.儒家哲学的三个大时代［M］.北京：中华书局，2017：150-151.

中关于身体感应的审美意识与评价。美学和美育充满一种经验的直接性与思想的间接性的双重矛盾，这就是既强调表面之美又强调深度之美的张力。禅宗书画观的身体感应意蕴，相当于修学佛法"闻思修"中"闻"的阶段。❶ 所谓感应，在佛教中的解释是"众生因礼拜供养祈念观修等机缘，感通菩萨，以神通法力加被❷，通俗的说法就是众生有感，菩萨有应。禅宗书画观的身体感应意蕴，就是禅师审美者对禅宗书画活动有感而发并作出直观反应。佛教唯识宗认为，人有八识：眼、耳、鼻、舌、身、意、末那识、阿赖耶识。眼、耳、鼻、舌、身为前五识，禅宗书画观的身体感应意蕴就是这五识所获得的感受效果。

南宋梁楷有名的作品是《李白行吟图》，用极简洁的几笔勾出了诗人李白的性格特点，而成为绘画史上最成功的人物形象之一。他的《六祖截竹图》《六祖撕经图》虽以禅宗的著名的和尚为题，实际上是平凡的劳动生活描写。❸ 这些减笔图，不仅描写了诗仙与和尚的个性特征（对象），而且也表现了画僧的醉态，即身体书写状态。

元代无见先睹评价身体："身从无相中受生，犹如幻出诸形象。"❹ 这里的"身"是色身，"无相"是"凡所有相皆是虚妄"，缘起性空的意思。无见先睹对身体虚幻的理解与六祖慧能的"于相而无相"思想是相通的。无见先睹认为，画像（身体）是从无相（本体）中派生出来的，只是一种幻象而已。这是无见先睹对身体感应的描述与评价，它也是元代注重身体力行实证实修的典型代表。同时代的天如惟则禅师指出："能以眼闻，满眼皆是。不是知音，徒劳侧耳。"❺ 他的意思是品鉴绘画作品要发挥身体感应中的"六根互通"的作用。

需要强调的是，禅宗书画观的身体感应意蕴，是禅宗书画观的生命沉思意蕴和宇宙超融意蕴的前提与基础。因为人的身体是观照生命体和宇宙万物的物质基础。

❶ 陈兵.新编佛教辞典［M］.北京：中国世界语出版社，1994：131.
❷ 陈兵.新编佛教辞典［M］.北京：中国世界语出版社，1994：238.
❸ 王逊.中国美术史［M］.北京：人民美术出版社，2018：311.
❹ 先睹.自赞·朴侍者请·无见先睹禅师语录［M］// 新编卍续藏经（第122册）：472.
❺ 惟则.跋高昌公子按乐图·天如惟则禅师语录［M］// 新编卍续藏经（第122册）：924.

墨香禅意——中国古代禅宗书画观研究

第三节　禅宗书画观的身体超融美育价值

本节我们先从现象学美学、中国书论、中国画论三个方面探讨身体感应的审美价值，然后论述禅宗书画观的身体超融美育价值。这是后面两章研究禅宗书画观的生命超融美育价值和宇宙超融美育价值的基础。

一、身体感应的审美价值

在讨论禅宗书画观的身体彰显价值之前，我们先从现象学美学、中国书论、中国画论三个方面对身体感应的审美价值加以说明。

其一，身体感应在现象学美学中的审美价值。

法国学者梅洛·庞蒂将身体存在引入现象学领域，重新界定了身体的含义，认为人的身体不是一般的生物体，而是处身性的，即向外投射。世界也离不开身体，不能够把自然世界仅仅看作纯客观的存在，它是依身体知觉而存在的——"世界的肉身"。我们的"身体存在"与世界同在。身体作为知觉体，连接着自身和世界，我们不能存在于"内在的人"，也不能存在于"外在的物"。易言之，人在世界之中，不在身体或世界任一端，而在两端之间连接处：从事物投回自身，自身向事物敞开。与传统知觉论不同，梅洛·庞蒂心目中的"身体存在"，是体验的而不是主观的。梅洛·庞蒂理论的深刻之处，就在于他将身体视为意向性的。身体的意向性，是指身体的一切知觉都不是封闭的，而是关于某物的知觉。梅洛·庞蒂认为，"存在"是由身体"看到"的某种生存联系，而"认识"则是被意识"表象"出来的客体印象，两者存在本质的差异。在这里，人的身体是不确定的、不能被逻辑语言所定义的，人的生存也是模糊的、不能确定的，所以，我们对存在整体的把握，关键在于理解和领会，而不在于客观化的认识。理解和领会，主要是指身体的审美经验。身体及其所介入的世界表明，内部的东西与外部的东西、主观的东西与客观的东西是不能分开的。梅洛·庞蒂的身体话语，对后来的美学发展有着重要的启发意义。

其二，身体感应在中国书论中的审美价值。

丘新巧博士在《姿势的诗学：日常书写与书法的起源》一书中指出，书法脱胎于日常书写，并以"势"作为书法的本质特征。❶ 这个"势"，是身体活动的力量。法国汉学家于连在《势：中国的效力观》中对中国书法进行了深刻的评价："中国的书法最能说明有形则有势，因为当人书写一个字时，他的运笔姿态与动作都会符合某一种字形……因此势也可视为那个穿越已写成的字形的力量，并且使该字具有艺术生命。"❷ 综合中外两位学者的观点，中国书法是身体运作的艺术表现。换句话说，中国古代书法中的禅宗书法也应该是禅师书写者身体姿势和运笔状态的直观表现。

其三，身体感应在中国画论中的审美价值。

纪玉强从身体触觉角度论述了中国画绘制过程的特点："在中国画的绘制过程中，以手指运笔，指尖会通过毛笔和墨汁把力量作用于宣纸上，从而使手指与宣纸之间形成了微妙的互动，这股力量几乎同时沿着手笔返回手指，这股返回的力就是手指的触觉，这时哪怕是极小的反作用力，通过触觉的感知也会产生巨大而复杂的心理反应，从而可能在内心产生巨大的力量与情绪，再通过手指作用于宣纸，这种不断循环的力的回旋会形成一种节奏的变化，这就使中国画触觉语言的形成成为了可能。"❸ 这一发现与中国古代画论思想相符。在纪玉强先生看来，中国画的"笔法"其实就是手指与宣纸之间的一种触觉，犹如左手握右手一样：触即被触的双重感觉，中国画的艺术魅力即产生于"手"与"纸"来来回回之间：有意义的"间隙"。这样，中国画论就从传统的认识论美学走向了身体感应美学的轨道。

以上所述，说明禅宗书画观不仅包含了身体对经书、笔墨与生命的感应，而且也彰显了身体对外在空间的感应。

❶ 丘新巧.姿势的诗学：日常书写与书法的起源［M］.杭州：浙江人民美术出版社，2016：66.

❷ 于连.势：中国的效力观［M］.卓立，译.北京：北京大学出版社，2009：57.

❸ 纪玉强.关于中国画触觉语言的猜想［D］.北京：中国美术学院，2009：4.

二、禅宗书画观的身体彰显价值

禅宗书画观的身体彰显价值主要表现在身体对艺术、生命和宇宙三个向度：

一是彰显了身体对经书、笔墨的感应（身体感应与艺术向度）。

禅师们普遍有书写佛典的经历，有的禅师所写佛经具有很高的审美价值。宋代名僧如释瑛公、释栖公、南禅师、宗上人、圆上人、琼上人、道光上人、惠超道人等，都曾手书大乘经典。禅宗黄龙派创始人黄龙慧南，曾手录《四十二章经》，宋高僧书画家慧洪对黄龙慧南写经给予很高评价："笔法深稳庄重而瘦，颜平原用笔意。"❶慧洪对琼上人手书《金刚般若经》赞曰："以饱霜兔毫数茎束为笔，其锐如麦芒，临纸运肘快等风雨，书《金刚般若经》于兼寸环轮中，望之团团如珠在薄雾间。即而视之，其行如人挽发作烟鬟，自非思力精微何以臻此哉？"❷慧洪对写经书法的评价，说明禅宗书画观具有彰显身体感应的价值。

二是彰显了身体对生命本体的感应（身体感应与生命向度）。

首先，身体对生命本体的感应，也即内观，这在禅宗典籍中的记载较多。我们以眼、耳、鼻、舌、身五识分别来对身体与生命本体的感应关系进行诠释。

眼识对生命本体的感应，也就是"一切色是佛色"的意思。如问："古人道，见色便见心。禅床是色，请和尚离却色，指学人心。师曰："那个是禅床，指出来看。"僧无语。❸

再如雪峰义存门下的越山师鼐禅师受闽王宴请，在清风楼上用斋，坐久举目，忽睹日光，豁然顿晓，而有偈曰："清风楼上赴官斋，此日平生眼豁开。方信普通年远事，不从葱岭带将来。"他还有临终偈："眼光随色尽，耳识逐声消。还源无别旨，今日与明朝。"❹

---

❶ 慧洪.题黄龙南和尚手抄后三首·石门文字禅（卷二十五）[M]//禅宗全书（第95册）：351.

❷ 慧洪.小字金刚经赞并序·石门文字禅（卷十九）[M]//禅宗全书（第95册）：251.

❸ 普济.五灯会元（卷九）·仰山慧寂禅师[M].苏渊雷，点校.北京：中华书局，1984：535.

❹ 普济.五灯会元（卷七）·越山师鼐禅师[M].苏渊雷，点校.北京：中华书局，1984：427.

耳识对生命本体的感应。上堂云："朝朝击鼓，夜夜钟声。聚集禅流，复有何事？……开口动舌，总没交涉。虽然如是，初机后学，必须藉言语显道。"❶良久云："林中百鸟鸣，柴门闲不扃。"早晨击鼓，夜晚敲钟，本是寺庙修行者的标志，在这里慈照禅师启发初学者把这种声音转识成智，视为身体感应生命本体的契机。慈照禅师的佛理依据在于"一切声是佛声"，即指包括鼓声钟声的一切声音与"佛声"（生命本体）是相通的。

鼻识对生命本体的感应。黄庭坚在晦堂启发下，闻桂花香亲证生命本体的存在。这段对话，彰显了人的身体（嗅觉）与生命存在之间的感应关系，充分肯定了身体（嗅觉）在参禅悟道中的重要作用。

舌识对生命本体的感应。《坛经》上说的"如人饮水，冷暖自知"，是指通过自己的舌识来亲证禅意的。

身识对生命本体的感应。禅宗中受棒喝而开悟的例子很多。如临济义玄在黄檗希运会下接受三顿棒以后才开悟的。如陈尊宿用门压着问禅者的脚，舟子和尚向河中纵身一跃而开悟。

以上五种感官不仅分别对生命本体产生感应，而且还能够综合互通地对生命本体形成整体感应，这是"通感"的现象。我们可以从佛教禅宗文献中找到大量的佐证材料。如洞山良价禅师有言："若将耳听终难会，眼处闻时方得知。"❷洞山提出的用眼闻声的修行奥秘源于观世音菩萨的六根互通。宋僧慧洪对《楞严经》六根互用的观念进行了阐发："世尊於此欲示六根用中相知，故指其人以为证也"，"众生争于口耳眼鼻数寸之间，自以色声香味为异，可悲悯者，岂不哀哉耶？"❸

禅宗书画观中也包含着身体感应生命本体的内容。

第一，禅宗书画观中身体对生命本体的感应，包括眼耳鼻舌身各种感官的感应。元代天如惟则禅师指出："能以眼闻，满眼皆是。不是指引，徒劳侧耳。"❹他在《题了堂禅师松风堂图》中，继续说明"眼闻说"的道理。在他看来，画家成功之处就在于画出无形的声音。❺身体直觉体验绘

---

❶ 赜藏．古尊宿语录（卷九）·石门山慈照禅师凤岩集．

❷ 普济．五灯会元（卷十三）·洞山良价禅师［M］．苏渊雷，点校．北京：中华书局，1984：778．

❸ 卍续藏经（第12册）．

❹ 新编卍续藏经（第122册）：924．

❺ 新编卍续藏经（第122册）：871．

画中表现声音的现象。可见，书画视觉图像与听觉、嗅觉、味觉等感官均同于明心见性（生命本体）之意根。禅宗书画以眼根与色通于空寂之境。需要强调的是，这里的眼根与耳根其实通过生命本体联系在一起。

第二，"以形写神"的观念，也反映了身体对生命本体的感应关系。在禅宗书画观中，既有传神写意（生命本体的呈现），也有形态描写（身体感应的描述）。在禅宗书画家眼中，所谓形是"色"（身体感应），所谓神是"悟"（生命本体），即色悟空，包含形并超越之得神。体现于绘画中则提出"重传神不重形似"的美学原则。❶五代和北宋具有禅意的大量作品中，不管是范宽的《溪山行旅图》，还是董源的《潇湘图》，它们无疑都表达了一种"无我之境"。画家们用"写意"代替了此前注重"写生"模式，不再被外物约束，而更多地表达画家生命主体心境，他们的整个创作过程都是生命主体观照宇宙万物并超越宇宙万物的反映，并非对客体形象的简单再现。

综上所述，禅宗书画观包含了身体对生命本体的感应。

三是彰显了身体对外在空间的感应（身体感应与宇宙向度）。

所谓身体对外在空间的感应，是指书画家身体存在与周围环境构成对应的空间关系。

如清代画僧髡残的画论，就蕴含着身体空间与云空间构成的身体彰显价值。他的《禅机画趣图轴》，在构图上有特色：有个人静坐屋内观山，下方前景有行人曳杖漫步，点出了屋内人和行人与景物（云与屋）之间的沟通。画幅主导部分是流动的云❷，是通过"云"连接屋内人与屋外行人。❸画面揭示了画中人的两种身体状态：一个是屋内人静坐观山，表现的是身体的禅定虚静状态；另一个是行人从屋里向外走出，彰显了画中人的身体由静止向运动的过程，空间时间化——"画中有诗"，空间画面产生了音乐节奏感。另一幅《扶杖入山图轴》❹则内外相通，更具生命韵味。屋内人将身体探向窗外，巨大山石和苍劲古木仿佛就在这人的前方。画僧髡残不仅描绘了敞开的物理空间，也有因身体疾病被紧锁的屋内空间。在《物外

❶ 刘长林.中国象科学观：易道与兵医［M］.北京：社会科学文献出版社，2007：308.
❷ 朱万章.中国名画家全集·石谿［M］.石家庄：河北教育出版社，2006：10-11.
❸ 姜宇辉.画与真：梅洛·庞蒂与中国山水画境［M］.上海：上海人民出版社，2013：166-167.
❹ 朱万章.中国名画家全集·石谿［M］.石家庄：河北教育出版社，2006：16-17.

田园书画册》第六开画中，云雾没有贯通之感，前景的两块巨石压得身体仿佛喘不过气来，石顶倒伏的树木更加威逼，阻挡了观者的视线，让身体顿入艰难苦逼之境。❶髡残的空间处理，显然来自他对身体及身体与宇宙空间万物关系的精心把握。

三、禅宗书画观的身体超越价值

禅宗书画观的身体超越美育价值，是指通过身体感应获得超越性体验的美育价值，包括超越（高出身体）和融合（通过身体）两个方面。所谓身体超越价值，是指禅宗书画观中隐含了身体超越的智慧。

禅宗书画观的身体感应的超越意义，大概表现为如下两个方面：

一是超越身体欲念，刹那领悟真实。

怀素性疏朗，不拘小节，其书法出神入化。他饮酒以养性，草书以畅志，生动地表现了他在草书创作时的身体感应态势。这就是书法中的"禅"，既超越了生理欲念，又超越了逻辑知性的直觉"瞬间"，刹那把握真实的自我与事物的真实状态之间的对接，这是禅的终极目标。禅应该站在事物自身立场上，按照事物呈现的样子理解它当下的状态，打破前后时间连续性和因果关联性。禅宗之禅，不脱离身体具体场景，也不做任何抽象的思辨，所以我们说唐五代书画观是南宗禅直觉观照特点的体现。

王维践行了南宗禅的直觉观，也是唐五代书画观的典型代表，他说："观者先看气象，后辨清浊……"❷气象不是生理感觉上的实际对象，而是王维创作与鉴赏时的审美感应对象。张彦远《历代名画记》有"观画者……莫不仰戴，莫不悲惋。"❸所谓"仰戴""悲惋"，大概是"第六感觉"对画作的直觉把握，就其实是超越了生理欲望和物质功利，面对真实的审美观照的态度。宋代梁楷的《六祖截竹图》《祖师撕经图》等作品，行笔转折急速，将六祖身体动作姿势惟妙惟肖地刻画出来了，但不局限于生理

❶ 姜宇辉.画与真：梅洛·庞蒂与中国山水画境［M］.上海：上海人民出版社，2013：167-168.

❷ 王伯敏.画学集成［M］.石家庄：河北美术出版社，2002：64.

❸ 王伯敏.画学集成［M］.石家庄：河北美术出版社，2002：96.

感官，而是敞开了僧人反对偶像、追求自由洒脱的内心世界 ❶。

二是超越物理时空，呈现生命整体。

所谓物理时空，在禅师看来，只不过是境由心造的假象。

见者与被见之物根本不能拆分开来，诚如唐代马祖道一禅师所说：
"心不自心，因色故有"，"心""色"都不能脱离色空互映共生的关系而
独立存在。"见中不立物"，"见中不立无物"，视为观空之色而已，这个
"色"只是个假名。所谓"物"与"无物"，均为假象，都是因缘而生。

王维对身体所处时空的理解："'人莫不相爱，而观身如聚沫'一语，
显而易见是出于《维摩诘经》的'是身如聚沫，不可撮摩'，它同'是身
如芭蕉，中无有坚'一样，都是譬喻'人身空虚'的"❷。王维这里所观照
的"身体"和"雪中芭蕉"，都因为缘起性空，只是暂时的假名，物理时
空也是虚幻的，在空的意义上芭蕉与人身无分别。

我们可从下则公案师徒对话来理解禅宗书画观的身体超越智慧：

> 师（盘山宝积）将顺世，告众曰："有人邈得吾真否？"众将所
> 写真呈，皆不契师意。普化出曰："某甲邈得。"师曰："何不呈拟老
> 僧？"化乃打筋斗而出。师曰："这汉掣风狂去在！"师乃奄化。❸

"真如凡圣，皆是梦言。佛及涅槃，并为增语。禅德直须自看，无人
替代"❹，这里师徒之间的对话道出一个佛理：画像不能画出本心、生命本
体，因为所有的画都是局部的、有限的，而只有普化身体展示的"打筋斗
而出"才能显现生命整体存在，这才是盘山宝积禅师首肯的妙悟写真。说
明身体感性存在与生命本体之间形成同构对应关系，也是身体具备的超越
符号的功能。因为"打筋斗而出"这一瞬间，保持了空间体验的直接性，
呈现给人的是物我双会的生命的整体感。盘山宝积禅师师徒对画像局限性

---

❶ 薄松年．试论梁楷画中的禅意——从上海博物馆藏《憩寂图》谈起［M］// 张露．宋元绘
画研究．庆贺薄松年教授从教60周年．北京：故宫出版社，2015：105.

❷ 陈允吉．王维"雪中芭蕉"寓意蠡测［J］.复旦学报，1979（1）：81-86.

❸ 普济．五灯会元（卷三）·盘山宝积禅师［M］.苏渊雷，点校.北京：中华书局，1984：
150.

❹ 普济．五灯会元（卷三）·盘山宝积福音［M］.苏渊雷，点校.北京：中华书局，1984：
149.

的理解，正是身体超融美育价值的体现。

八大山人的绘画观，强调笔墨对身体的超越价值。他的一幅白眼的鱼儿，就充分表现出反观内省的意味。一幅画缩颈拱背的鸟，表现了禅修的身体姿势；一幅眠鸭沉寂的身体，其超越的部分则是暗示虚空的境界。八大山人独特、简约的用笔、构图，其深层结构更指向空旷野逸的精神超越境界。

石涛《画语录》中的《尊受章》云："画受墨，墨受笔，笔受腕，腕受心"，心对腕的超越，即对身体的超越。在《皴法章》谈到心与手的关系，"画之蒙养在墨，墨之生活在操，操之作用在持。"心灵确实领悟到家了，手操作自然随之而来，心手一体也。《一画章》说，心手之间均为一画所贯通："用无不神，而法无不贯也。"

综上所述，禅宗书画观具有身体彰显价值和超越价值。

本章小结

本章就禅宗书画观的身体超融美育价值展开论述，得出以下结论：

一、禅宗身体观

佛家根据缘起论，认为身体属于"空"，即承认佛、菩萨的超越性而看空世俗身体。佛家主张不杀生，众生平等。禅宗认为身体体验是成佛的途径。禅宗的身体体验，可从亲证活参的缘由、类型、意义三个方面去考察。禅宗的亲证活参的缘由有三：其一，禅的内涵决定了亲证活参的重要地位；其二，身体是禅修与生活结合的媒介；其三，"农禅""普请"是亲证活参的催化剂。禅宗亲证活参的类型多种多样：有面部的、手部的、足部的，有全身的，也有局部的。禅宗的亲证活参的意义，一是超越语言局限，具有直观效果，二是发挥象征功能，启发学人开悟。

我们比较禅宗身体观与儒、道身体观的异同，一是为了进一步把握禅宗身体观的内涵特质，二是为深入探讨禅宗书画观的身体感应内涵提供理论支撑。

墨香禅意——中国古代禅宗书画观研究

二、禅宗书画观的身体感应意蕴

禅宗书画观的身体感应意蕴，也就是禅师身体对书画的直观感应。换言之，禅宗书画观的身体感应意蕴是禅师在书画创作或著述中关于身体感应的审美意识与评价。禅宗书画观的感应美育涵义，相当于修学佛法"闻思修"中"闻"的阶段。

三、禅宗书画观的身体超融美育价值

禅宗书画观作为中国书画理论的重要组成部分，与身体感知之间存在密切的关系，进而蕴含着丰富的身体美育价值。禅宗书画观的身体美育价值主要体现在身体彰显（融合）与超越两个方面。禅宗书画观的身体彰显（融合）美育价值包括三个方面，一是身体对经书、笔墨的感应，二是对生命本体的感应，三是身体对外在空间的感应。禅宗书画观的身体超融价值，则是指禅宗书画观中对身体的超越：包括对生理欲望的超越，对物理时空的超越。禅宗书画观中的身体超融美育价值，值得现代人认真借鉴和深入反思。

第八章　禅宗书画观的生命超融美育价值

本章从人的生命存在角度来阐述禅宗书画观的生命超融美育价值。本章解决以下三个问题：一是把握禅宗生命观的内涵、特质，二是揭示禅宗书画观的生命沉思内涵，三是论述禅宗书画观的生命超融美育价值。

我们这里要对生命存在进行三个层次的阐述：

首先是生命意义的追寻。刘述先在《儒家哲学的三个大时代》中指出："古代人在天象与人事之间处处找到神秘的关联，于是通过种种方式去占问……但有一个根源的神话是不可以解消的，那就是我的生命是有意义的神话。"❶在著名心理学家弗兰克尔看来，生命意义可通过创立某项工作或从事某种职业、通过体验某种事情或面对某个人和在忍受不可避免的苦难时采取某种态度等三个方面获得。❷由此观之，禅宗书画观的形成，也可以理解为禅师书画家体验、探求生命意义的符号表达过程。禅宗书画观的美育价值研究的核心，就是存在之本质与生命意义之探究。我们只有从生命意义的高度提出问题，才具有真正的美育意义和学术价值。

其次是生命美学的观照。在生命美学看来，美学的起点与归宿是生命自由。作为生命美学基础上的美育活动，也应含有生命美育内涵，应包括身体感应、生命沉思与宇宙超融三个维度。如果只是停留于生物生命（身体）与外在世界（宇宙）层面，美育仅仅是生命表层意义的"外审美"（感性和理性层面），而没有达到生命意义境界的"内审美"（悟性和灵性层次）。所谓"内审美"，是超越"悦耳悦目"（身体感性层面）、"悦心悦意"（宇宙理性层面）的审美境界，是指"不依赖外在感官和外在对象的内视型、内景型、境界型审美"。❸儒家的"孔颜乐处"，道家的"坐忘心斋"，佛禅的"不立文字，教外别传"，其实属于内在精神体验的内审美范

❶　刘述先.儒家哲学的三个大时代［M］.北京：中华书局，2017：64.

❷　维克多·弗兰克尔.活出生命的意义［M］.吕娜，译.北京：华夏出版社，2018：136.

❸　王建疆.别现代：空间遭遇与时代跨越［M］.北京：中国社会科学出版社，2017：251.

畴，它们的共同特点是超越外在有形的实体对象而侧重于内在无形的精神体验，均指向生命美育的终极目标，即生命意义。人的生命包括实的维度，即自在的生命，以及虚的维度，即自为的生命。所以，本章重点探究禅宗书画观的生命美育价值。在身体（感性）与宇宙（理性）间的相互交织基础上构成美育的生命境界（灵性）。

最后是美育价值的层次。禅宗书画观的生命沉思美育价值按照本、体、用三个层次逐步展开：一是宏观上阐述禅宗生命观的内涵特质（本），二是中观上界定禅宗书画观的生命沉思意蕴（体），三是微观上探究禅宗书画观的生命沉思美育价值（用）。

第一节　禅宗生命观

本节先从宏观层次来阐述禅宗的生命观，然后比较禅宗生命观与儒道生命观的异同，旨在进一步理解禅宗生命观的思想渊源与创造特质。

一、禅宗生命观的内涵

从宏观层次看，禅宗具有独特的生命观。这种生命观主要表现在三个方面。

其一，禅宗注重生命的观照与体验。禅宗认为，一切众生皆有佛性，万物和人一样都有生命，都能成佛，因此，要慈悲为怀，善待生命。

其二，禅宗将了生脱死作为头等大事，认清生命的本质。人的生命是有限的，但人们又向往无限的生命。禅宗对人生的短暂性深感痛苦，但它劝善成佛，引导信徒破除对个人名利欲望的执着，从而转向对生命有限性的超越，即通过确立"无生"观念，进而将个体生命的有限性融入宇宙生命的无限性之中，力图使在短暂的人生中体验出生命的永恒性。崇尚人的生命本质。禅宗将人的本质与精华均集中于其心性，它对人生命本质的崇尚集中表现为对人的心性的赞美。心性论成为禅宗理论体系的核心，正反映了这一点。

其三，禅宗肯定人的形体价值。禅宗所崇尚的心性是现实人的心性，即同人的形体相结合的心性，故它对人的心性本质的崇尚本身就包含了对人的形体价值的肯定。禅宗这种重生思想是中国传统生命哲学和生命美学的组成部分。禅宗的重生是顺乎性分，任其自然，它既不残害生命，亦不刻意保全生命，而是人的生命形式如宇宙间其他生命形式一样自然化生、自然流逝。

二、禅宗生命观与儒家生命观的异同

首先，我们探究禅宗生命观与儒家生命观之间的共性。

儒家生命观的体系包括生命追求、生命原则、生命实践三个主要方面。儒家生命观在生命追求上，体现为通过修养仁德，达到精神不朽；在生命原则上，体现为仁爱、诚信、和谐；在生命实践上，体现为择善固执。儒家赞美"生"的话："天何言哉，四时行焉，百物生焉，天何言哉"，"致中和天地位焉"❶《论语》有段话能集中体现儒家的生命观：季路问事鬼神。子曰："未能事人，焉能事鬼？"曰："敢问死。"曰："未知生，焉知死？"❷ 孔子还告诫人们："祭神如身在"。❸ 在儒家看来，"伦常就是一种亲身的践行，去追求一种更好的生活。""人要成为道德上的楷模，他的家人和宗族将牢记他（她）的生命和意愿，他（她）将因此而不朽。"❹ 儒家坚持当下的和道德的生命观，尊重、珍惜生命，追求精神不朽，坚持超越死亡的态度。儒家创造了一个高于自然生命的道德生命，使人领悟到了人之为人的内涵。

根据以上论述，两者的共性：儒家生命观关注现实人生，对禅宗生命观形成发展影响较大。如儒家积极入世态度与禅宗在世修炼提升精神生命层次一致。

其次，我们还要看到禅宗生命观与儒家生命观之间的差异性。

一是生命境界不同：人格与空灵。儒家的生命境界是人与群体的融合，追求成贤成圣，人格至善。禅宗的生命境界是涅槃寂静，超越自我，

墨香禅意——中国古代禅宗书画观研究

❶ 宋志明.现代儒学的走向［M］.北京：北京师范大学出版社，2009：104-105.
❷ 杨伯峻，点校.论语·十三经［M］.北京：燕山出版社，1991：2046.
❸ 杨伯峻，点校.论语·十三经［M］.北京：燕山出版社，1991：2004.
❹ 牟复礼.中国思想之渊源［M］.王重阳，译.北京：北京大学出版社，2016：96.

精神解脱。

二是修行方式不同：群体与个体。儒家更多地强调投身社会实践，兼济天下，"修身齐家治国平天下"，从小到大，逐步扩展。禅宗则更多的是注重个体的修行，守住自己的内心宝藏，自性自悟，与他人无关。

三、禅宗生命观与道家生命观的异同

首先，禅宗生命观与道家生命观具有一定的共性。

道家推崇道法自然、清静无为的生命观。老子曰："五色令人目盲，五音令人耳聋，五味令人口爽。驰骋畋猎令人心发狂，难得之货令人行妨。是以圣人为腹不为目，故去彼取此。"[1] 他张扬生命自由境界："故常无，欲以观其妙；常有，欲以观其徼"，"玄之又玄，众妙之门"[2]，突出"道"的"无"——精神生命。

庄子继承并发展了老子的美学思想，也主张道是宇宙和生命的最高的、绝对的美。在庄子看来，美并不是最高的境界，对于一件艺术品或者审美对象，关键看它是否充分表现了宇宙运化的生命力。《庄子·逍遥游》展示了精神自由境界，《庄子·德充符》以开拓内在生命为主题，描绘了形残人士的人格魅力，《庄子·养生主》中的庖丁解牛故事则阐述了养生的智慧，《庄子·大宗师》表达了个体生命如何走向宇宙生命的路径，《庄子·齐物论》以"道通为一"为目标，讲述了人与天地万物如何相通。《庄子》中的篇目都是为了阐明以自然无为为美的观点，既是宇宙天成之美，也是生命自由之美。

道家生命观有走向自然的倾向，在禅宗生命观中也有明显体现，这是两者能够契合的关键。道家在回归自然的过程中追求个体的精神自由，与禅宗自然修行从而获得精神解脱存在某种契合之处。

其次，道家生命观与禅宗生命观也有明显的差异。

一是对自然的理解不同：实有与空无。道家把自然作为有而存在，禅宗将自然看空。换句话说，道家的自然是气的变体（寄托之所），禅宗的自然变成"空"之"色"（纯粹现象）。

---

❶ 憨山.老子道德经解［M］.武汉：崇文书局，2015：31.
❷ 憨山.老子道德经解［M］.武汉：崇文书局，2015：11.

二是对自由的理解不同：永恒与天地。禅宗的自由，是"即色悟空"，是"万古长空，一朝风月"❶，瞬间即永恒；道家的自由，是"天地与我并生，万物与我同一"❷，落于自然天地境界。

比较禅宗生命观与儒道生命观的异同，第一，为了进一步把握禅宗生命观的内涵特质，第二，为下一节探讨禅宗书画观的生命沉思内涵提供理论支撑。

第二节　禅宗书画观的生命沉思意蕴

一、生命的含义

在讨论禅宗书画观的生命沉思意蕴之前，我们先要回顾哲学史上对生命内涵的理解。

其一，苏格拉底等人的理性生命观。苏格拉底对生命内涵的理解可以归纳为追求真理、肯定传统和内心之声三个方面。苏格拉底的学生柏拉图更加明确地指出，人的生命来自理性。他在《会饮篇》中说，生命的核心就是爱欲。柏拉图的学生亚里士多德将生命视为纯粹的潜在之物转化为现实的力量。他在《论灵魂》中首次提出"生命第一原理"的命题，为后世探究生命本质奠定了坚实的理论基础。

其二，歌德的原始生命观。歌德是热情赞美生命的杰出代表。他说，我们生活的世界是生命的世界。歌德在其代表作《浮士德》中塑造了追求生命意义与永恒价值的典型浮士德，以及作为生命深层盲动力量之象征的魔鬼靡菲斯特。歌德将生命称为生机勃勃的原始生命力。歌德一次次闯入的就是浮士德的困境；歌德一次次所汲取的还是浮士德般的激情，❸体现了当时古典主义（困境，在实质上近于现实主义）与浪漫主义（激情）的结合。《浮士德》下卷所写的浮士德和希腊海伦后的结婚就象征这两种创作

❶　普济.五灯会元（卷二）·天柱崇慧禅师［M］.苏渊雷,点校.北京：中华书局,1984：66.

❷　曹础基.庄子浅注［M］.北京：中华书局,1982：30.

❸　周春生.悲剧精神与欧洲思想文化史论（下册）［M］.上海：上海人民出版社,1999：41.

方法和谐结合的理想。❶

　　其三，叔本华的意志生命观。叔本华认为"世界是我的表象：这是一个真理，是对于任何一个活着和认识着的生物都有效的真理；不过只有人能够将它纳入反省的，抽象的意识罢了。"❷它突出了我的意志即生命意志，我存在世界才存在。所以世界的存在以我的存在为前提。与康德的先验论不同，他转向了唯我论和非理性的直观。叔本华特别重视直观，认为直观是一切证据的最高源泉，只有直观才能把握真理。叔本华这一观点，摆脱了理性不能认识本体的困境，并启发了海德格尔通过"此在"追问存在的思路。叔本华的意志本体与传统形而上学的根本区别在于，生命意志本体是非理性的，是没有目的、没有止境的冲动。没有哪一次是最终的满足，旧的欲望满足又产生新的欲望，所以人生充满痛苦和挣扎。叔本华认为，只有灭绝欲望意志才能使人生获得快乐，这很像佛教"人生是苦""涅槃寂静"的学说。他论述道：婆罗门教和佛教教导人们把自己看作是一切存在的源泉，看作是梵——对于这一切存在的源泉来说，其实并没有生、灭这回事。❸叔本华从意识角度得出生死观：意识是认知主体的生命，死亡则是意识的终结。❹

　　其四，尼采的权力生命观。尼采在两个方面发展了叔本华的观点：一是寻求现象与本体的统一；二是注入了肯定、张扬生命意志的精神。他认为，意志是一种永恒的生命冲动，通过拼搏和创造赋予世界与人生新的意义。❺尼采后期把"生命意志"发展成为"强力意志"。所谓强力意志，是指意志的意志，支配一切、统治一切的意志，是生命的"正午"，生命里最旺盛的状态。❻尼采认为，解释是生成的条件，强力意志是"纯粹的生成"，是展开之力、发展之力、解释之力、产生意义之力。强力意志具有超越善恶性、悲剧性、强权暴力等特性。正是权力意志使艺术成为可能。总之，尼采将我思的理性置换为非理性的生命意志主体。尼采的强力意志

　　❶ 朱光潜.西方美学史（下册）［M］.南京：江苏人民出版社，2015：356.
　　❷ 叔本华.作为意志和表象的世界［M］.石冲白，译.北京：商务印书馆，1982：25.另参考牛宏宝.现代西方美学史［M］.北京：中国人民大学出版社，2014：69.
　　❸ 叔本华.叔本华美学随笔［M］.韦启昌，译.上海：上海人民出版社，2018：174.
　　❹ 叔本华.叔本华美学随笔［M］.韦启昌，译.上海：上海人民出版社，2018：216.
　　❺ 朱立元.现代西方美学史［M］.上海：上海文艺出版社，1993：70-71.
　　❻ 牛宏宝.现代西方美学史［M］.北京：中国人民大学出版社，2014：91.

论宣告"上帝已死",重估一切价值,同时也揭示了现代人的基本境遇和问题:人是疏离的、孤独的,人被抛回到自身,人不能从上帝那里获得庇护,也不能从理性寻找存在的依据,只能自己为自己立法,现代人已然生活在险境之中。

其五,柏格森的绵延生命观。柏格森指出:"只有时间才是构成生命的本质要素"。意思是说,生命在本质上是时间上的绵延。"绵延"是柏格森生命哲学中的核心概念,后来改用"生命冲动",实际上是同一个意思。绵延就是实在,就是生命和世界的本质。生命是一条绵延的河流,即是说,离开了时间也就丧失了生命。他认为,认识事物的方法有两种:一是围绕事物周围,那是运用概念进行逻辑推理的理智的方法;二是通过感觉和想象进入事物内部,这是把握生命本质的过程,被称为直觉。他认为,要使人获得自由,就必须回到生命本真的绵延过程中去。要掌握生命真谛,必须运用直觉。由于物理时间和理性的控制,人的生命自我便被分割成两部分,基本自我和空间化的自我。基本自我就是未被理智分割、未被投射到空间从而保持着自身绵延的整一性和不可分割的自我;空间化的自我就是被科学或理性分割的自我❷,"这种被折射了的、因而被切除片段的自我远较符合一般社会的需要,尤其符合语言的需要;意识倾向于它,反而把基本的自我逐渐忘记干净。"❸柏格森从绵延的角度看待生命和世界的本质,实际上是叔本华、尼采生命观的翻版。

其六,狄尔泰的精神生命观。狄尔泰关于生命的概念不是指人的个体生命,而是指人类共同生命整体;不是指自然生命,而是指人的精神(包含理智与文化在内)生命。❹他说:"在人文科学中,我仅仅将'生命'一词用于人的世界"。❺狄尔泰认为,人在现实生活中,面对生命的不可思议的面孔,常常发现自己处于痛苦、分离、恐惧、死亡的威胁之中,处于不可理解的非理性的支配当中,会发出"生命是什么"以及"生命的理想与行动准则是什么"的询问,这是"人的形而上学冲动",宗教、诗歌、哲

❶ 柏格森.创造进化论[M].肖聿,译.北京:华夏出版社,2000:8.
❷ 牛宏宝.现代西方美学史[M].北京:中国人民大学出版社,2014:207.
❸ 柏格森.时间与自由意志[M].吴士栋,译.北京:商务印书馆1958:87.
❹ 朱立元.现代西方美学史[M].上海:上海文艺出版社,1993:290.
❺ 朱立元.现代西方美学史[M].上海:上海文艺出版社,1993:290.

学都是这种冲动的反映和表现。❶狄尔泰生命观的核心，强调人的内省体验。认为真正的人是有血有肉、活生生的、通过感觉、知觉、意志、行动直接同现实打交道的经验者。在他看来，人的理性是有局限的，个体的感性经验也是有局限的，只有经验整体才能把握生命的本体。狄尔泰生命观对以胡塞尔、海德格尔和伽达默尔为主要代表的西方美学的影响较深远，他们的思想影响着中国现当代生命美学的发展研究，同时为禅宗书画观研究提供了思考方法。

其七，海德格尔的存在生命观。海德格尔指出，人的存在不是一个东西在另一个东西之中存在，而是人在世界之中的存在，即人在认识世界之前早已融身于世界之中。人的生命存在是一种关系、结构，而不是一种实体。"存在"不能被对象化，它与一切存在者有本质区别。人是一个时间性的在者即向死而在。此在的整体存在以将来、过去、现在三个时间维度的统一为基础。❷海德格尔进一步强调，此在的本质是生存。这个"此在"与近代思想中的主体或自我是完全不同的，是一个在世之中的自己。❸海德格尔早期强调，此在是时间中存在，是以自身对自己存在的先行领会和筹划为前提的，也就是说人的生命具有超越性。在人的生命自由意识、超越性方面，海德格尔强调人的自由源自个人的领会和筹划。海德格尔后期则提出语言是存在的家园，人类语言成为人类存在的前提。这样，海德格尔早期强调从时间中把握存在，后期则重视由语言理解存在。海德格尔后期思想对伽达默尔的诠释学思想与生命观形成极大影响。

其八，伽达默尔的理解生命观。伽达默尔继承和发展了海德格尔的存在论，认为我们总是生存于一定历史和传统之中，这种传统和历史构成了我们存在的前提……因而自我也是一个历史的产物。❹他有个著名的观点：能被理解的存在就是语言。除了历史传统和人类语言以外，他特别重视生命体验："对体验一词的构造，是以两个方面为依据的：一方面是直接性……另一方面是由直接性中获得的收获，即直接性留存下来的结果。"❺伽达默尔提到生命与体验的密切关系："生命就是在体验中所表现的

❶ 朱立元.现代西方美学史［M］.上海：上海文艺出版社，1993：290.
❷ 胡自信.黑格尔与海德格尔［M］.北京：中华书局，2002：85，148.
❸ 傅松雪.时间美学导论［M］.济南：山东大学出版社，2009：42-43.
❹ 孙丽君.伽达默尔的诠释学美学思想研究［M］.北京：人民出版社，2013：58-59.
❺ 伽达默尔.真理与方法（上卷）［M］.洪汉鼎，译.上海：上海译文出版社，2004：79.

第八章　禅宗书画观的生命超融美育价值

213

东西。""生命就是我们返归的本源。"❶ 根据伽达默尔的考证，体验（Erleb-
nis）在词源上与生命、生活经历（Erleben）密切相关。审美体验指向生命
的意义整体。❷

　　以上我们简要回顾了西方哲学家对生命的体验性理解，这些生命观对
我们把握生命内涵大都具有本体论上的启发意义。概括地说，人的生命是
追求理性、原始、意志、权力、绵延、精神和理解的存在，即是一种精神
性的存在和诗意性的存在。所谓精神性的存在，就是人的精神生命重于物
质生命；所谓诗意性的存在，是指生命的可能性（自由性）高于现实性
（局限性）。法国思想家巴塔耶提出，"我活在可感的经验中，而非逻辑的
解释中。"❸ 人的生命不仅是感性的、精神的和诗意的存在，而且这种生命
是不可逆的。意会认知理论代表人物波兰尼指出，生命超越了物理学和化
学，而且也超越了生命存在物的机械法则。❹

二、禅宗书画观的生命沉思意蕴

　　禅宗书画观不仅具有身体感应意蕴，而且也具有生命沉思意蕴。禅
宗书画观发展到宋元，由于文人化和文字禅的影响，与唐五代禅宗相
比，其生命沉思的理性色彩愈加浓厚。禅宗书画观的生命沉思意蕴，是在
"观""感"认知基础上，通过文人化和诗性之"思"所引发的生命深度之
美。它也是通过禅宗书画展示禅师游心无垠的诗意生活，实现艺术与信仰
生活显隐相融的"诗意栖居"。禅宗书画观的生命沉思意蕴，就是禅师在
书画著述中关于生命的沉思与评价。它是禅宗书画观中融化了理解力的感
觉和想象。如果用佛教术语来说，禅宗书画观的生命沉思意蕴，相当于唯
识宗所说的第六识"意"、第七识"末那识"（自我意识）所获得的效果，
或者说是佛法"闻思修"三大阶段中的"思"的阶段。

　　禅宗书画观的生命沉思意蕴主要包括融合性（"不离"）和超越性

墨香禅意——中国古代禅宗书画观研究

❶ 伽达默尔.真理与方法（上卷）[M].洪汉鼎，译.上海：上海译文出版社，2004：
77-90.
❷ 叶朗.美学原理[M].北京：北京大学出版社，2009：90.
❸ 乔治·巴塔耶.内在经验[M].程小牧，译.北京：生活·读书·新知三联书店，2017：73.
❹ 迈克尔·波兰尼.认知与存在：迈克尔·波兰尼文集[M].马乔里·格勒内，编，李白
鹤，译.南京：南京大学出版社，2017：214.

（"不即"）两个方面。

一是禅宗书画观的融合性："不离"的意义。禅宗书画观的融合性，是指禅宗书画观摄入了儒道佛三家思想，形成了相互交叉与合流的整体。禅宗书画观在"文字禅"兴盛流行之时，更加彰显出融合化的特点。禅宗与净土宗的融合，也是沿着中国化和理性化的路子；禅宗玄虚深刻而动人，净土现实朴质而易行，故禅中有净，净中有禅，禅净合一。苏轼认为，山石竹木和水波烟云虽无常形，却有常理，这个"理"被解释为"最内在的本质存在"❶。宋代的"诗文书画一体"论，正是北宋文化大融合的产物，也是禅与诗文书画艺术相结合的必然结果，诗文书画便成了示现和验证禅心的重要手段。因此，文字就是禅，禅就是文字，这就是黄庭坚的思想理路。禅宗由"不立文字"即忽视语言文字的运用，到"不离文字"，即再度肯定语言文字的作用，正是禅宗与佛教各门派相融合渗透的结果。在元代禅师原叟行端看来，欣赏绘画要"得其精而忘其粗，在其内而忘其外"❷。原叟行端所谓"得其精""在其内"和"在道眼"，就是对生命真性的追求。同时代另一位高僧笑隐大䜣对书画本体有着深刻的见解："心法之妙言不能宣，大用现前心无所传。"❸禅宗书画观综合了儒道释各家思想的精华，富有生命沉思的整体意义。

二是禅宗书画观的超越性："不即"的意义。禅宗书画观的超越性，是指禅宗书画观中的书画图像与所指意义之间存在一定距离，也就是"不即"：由"取象"趋向"取境"的转变。元代中峰明本禅师说："禅何物也，乃无心之名也；心何物也，即吾禅之体也。他认为画像只不过是虚上加虚。他认为绘像简直就是徒劳之举，即影上觅影。他认为《十牛图》只是影子而已，根本不能描摹本心。只有超越了幻象才可能获得本心（生命本体），即明心见性。

总之，禅宗书画观是禅师书画家"于相而离相""不即不离"的超越性话语体系。

---

❶　卜寿珊．心画——中国文人画五百年［M］．皮佳佳，译．北京：北京大学出版社，2017：75.

❷　皮朝纲．游戏翰墨见本心——禅宗书画美学著述选释［M］．成都：四川民族出版社，2013：123-125.

❸　皮朝纲．游戏翰墨见本心——禅宗书画美学著述选释［M］．成都：四川民族出版社，2013：149.

第三节　禅宗书画观的生命超融美育价值

禅宗书画观的生命超融美育价值总的来说，也是对生命精神性与诗意性的礼赞。一句话，禅宗书画观是禅师精神生命与诗意生命的体验形式。这一生命体验形式，既是具体禅宗书画家个人的生命体验，同时也是所处时代生命共同体（对个体生命的超越）的生命沉思。

美可分为感性美、理性美和超理性美三个层次。❶我们认为禅宗书画观的生命超融美育价值也包括三个层次：生命形象美，即呈现精神生命的感性美；生命过程美，即表现精神生命的理性美；生命境界美，即追寻生命意义的超理性美。

一、生命形象美

禅宗书画观的生命形象美，是禅师对生命形象的直观感悟，即生命形象美指向生命的敞开状态，即化动为静，超越时间流动的瞬间空间定位。

在禅宗看来，人的生命包括两个层面：一是人的存在即现世生活，二是人的精神生命，即生命表征的"本心"。禅宗的生命形象并非指物质的肉体生命，而是指精神层面的精神生命；而且，并非指精神生命中的那种思想意识，而是精神生命中的"本来面目"（真心、净心）。禅宗在"生命表征的心"上要实现两重超越，一是实现从物质生命到精神生命的超越，二是实现从精神生命的妄心（染心，分别心）到精神生命的真心（净心，无分别心）的超越。❷人的生命存在的最佳标志，不是丰富的衣食住行和显赫的名誉地位，而是对生命价值意义的领悟。因为精神是人的生命区别于动物生命的重要标志。马克思曾经指出："吃、喝、生殖等，固然也是真正的人的机能。但是，如果加以抽象，使这些机能脱离人的其他活动领

---

❶　张世英.美在自由——中欧美学思想比较研究·张世英文集（第9卷）[M].北京：北京大学出版社，2016：361-365.

❷　皮朝纲.禅宗美学的独特性质、人生意蕴及其当代启示[J].西南民族学院学报，2001（1）.

域并成为人的最后的和唯一的终极目的，那它们就是动物的机能。"❶ 马克思的精辟论述向我们表明，人的生命价值意义在于"精神关怀"而不在于"物质关怀"。禅宗对精神生命的高度关注，表现出非常难得的生命沉思智慧。

因此，禅宗书画观所表现的生命形象，实际上是人的自由精神形象。

王维的禅画塑造的"雪中芭蕉"形象，不在于外观的生动与否，用笔是否精细，构图布局有何特色，而在于通过突破了四时限制，实现了空间的自由位移与改造，即呈现慧洪所谓"妙观逸想"的自由生命形象。

五代的贯休，常以生命活力的意象来评价书法作品："乍如沙场大战后，断枪橛箭皆狼藉。又似深山朽石上，古病松枝挂铁锡"；"天台古杉一千尺，崖崩岸折何峥嵘"❷ 等，这种评语都是书画僧对生命力和生命境界的礼赞。

元代天如惟则高度评价南宋画家扬补之的绘画："补之能为梅写真，梅华又为翁传神。"❸ 惟则禅师不仅指出画家画梅造诣之高深，更重要的是借梅花形象直观感悟到画家"传神"拥有自由精神的生命形象。

清代画僧石涛在芋头芋叶的一幅画上题写：昔王安节赠予有辞云：铜钵分泉，土炉煨芋。信知予者也。却可笑野人今年馋，几个大芋头一时煨不熟，都带生吃，君试道腹中火候存几分？❹ 在这里，石涛以现世的"芋头芋叶"，幽默的语言，"煨"出（启发）观画者从"芋头芋叶"（在场）到广阔的生命空间（不在场）。

总之，禅宗书画观中礼赞生命形象之美，重视精神生命的价值，蕴含了丰富的生命美学智慧。

二、生命过程美

所谓禅宗书画观的生命过程美，一是指书画僧在书画活动表现了生命律动，将经历的时间转达为灵动的空间；二是禅师在书画著述中对生命超

---

❶ 马克思恩格斯列宁斯大林著作中共编译局.马克思恩格斯选集（第1卷）[M].北京：人民出版社，1995：79.

❷ 贯休.观怀素草书歌·禅月集[M]//明复.禅门逸书初编（第2册），第105号：51.

❸ 天如惟则.补之梅·天如惟则禅师语录[M]//新编卍续藏经（第22册）：891.

❹ 参见石涛画集·图版52[M].上海：上海人民美术出版社，1960.

217

越过程的描述与肯定。

先看书画活动表现生命律动方面。

狂草书僧怀素则提出"书兴"命题，他强调的书法创作乘兴而作的"兴"，极具生命勃发的状态，也符合草书艺术规律。这是禅宗强调顿悟的自由精神在书法实践中的具体体现。怀素被誉为"天下第一草书"的《自叙帖》，表现了笔雄气畅的生命活力。

憨山德清在《示惺初元禅人书经》中，根据自己的书法创作经验概括为"书经之行，妙在一心不乱"。"昔住五台，曾刺血泥经，书写华严大经。每于书写之中，不拘字之点画大小、长短，但下一笔，则念佛一声。如是点点画画，心光流溢，念念不断不忘，不错不落，久之不在书与不书，乃至今梦寐之中，总成一片……以此证之，则书经之行，妙在一心不乱，又岂若童蒙抹朱，便以书经求功德耶？"❶憨山提出的"书经之行，妙在一心不乱"命题颇有深意：一是强调书法要"一心不乱"；二是获得"一心不乱"的方法途径，如摈弃"以书经求功德""博名高为求供养之资"的妄念；三是以禅论书，如"念念不断不忘"，"但下一笔，则念佛一声"❷。按照美国著名美学家苏珊·朗格的生命形式理论，书法家的书写过程就是他们的生命形式。憨山强调书写之时先要进入禅定状态，其实就是进入虚静的审美态度。

再看书画著述中对生命开悟过程的描述方面。

在禅宗书画著述中，我们能够找到大量的用文字或者图像描述开悟过程的文献。如宋代廓庵禅师的《十牛图颂》，是用十牛图和十首诗句，再现了由修行而开悟即回归生命本来面目的历程。第一幅"寻牛"，象征由于"无明"而导致生命本体的迷失；第二幅"见迹"象征开始发现宇宙万物都出于一体，都是与自己合二为一的；第三幅"见牛"象征发现本心，初步开悟；第四幅"得牛"象征证悟生命本体即自性；第五幅"牧牛"象征仍要修行，把持住自性；第六幅"骑牛归家"象征乘坐驯服的心牛回归精神故里；第七幅"忘牛存人"象征回到本觉无为的精神家园，无事安详；第八幅"人牛俱忘"象征凡情脱落，空念尽除；第九幅"返本还源"

❶ 德清.示惺初元禅人书经·憨山老人梦游集（卷九）［M］//新编卍续藏经（第27册）：328.

❷ 皮朝纲.中国禅宗书画美学思想史纲［M］.成都：四川美术出版社，2012：396-397.

象征本心清净，当体即实相；第十幅"入鄽垂手"象征"真空妙有"修行圆满，融入日常生活中去，与众生平等，禅悟世界与生活世界不隔，达到马祖道一所谓的"平常心是道"的境界。

第一幅到第七幅，表现禅宗修行阶段的艰难困苦，而第八幅到第十幅则是禅宗真正的开悟即生命升华的境界。《十牛图》是禅宗生命本体观的高度浓缩，源自《六祖坛经》的见性法门。禅宗强调每一位众生都具足本性（佛性、自性），都具备成佛的可能性。即心即佛，彻底证得自性，就是开悟就是成佛。这种图画，在宋代以后的中国、日本禅宗领域里颇为流行，迄今未衰。用牛来比喻众生的佛性，有其经典上的渊源。《法华经》里有羊车、鹿车、牛车之喻。我国古代祖师将羊、鹿二车喻为小乘的声闻、缘觉，而将牛车用来象征境界较高的菩萨。并且，还以露地大白牛比喻修行上的最高境界。用这十幅图画说明由迷起悟的十段历程，是廓庵禅师对生命过程的综合整理。❶需要强调的是，禅宗书画观中所呈现的生命过程是与艺术过程同构对应的，书写过程之美就是生命过程之美。

三、生命境界美

超越和融合禅宗书画观的形象美（外观）与过程美（内涵）之后，便生成禅宗书画观的最高层次的生命美育价值：生命境界美。这个境界，可理解为中国哲学所强调的虚的部分。只有当人心成为自身和宇宙的镜子时候，才能开启生命的可能性。因为虚在时空中，并由此在人的生命中实施着持续不断的质变。❷我们先要加深对"生命""境界"的理解。"境界"问题是中国美学和美育实践中的核心问题。我们综合王国维、冯友兰、张世英、叶朗、张节末、潘知常、李鸿祥等学者的意见，认为生命境界融合了人心觉解、思维方式、感性存在、自由状态四层意思：一是指一个人的人生态度，它包括如冯友兰说的觉解，张世英说的感情、欲望等浓缩一个人的精神世界的整体，即人的"灵明"所照亮了的意义世界（人心觉解）；二是打破主客对立的诗意世界和不二法门（思维方式）；三是存在于当下

❶ 徐光兴. 东方人的心理疗法［M］. 上海：上海科学技术出版社，2004：194-210.
❷ 程抱一. 中国诗画语言研究［M］. 南京：江苏人民出版社，2006：333.

感受中（感性存在）；四是超越自我的刹那逗留之地（自由状态）。❶

　　上述关于境界的涵义对禅宗书画观的生命境界美来说，最后一种说法最富有启发意义。禅宗书画观无非是超越自我的禅宗空寂境界在书画领域的体现。禅宗的自由境界，包括四层意思：一是外离相，常离法相，来去自由；二是内不乱，心地无痴自性慧，心地无乱自性定；三是超越有限与无限的矛盾，万象森罗影现中，一颗圆光非内外；四是超越物我之间的矛盾。

　　本书中编第五章在讨论禅宗书画观的超融特征时早就诠释了禅宗书画观的境界超融。如唐代禅宗大师马祖道一早年提出的"即心即佛"主张，类似于孔孟之入世情怀，晚年再提出"非心非佛"命题，则近似于老庄之飘逸洒脱，所谓"不是物"正合乎禅宗万法自现（见）之禅意。在汉语中，禅宗目标"明心见性"之"见"不同于一般的"看"。日本禅学大师铃木大拙就两者做出了具体的区分："看与见都与视觉有关，但看含有手和眼，是'看'一个独立于看者之外的对象，所看与能看是彼此独立的。'见'与之不同，'见'表示纯粹'见'的活动。"❷ 就是说，"看"是主体对"物"的二元对立认识活动中的视觉行为，而"见"却是"不是物"（空）的现象空观，即体现了禅宗境界超越意识观念、超越自我的独特见解，它把能见与所见合一，破除了"法执"（物）和"我执"（我）之后，"空诸一切"，顿时所见之性呈现于境界。由此推知，禅宗书画观也即通过书画须臾之象见出自性——生命的原初状态。禅宗书画观的生命美育价值来自禅宗的生命智慧，主要侧重于超越自我的解脱境界。禅宗的生命智慧，在于把生命的本体归于虚无，运用到美育实践之中，则意味着美是"呈于吾心而见诸外物"❸ 的妙悟境界。自由是禅宗与对象的交汇点：自由不再是对必然性、客观性的超越，而是完全成为禅宗美学的纯粹直观或现象空观，禅即自由。禅宗的"明心见性"，无非就是对人的自由存在方式的内省、享受。慧能反对画家方辩为自己塑像，就是因为他从"无相""无念""无

❶　张世英.哲学导论［M］.北京：北京师范大学出版社，2014：70-78；张节末.禅宗美学［M］.北京：北京大学出版社，2006：179-189；叶朗.美学原理［M］.北京：北京大学出版社，2009：429-435；李鸿祥.图像与存在［M］.上海：上海书店出版社，2011：350-356.

❷　铃木大拙.禅风禅骨［M］.耿仁秋，译.北京：中国青年出版社，1989：37.

❸　王国维.人间词话·王国维文集（第一卷）［M］.北京：中国文史出版社，1997：173.

住"出发，看重禅的终极境界："自由即觉悟"。❶

禅宗书画观的生命境界美，是禅宗的生命智慧在禅宗书画观中的具体表现，它是一种否定世俗实体之美，即追求生命本体自由之美。禅宗境界，是指禅者进入了生脱死的自由境界。禅宗书画观里面，发表了不少关于"无象之象""空寂之境"的观点。例如，云门宗开山祖文偃禅师曾以皈依佛法僧评议"帐子画牛抵树"。画中之意，到底是牛抵树，还是树抵牛？其实，跳出物理时空，既不是牛抵树，也不是树抵牛，只能是超越牛与树的因果逻辑关系的空寂自由，所以在文偃禅师看来，这幅画颇有禅意和生命境界之美。❷

在禅宗书画观中，追求生命境界的例子俯拾即是。宋文僧慧洪提出的"以笔墨为佛事"❸，即倡导生命奇妙与飘逸空灵的品格。宋画僧牧溪在《潇湘八景》中，以起伏的山峦、朦胧的雾气等在场景物，启发观者破执知返，迷途悟道。元代临济宗僧人月江正印说参禅要实参实悟，"从无住本，立一切相"❹，是对慧能的"无住者，为人本性，念念不住，即无缚也"❺说法的继续申述，强调生命本心的自由境界。清代八大山人的《孤鸟图》中也隐含着深沉的生命超融智慧，孤独的鸟栖于干枯的树枝上，正是对末世残局整体生命的感悟与反思，他不局限于个体生命的痛苦，而是对一定时代整体生命的感叹。这里就有整体生命对个体生命的超越和融合，即生命的超融境界。

本章小结

本章主要讨论禅宗书画观的生命超融美育价值。它是身体与宇宙两种美育价值的中介，即图像世界中身体与宇宙两极的调控器。从生命意义境界进

---

❶ 潘知常.从庄玄到禅宗：中国美学的智慧·生命美学论稿：在阐释中理解当代生命美学[M].郑州：郑州大学出版社，2002：199-210.

❷ 皮朝纲.游戏翰墨见本心——禅宗书画美学著述选释[M].成都：四川民族出版社，2013：29.

❸ 慧洪.提昭默自笔小参·石门文字禅（卷二十六）[M]//兰吉富.禅宗全书（第95册）：354.

❹ 正印.自赞.徒弟普觉首座请·月江正印禅师语录[M]//新编卍续藏经（第123册）：291.

❺ 慧能.坛经（第十七节）[M].郭朋，校释.北京：中华书局，1983：32.

一步来探讨禅宗书画观的美育价值，是对身体美育价值的超融。禅宗书画观的生命超融美育价值，可视为禅宗书画观在身体与宇宙美育价值交织之后的延展与结果，也是禅宗书画观在超越身体与宇宙时空两极后的虚的维度。

禅宗书画观的生命超融美育价值按照宏观、中观、微观三个层次逐步展开：一是从宏观层次研究佛禅生命观。这种生命观主要表现在因果报应、人生是苦、离苦得乐、涅槃寂静四个方面；二是从中观层次考察禅宗书画观蕴含的生命沉思意蕴；三是从微观层次阐述禅宗书画观的生命超融美育价值。禅宗书画观的生命超融美育价值包括生命形象美、生命过程美、生命境界美三个层次。

第九章　禅宗书画观的宇宙超融美育价值

禅宗书画观不仅体现了禅宗身体观、生命观，而且也蕴藏了禅宗的宇宙观。因此，本章从宇宙超融的角度阐发禅宗书画观的美育价值。禅宗书画观的宇宙超融美育价值，可视为禅宗书画观在身体感应美育价值与生命沉思美育价值基础上的超越与融合，也是禅宗书画观在超越身体和生命局限的自由飞跃。

本章沿着本、体、用三个环节逐步展开：一是宏观上揭示禅宗宇宙观的内涵、特质（本）；二是从中观上界定禅宗书画观的宇宙超融意蕴（体）；三是从微观上把握禅宗书画观的宇宙超融美育价值（用）。

第一节　禅宗宇宙观

从宏观上看，禅宗以心性角度（即万法在心中，在自性中）来对待宇宙。本节主要介绍缘起论、无我论与自心本原论。

一、禅宗宇宙观的内涵

禅宗宇宙观的内涵，我们可从缘起论、无我论、心原论三个方面阐释。

首先，缘起论中的宇宙观。缘起论是整个佛教教义的理论基石，也是佛教宇宙观的核心。所谓"缘"，是指事物存在的条件、关系，"缘起"意指一切现象皆依一定的条件而生起，由相互依存的关系而成立。禅宗认为，一切事物和现象的产生，都是由相互依存的关系和条件决定的。如果没有这个关系和条件，任何事物和现象都无法生起。汉语中的"世界"既脱胎于本土"宇宙"之时空相融的内涵结构，又借鉴了印度佛教初入中土而成为颇为新鲜且具佛教渊源的词语。"世界"是佛教时空范畴,"世"指时间,"界"指空间。世界可分为现实世界和想象世界。

其次,无我论中的宇宙观。无我论是从缘起论派生而来的又一重要理论。所谓"我",不同于世俗中所理解的独立个体,而是指主宰和实体之意。"无我"是指一切事物存在都没有主宰(即自性),都必须以其他事物存在为前提,有因缘合和之意。禅宗心原论的基本内涵是心为万法之本。

最后,心原论中的宇宙观。禅宗继承并发展了《大乘起信论》中的思想,突出心是超越的本体,进一步宣扬心是一切宇宙生命的根源。禅宗的"心",又与"空"相通。禅宗所谓"空",不是完全没有,而是一种恒常自在、自由无限。禅宗认为,世界一切都是佛性这一宇宙本体显现出来的现象。禅宗讲的心是超越的主体性。中国人民大学方立天教授认为,禅宗把心作为人生宇宙的本原,是和探求成佛的根源分不开的。由此禅师宣扬自心是佛的思想。● 禅宗自心本原论是在佛教缘起论、无我论基础上的进一步发展,是禅宗宇宙本体论的核心。

二、禅宗宇宙观与儒家宇宙观的异同

首先,禅宗宇宙观与儒家宇宙观存在一定的共通性。

第一,儒家与禅宗的宇宙观都是"理事不二"的宇宙观。

儒家的宇宙不同于西方空间存在的宇宙,而是时刻处于生殖和繁衍的过程中并不断孕育着各种生命的独特存在,甚至其本身也带有某种生命特质。● 古人将所有生命体及其运行轨迹都纳入大宇宙生命之中,人体和宇宙无疑是其中最为重要的元素。所以,《易经》说"观物取象"就隐藏着"一叶知秋"的智慧。身体与宇宙之间构成顺应和感应关系,各种事物都进入天人合一的宏大系统。宋明理学家受佛教思想的影响,将"理"提升为宇宙的本体。如程颐、程颢说:"万物皆是一理。至如一物一事,虽小,皆有是理""天下只有一个理""凡眼前无非是物,物物皆有理"。● 这个"理"是宇宙的本根。朱熹则认为,天地万物是由"理气"流行发育而成,

---

● 方立天.中国佛教哲学要义[M].北京:中国人民大学出版社,2012:668.
❷ 张超然.论中国古典文化的"身"[D].南京:南京师范大学,2011.
❸ 何锡蓉.佛学与中国哲学的双向构建[M].上海:上海社会科学院出版社,2004:293.

所谓"世间之物，无不有理"。"这种宇宙一体或天人合一的理论认为，人是一个小宇宙，每个人都持有全宇宙的信息。中国古代的宇宙论、生物学、医学、社会学、政治理论都认为事物的部分蕴含着包括整体的全部信息，通过观察局部完全能够把握整体。"❶

禅宗也坚持"体用不二"的宇宙观。禅宗从缘起论、无我论、心本原论出发，主张一切从"心"开始。如沩山就明确提出："理事不二，真佛如如。"❷ 也就是"一"（理）即"一切"（事）的意思。禅宗以自心为万物之本，认为万物都是心性所派生出来的。神秀《观心论》云："心是众善之源，是万恶之主……常乐由自心生，三界轮回亦从心起。"又说："佛者，觉也，所谓觉察心源，勿令起恶。"❸

第二，两者都重视由近（人）及远（物）地把握宇宙万物。

佛教以心性论为基础。心性论是讨论人心的本质的核心理论，这个心性也叫佛性，即众生成佛的可能性。慧远对佛性的解释："佛性是佛之体性。"❹ 这是印度佛教关于佛性的原意。后来到了大乘佛教时期，佛性具有形而上的本体的意义。禅宗佛性理论将佛性从遥远的彼岸世界拉回到现实世界，更加突出自性自心，建立了以心为万法之本的自心本原论。慧能提出："自性能含万法是大，万法在诸人性中。""故知一切万法，尽在自身中，何不从于自心顿现真如本性。"❺ 他道出宇宙万物的根本就是自性，自心就能把握宇宙万物的真谛。

其次，禅宗宇宙观与儒家宇宙观当然存在明显的差异。

第一，两者目标境界不同。

儒家强调尽心知性，按照亚圣孟子的说法就是"不失其赤子之心"。儒家认为通过自身内省功夫便可达天道。如《中庸》说："自诚明，谓之性；自明诚，谓之教"，"惟天下至诚，为能尽其性；能尽其性，则能尽人之性；能尽人之性，则能尽物之性；能尽物之性，则可以赞天地之化育；

❶ 刘长林.中国系统思维［M］.北京：中国社会科学出版社，1990：72.
❷ 普济.五灯会元（卷九）·仰山慧寂禅师［M］.苏渊雷，点校.北京：中华书局，1984：527.
❸ 方立天.中国佛教哲学要义（上卷）［M］.北京：中国人民大学出版社，2012：317.
❹ 《大正藏》（卷三七）：827.
❺ 慧能.坛经校释［M］.郭朋，校释.北京：中华书局，1983：51，58.

可以赞天地之化育，则可以与天地参矣。"[●] 明代蕅益大师对此段解释道："此至诚，即是明善以诚其身，修德功极，究竟证于性体者也，故曰：为能尽其性……只说到与天地参，便是儒门狭小之处；若知空生大觉中，如海一沤发，则佛道可阶矣。"可见，儒家与天地参，而佛家则把天地都看空了，所以两者对宇宙本体观上存在一定差距。两者目标也不一：佛家以悟空成佛为境界，儒家则以成圣为终极目标。

第二，两者对宇宙本末关系的理解也存在差异。

儒家的人本宇宙观，把人作为本，其他一切事物均为末，将本与末对立起来。而禅宗心性宇宙观则不一样，主张理事不二，也就是本即是末，末即是本，本末即本质与现象是圆融一体的。

三、禅宗宇宙观与道家宇宙观的异同

首先，考察禅宗宇宙观与道家宇宙观的共性。

道家以道作为宇宙的本体。根据叶朗先生的研究，"老子美学中最重要的范畴也不是美，而是'道'—'气'—'象'这三个互相联结的范畴。"[●] 老子曰："道可道，非常道；名可名，非常名。"[●] 这里的"道"包含"有"与"无"。又说："有物混成，先天地生。"[●] 就是说宇宙诞生之初是混沌一体的。"道"不是谁创造的，而是天生的，所谓"混沌""朴""玄""恍惚"等说法，意思都是指道非外力创造，亦非上帝所造。老子的道、元气、阴阳、万物等概念均蕴含着宇宙"虚"的部分。[●] 老子把道作为宇宙万物生命的本源，对中国美学的意义十分重大，尤其他对美和艺术采取了否定的态度，提出"妙"的审美范畴。"欲以观其妙"以及"玄之又玄，众妙之门"[●]，突出"道"的"无"——无规定性、无限性，即虚的一面。"妙"出乎自然而又归乎自然，对魏晋以后文艺美学思想尤其是禅宗书画美学思想产生了巨大的影响。

● 蕅益.四书蕅益解［M］.江谦，补注，梅愚，点校.武汉：崇文书局，2015：186-187.
● 叶朗.中国美学史大纲［M］.上海：上海人民出版社，1985：24.
● 憨山.老子道德经解［M］.武汉：崇文书局，2015：11.
● 憨山.老子道德经解［M］.武汉：崇文书局，2015：56.
● 程抱一.中国诗画语言研究［M］.南京：江苏人民出版社，2006：330-332.
● 憨山.老子道德经解［M］.武汉：崇文书局，2015：11.

庄子继承并发展了老子的美学思想，也主张道是宇宙最高的、绝对的美："天地有大美而不言，四时有成法而不议，万物有成理而不说。"❶ 庄子把宇宙生命力视为艺术的关键所在。庄子的天地之美，强调的不是外在自然形式之美，而是内在本性之美。"夫虚静恬淡寂寞无为者，天地之平而道德之至也"❷，"澹然无极而众美从之"❸ 等说法，无不反映他的超越意识的相对主义美学观。庄子及其学派从自然无为抓住了美之为美的根本，包含了美在自由的思想。李泽厚、刘纲纪认为，"庄子以自然无为为美，也就是以个体人格的自由的实现为美。这是庄子美学的实质和核心，是我们了解庄子美学的关键所在。"❹ 这个以自然无为为美的观点，就是宇宙天成之美。道家宇宙观与禅宗宇宙观存在以下几方面的共性：

第一，两者唯心性质相近。道家自然宇宙观以道为万物之本，侧重于客观唯心主义。禅宗宇宙观则以自心为万物之本，侧重于主观唯心主义。

第二，两者都趋向自然。道家主张道法自然，以自然为本。禅宗强调在自然中悟道。

第三，两者都向往自由。道家的自由美学思想，无目的而合目的性的意思。道是一种无限自由的力量，说它无目的是指道无知无欲，自然而然，而合目的性则是指道纯任自然且合于规律的运动满足了人的自由目的。禅宗宇宙观源于佛教缘起论，更是趋向于无限和自由。

其次，比较禅宗宇宙观与道家宇宙观的差异性。

两者的差异主要表现在两个方面：

一是自然观内涵不同。道家顺应并且寄托自然，自然对象是实体存在；佛禅看空自然，自然是色，是假有，暂时的有，本体为空。

二是本末观关系不同。道家自然宇宙观把道作为本，一切为末，本与末存在对立，而佛禅宇宙观不一样，理事不二，本即是末，末即是本，本末即本质与现象是圆融一体的。

比较佛禅宇宙观与儒道宇宙观的异同，一是为了进一步把握佛禅宇宙观的内涵特质，二是为下一节探讨禅宗书画观的宇宙超融内涵提供理论支撑。

❶ 曹础基.庄子浅注［M］.北京：中华书局，1982：325.
❷ 曹础基.庄子浅注［M］.北京：中华书局 1982：188.
❸ 曹础基.庄子浅注［M］.北京：中华书局 1982：227.
❹ 李泽厚，刘纲纪.中国美学史（第一卷）［M］.北京：中国社会科学出版社，1984：246-247.

第二节　禅宗书画观的宇宙超融意蕴

一、宇宙的含义

在中国传统文化中，广义的宇宙是一个将外宇宙与内宇宙（人的生命世界）合为一体的大宇宙概念。佛教中的"世界"与中国本土文化传统中的"宇宙"类似。《淮南子》中的《齐俗训》对宇宙的解释："往古来今谓之宙，四方上下谓之宇。"❶ 著名学者方东美《中国人生哲学》中把中国人的宇宙论含义概括为三方面：

一是"宇宙在我们看来，并不只是一个机械物质活动的场合，而是普遍生命流行的境界"，"其中物质条件与精神现象融会贯通，毫无隔绝"；二是"冲虚中和的系统"，是一种能从"有限"的"形体"中见"无限"的"功用"的系统，所以中国人善于"使有限宇宙的形体，表现无穷空灵的妙用"，实现事物中真善美合一的"精义"的整体提升；三是"宇宙"在中国人看来是一个"价值的领域"，"充满了道德性和艺术性"，换句话说，"是一个沛然的道德园地，也是一个盎然的艺术意境"。❷

在方东美先生看来，中华民族所以能有伟大的文化与这种大宇宙论是息息相关的。我们谈论禅宗书画观的宇宙超融意蕴，也应该从生命、系统与价值的广义大宇宙观去理解。

二、超融的含义

禅宗书画观集中体现了禅师书画家内宇宙与外宇宙万物之间的融合，即禅师通过对书画的感悟活动向外宇宙敞开自身，外宇宙也同时向人呈现自己的本来面目，生成"天人合一"的超融境界。禅宗书画观中的超融，不是超越，而是包含超越与融化两个方面的意义。超融是潜在的、具有创

❶ 淮南子（卷 11）·诸子集成（第 7 册）［M］. 北京：中华书局，1986：178.
❷ 蒲震元. 中国艺术意境论［M］. 北京：北京大学出版社，1999：118.

造性的整体的形式。^❶

　　"超融"的第一层含义是超越，它与"悟"有关。这个"悟"就是超越"分别心"的意思。成中英说，我们需要一个对自己的清洗或者跳出，这就是"悟"的过程。^❷所谓对自己的清洗或者跳出，就是超越已有的知识与观念，进入新的视域。"悟"对于事物最终本体的认识具有极其重要的作用，并且具有很强烈的实践意义。通过清洗或跳出原有的自我，其实就是把原有的自我纳入新的视域之中。

　　"超融"的第二层意思是融化，它与"通"有关。成中英本体诠释中的第五种模式"通"，指的是在"悟"基础上融通各种事物性质以及各种障碍之意。简言之，"通"将各种差异融合为一个动态整体。^❸成中英本体诠释学的第四种认知模式"悟"和第五种认知模式"通"，是在"观""感""思"三种认知模式基础上的融合。第四种认知模式"悟"侧重于超越，第五种认知模式"通"侧重于融合，"悟"与"通"两者组合起来就是"超融"。成中英教授认为，超融被"看作一个整体，一体多面。超融是一种方法，其自身已经是一个诠释的范畴。"^❹陈望衡教授在与成中英教授的对话时（2005 年 9 月 11 日）指出，"用成教授的超融就能体现各种事物的界限的融化，个体就是群体，人就是自然，肉体就是心灵，心灵就是肉体。"^❺

　　综上所述，超融并非简单肯定，也不是简单否定，而是具有既融入（包含）又超越（扬弃）的双层意蕴。简言之，超融是超越与融合的统一，也是"悟"与"通"两种认知模式的有机统一。我们在讨论禅宗书画观的美育价值时之所以用"超融"而不用"超越"，就是因为超融这个概念比超越更全面、更深刻，它包含着超越和融合两层意思。

第九章　禅宗书画观的宇宙超融美育价值

---

　　❶　陈望衡.美在境界［M］.武汉：武汉大学出版社，2014：216.
　　❷　成中英，杨庆中.从中西会通到本体诠释——成中英教授访谈录［M］.北京：中国人民大学出版社，2013：281.
　　❸　成中英，杨庆中.从中西会通到本体诠释——成中英教授访谈录［M］.北京：中国人民大学出版社，2013：282.
　　❹　成中英.论本体诠释学的四个核心范畴及其超融性［J］.齐鲁学刊，2013（5）.
　　❺　陈望衡.美在境界［M］.武汉：武汉大学出版社，2014：216.

三、禅宗书画观的宇宙超融意蕴

以上介绍了宇宙、超融的含义，现在我们对禅宗书画观的宇宙超融意蕴进行界定。禅宗书画观的宇宙超融意蕴，就是禅师在书画著述中关于宇宙超融的描述与评价，也是指禅宗书画观中包含身体感应和生命沉思含义，并从大宇宙生命角度超越两者的意思，如果用佛教的话来说，则是闻思而修❶，或者说相当于佛教唯识宗所说的第八识"阿赖耶识"（即"根本识"）所获得的效果。如果用成中英提出的"悟""通"模式来说，则是对身体、生命既悟（超越）而又通（融合）的整体美育意蕴。我们对于禅宗书画观的宇宙超融意蕴的领悟，还可借用《中庸》的"通达"开放思维来进一步阐发。《中庸》第三十章曰："万物并育而不相害，道并行而不相悖。"天地大德，展示了天人之间内在的一体性。人的世界与天地的世界不是两个不同的世界，在最初和最终的意义上，它们是同一个世界。❷ 从"中庸"视角看，禅宗书画观所蕴含的宇宙超融意蕴，强调的正是这种天人一体的意蕴，物我通达的境界，它包括前后关联的三个层次：先是身体感应的通达（第七章已论及），然后是生命沉思的通达（第八章已论及），最后是与宇宙万物之间的通达（本章第三节将论述），融为身体—生命—宇宙三位一体的大宇宙生命整体。禅宗书画观的宇宙超融意蕴主要表现为艺术体验、修行实践两个方面。

一是艺术体验中呈现的宇宙超融意蕴。

禅宗书画观作为一种书画艺术体验，不局限于对书画作品的观照，同时还包括对人的身体、生命与宇宙的观照，这就是艺术体验中呈现的宇宙超融意蕴。如八大山人的《孤鸟图》，它一方面是一幅动物（生命体）图画，但又不仅仅是一幅动物图画，它还是人的身体、生命在宇宙时空中参禅感悟的瞬间展现。这只孤独的鸟儿，颤巍巍地栖居于干枯的树枝上，恰是画者、悟者对末世残局生命的感悟与宇宙时空的体验。这样的禅画观，与其说是对绘画艺术的体验与评价，不如说是一种缘境而观空（宇宙本体）的佛事行为，它所追求的目标不是图像造型逼真，而是人的精神自由（明心见性），这就是禅宗书画观超出一般艺术而把握宇宙奥妙之处。

---

❶ 陈兵. 新编佛教辞典［M］. 北京：中国世界语出版社，1994：131.

❷ 陈赟. 中庸的思想［M］. 杭州：浙江大学出版社，2017：255-257.

二是禅修实践中呈现的宇宙超融意蕴。

禅宗书画观不仅是禅宗艺术体验的结晶，而且属于禅师生活实践的一部分，也就是说禅宗书画观根源于禅师的禅修实践。禅修实践是追求内在精神自由的过程。如这则公案："师与密师伯过水，乃问：'过水么事？'伯曰：'不湿脚。'师曰：'脚不湿'"。❶这一段话深含禅宗"即心即佛"之意。过河而不湿脚，便是一种在感性（生活）而超感性（顿悟）的超融，不着外相（河水），但还不够彻底，以河水为主，不是以我为主，过河脚不湿，也是一种超越，但这种超越比不湿脚更为彻底，以我为主，没有执着外相，是"即心即佛""空"的自由状态，而不是即物即佛，无心而自由，不离外相（河水），又超脱于外相（脚不湿）。在世出世，不即不离，在有限（日常生活：过河的刹那）中实现自我超越（精神自由：脚不湿）。禅宗作为中国化的佛教，是一种在日常生活中修行的实践活动。在禅师看来，修行（生活）与审美（艺术）之间没有严格的界限，修行就是审美，审美就是修行。清初画家石涛在《画语录》中提出绘画创作的最高原则——"一画"论，这个原则强调画家的最佳创作境界是打破天人之分（宇宙与人的生命），必须达到物我一体的超融和谐状态。❷朱良志在《中国美学十五讲》中就明末清初禅画家渐江的《画偈》"空山无人，水流花开。再诵斯言，作汉洞猜"，发表了这样的评论："他将空山无人、水流花开作为禅道的大法、画道的大法，石涛也是如此。"朱良志进一步阐述："人的意识淡出，人不说了，让世界去说，世界的说就是我的说，落英缤纷，水流淙淙，风轻云淡，春燕差池，那就是我。"❸在朱良志看来，石涛的"一画说"的思想根基就是禅宗不二法门，"他的一画之法，就是为了建立一种无所羁束、从容自然、即悟即真的绘画大法。"❹禅宗画家通过禅宗的"不二法门"，打破生活（宇宙）与艺术之间的界限，其实是融合了身体、生命与宇宙万物，因为生活实践体验这一中介将三者统一起来，每个因素都不可能完全独立、截然分开。

总之，禅宗书画观的身体感应意蕴主要指向身体一极，禅宗书画观的

❶ 普济.五灯会元（卷十三）［M］.苏渊雷，点校.北京：中华书局，1983：782.
❷ 高建平等.中华美学精神［M］.北京：中国社会科学出版社，2018：240-241.
❸ 朱良志.中国美学十五讲［M］.北京：北京大学出版社，2006：48.
❹ 朱良志.中国美学十五讲［M］.北京：北京大学出版社，2006：50.

生命沉思意蕴主要指向生命一极，而禅宗书画观的宇宙超融意蕴，则是在生活实践（禅宗书画观的本体基础）中对身体与生命意蕴进行双重超越，指向融合着身体、生命、宇宙三层次的大宇宙生命整体。

第三节　禅宗书画观的宇宙超融美育价值

禅宗书画观所蕴含的宇宙超融意蕴，从美育功能上说就是宇宙超融美育价值。

李泽厚先生在《美学四讲》中提出，审美分为"悦耳悦目""悦心悦意""悦志悦神"三个层次。"悦耳悦目"这里指的是人的耳目感到快乐。"悦心悦意"是通过耳目，愉悦走向内在心灵、"悦志悦神"是人类最高等级的审美能力了。所谓"悦志"，是"对某种合目的性的道德理念的追求和满足，是对人的意志、毅力、志气的陶冶和培育"；所谓"悦神"，则是"投向本体存在的某种融合，是超道德而与无限相同一的精神感受。"❶

我们借用李泽厚先生的"审美三层次"说把禅宗书画观的宇宙超融美育价值诠释为身体感应中的构图之美（悦耳悦目）、生命沉思中的虚实之美（悦心悦意）和宇宙超融中的境界之美（悦志悦神）三个层次。

下面，我们按照这一审美划分层次来对禅宗书画观的宇宙超融美育价值进行逐层阐述。

一、身体感应中的构图之美

首先，从身体感应的层次来看，禅宗书画观蕴含着构图之美（悦耳悦目）。

所谓身体感应中的构图之美，是指禅宗书画家描写的景象不是纯客观的事物（甚至说禅师对宇宙客观事物根本不感兴趣），而是主体感应直觉到的场景（构图之美）。禅宗书画中的空间构图，一方面与禅师身体空间有关，也就是说它是禅师画家或评论家在参禅悟道时的身体空间的延展。

墨香禅意——中国古代禅宗书画观研究

❶ 李泽厚. 美学三书［M］. 合肥：安徽文艺出版社，1999：536-543.

另一方面它又与中国古代山水画的空间结构布局有关。著名美术史家巫鸿在《全球景观中的中国古代艺术》中指出："虽然古典西方美术中的肖像一般注重于对象的容貌特征，但是中国文人所强调的是精神上而非体质上的个人认同。通过把自己融入山水，他们所希望传达的是精神而非形态上的自我。"❶ 中国古代山水画是"自画像"，强调画家本人在山水空间中的存在。

五代的画家荆浩《匡庐图》充分体现了这一特点。李月林先生认为，该图"主要运用了空白空间、俯视空间、上方推远等空间法则，而这些法则的综合运用，便是依靠树木、山石、云水等要素之间的阴阳相推——即一藏一露、一隐一现、一明一晦、一虚一实的方式来完成的。""阴阳相推"的空间构造方式，充分扩展了山水画空间表现的想象力和自由度，把《匡庐图》的山水画意境引向一个可以澄怀味象的哲学境界。这在荆浩以后的山水画表现中，成为一个稳定的、极为普遍的规律。❷

美国学者大卫·萨默斯的《真实空间：世界艺术史和西方现代主义的兴起》一书把"空间"作为美术史叙事重要概念，并将"空间"分为"虚拟空间"（Virtual Space）和"真实空间"（Real Space）两种。"虚拟空间"是二维平面构成的图像空间，包括绘画和印刷品；"真实空间"是三维空间，主要是建筑和雕塑。

按照大卫·萨默斯的空间分类方法，禅宗书画观中的"空间"应当纳入"虚拟空间"的范畴。如果再结合巫鸿的空间理论，禅宗书画观中的"山水空间"，既可以从"图像空间"去分析，也可以从"视觉空间"去理解。不管我们运用哪一种分类方法，哪一种空间方式，禅宗书画观都只能是禅宗空间观在禅宗书画著述中的具体反映。

那么，禅宗书画观中的空间表现到底有怎样的特征呢？

据方闻等美术学者的研究发现，中国古代山水画的空间是非连续性的，例如美国堪萨斯城纳尔逊-阿特金斯美术馆藏的北魏"孝子棺"上的王琳画像，画面中间有一棵大树把画面分割为两边，左边与右边就不在同一平面，这种二元图像，就如同郭熙《林泉高致》"三远"所源自的"非

❶ 巫鸿.全球景观中的中国古代艺术·第四讲：人文的风景［M］.北京：生活·读书·新知三联书店，2017：247-248.

❷ 李月林.中国古代绘画空间观物法研究［M］.北京：人民出版社，2017：285.

连续性的空间建构"❶。这种"非连续性"，正是受画家身体感应的影响而产生的。禅宗的空间观更侧重于"非连续性"的，因为禅宗否定过去、现在、未来的连续性。

在唐五代以后的禅宗书画中，其非连续性的空间建构方式尤为普遍，特征更为鲜明。以下略举数例，予以说明。

其一，深受禅宗思想影响的东坡居士的书画创作及其评论，就充分体现了禅宗的"非连续性"的虚拟空间观。如他的《枯木怪石图》，只画一株虬曲的古木，一块怪石，其左上露出的少许碎小竹叶，却彰显了万千世界。此画可谓深得佛禅"芥子纳须弥"的禅理。在禅师看来，"芥子纳须弥"，芥子微小与须弥宏大是无差别的。

其二，南宋画僧玉涧（13世纪中叶）的《潇湘八景图》中的《山市晴岚》《洞庭秋月》《远浦归帆》等作品表现出他个人大胆地运用水墨的风格，我国台湾学者石守谦曾这样评价他的作品："画中水墨淋漓，下笔极为快速地涂抹出前景的野桥、岩块，及中景行人与笼罩在雾气中的山村，物象俱残缺不全，既即兴而又抽象……"❷玉涧的禅画，缩减画面的比例，不对水面进行描绘，充分体现了禅宗书画观中的非连续性与空间构图之美。

其三，南宋的直翁《药山李翱问道图》（纸本水墨，爱德华·艾略特家族收藏，现被美国大都会艺术博物馆藏），画中描绘了一个公案故事：大儒李翱和禅宗大师药山问道之会（约840年前后）。李翱听说药山的大名，于是去拜访，见到禅师其貌不扬，失望道："见面不如闻名。"禅师答道："居士何故贱目贵耳。"谈及道，禅师向上指指，又向下指指，说道："云在青天水在瓶。"指出道的真理就在我们所见的事物之中。❸这幅画的构图与道的真理之间形成身体感应与被感应关系，特别是药山禅师"向上指指，又向下指指"，与佛祖当年"指天指地，唯我独尊"遥相呼应。被感应的是"云在青天水在瓶"的自然大道，感应主体是禅师画家。画家将画的重点素材布设在浅显的前景空间，以淡墨渲染晕散，几近苍白的线

---

❶ 巫鸿."空间"的美术史［M］.钱文逸，译.上海：上海人民出版社，2018：34-37.

❷ 石守谦.移动的桃花源：东亚世界中的山水画［M］.北京：生活·读书·新知三联书店，2015：84.

❸ 何慕文.如何读中国画——大都会艺术博物馆藏中国书画精品导览［M］.石静，译.北京：北京大学出版社，2015：66.

234

条，更强调了人类感知的虚幻性❶。这位禅宗画家用简单、即兴而令人难以捉摸的构图，启发观者对真理大道的灵机一瞥。

其四，南宋画僧牧溪的《渔村夕照图》（日本东京根津美术馆藏），起伏的山峦，融化在弥漫的雾气之中，宛如禅师叩击着那些不静心的僧徒的头颅，树枝和远处的房屋，墨色浓重，十分醒目，无法等同于外在的山水。❷画面呈现出一种非连续性的"虚幻空间"，给人不实之感。石守谦先生概括牧溪的画："描绘速度快"，"物象模糊简率。"❸美国学者高居翰对牧溪的禅画也作出了精到的评价："他们使用简单的渲染，用草秆制造宽而潦草的笔触，线描缩减到最小程度：几丛枝干，数片屋顶，舟中停息着三两渔人。此画高妙的地方在于它能以这样简单的技法创造出视觉上令人信服的光影感、雾和空间感。"❹禅师画家要表现的不是自我，也不是自然，而是自发的非理性的顿悟。牧溪的禅画流传到日本，至今保存在京都大德寺的一幅三连画，左右两幅分别画的是一只鹤和几只猴子，中间是以白衣仕女形象出现的观音，合目静坐。众猴栖息的树枝以萧疏的笔触画成，墨色澹淡。❺画家只是点出题目，画面内容所指比较暧昧，大概就是身体直觉感应中的原生态吧。著名收藏家、书画鉴赏家王季迁先生对牧溪的评价："若以米友仁为标准来看，你会认为牧溪的山水不是太好，因为笔墨不及格。反之，若从牧溪的观点来看，可能会以为米友仁的画不好。"❻我们知道，禅宗画的目的不在于逼真，而在于悟道，所以，不像世俗画家和文人画家那样注重笔墨。这就是说，不同的目的决定了不同的画法。王季迁认为，日本京都大德寺藏的《龙虎图》，日本静嘉堂文库美术馆藏的《罗汉图》，也是牧溪的禅画。这些禅画之魅力，不在于精巧的笔墨，而在

❶ 何慕文.如何读中国画——大都会艺术博物馆藏中国书画精品导览［M］.石静，译.北京：北京大学出版社，2015：66.

❷ 迈珂·苏立文.山川悠远——中国山水画艺术［M］.洪再新，译.上海：上海书画出版社，2015：79.

❸ 石守谦.移动的桃花源：东亚世界中的山水画［M］.北京：生活·读书·新知三联书店，2015：81.

❹ 高居翰.图说中国绘画史［M］.李渝，译.北京：生活·读书·新知三联书店，2014：105.

❺ 高居翰.图说中国绘画史［M］.李渝，译.北京：生活·读书·新知三联书店，2014：106.

❻ 徐小虎.画语录：听王季迁谈中国书画的笔墨［M］.桂林：广西师范大学出版社，2014：211-212.

于打破常规的奇特构图和"灵晕"的禅意氛围。

其五，清代画僧渐江主张以天地为师，学习大自然。"身即山川而取之"❶，他对黄山有着深入的观察，而且日思夜梦，把握了黄山的神韵——身体感应中的黄山。清代名士将渐江列为黄公望和倪瓒之上，有诗云："渐江纵天游，黄倪亦其亚。"渐江与石涛、梅清成为黄山画派的代表人物，有人称"石涛得黄山之灵，梅瞿山得黄山之影，渐江得黄山之质"。渐江的山水画，表现的是非连续性的虚幻空间，他笔下的黄山不是客观的黄山，而是画家身体感应中的非连续的虚幻空间。

以上五例，我们用《五灯会元》卷十七《青原惟信禅师》中的公案进行总结。"老僧三十年前未参禅时，见山是山，见水是水。及至后来，亲见知识，有个入处，见山不是山，见水不是水。而今得个休歇处，依前见山只是山，见水只是水。"青原惟信所谓的第一阶段"未参禅时"，那是凡夫俗子执着于物象的实有，所以"见山是山，见水是水"，是对见闻觉知的肯定过程；青原惟信所谓的第二阶段"亲见知识"，把山水视为色相，否定了第一阶段的常识，进入了佛教的空观，但还存在"我执"和"法执"，是"我"去看"空"，没有达到禅宗"于相而离相"的无分别的境界，此时的山水不是现象直观意义上的山水；青原惟信所谓的第三阶段"得个休歇处"，是指进入了"色即是空，空即是色"的禅悟境界，此时的山水作为纯粹现象的山水，即无分别的"观空"的境界。"作为参禅者的休歇处，山水必须是一个主体直觉的对象，以之为主体佛性的自证"。❷ 同样是"山水"，相对主体态度不同，发生了三次转变。第一次是客观的空间（佛教禅宗所谓"法执"）；第二次转变是主观的空间（佛教禅宗所谓"我执"）；第三次转变则是破除"法执"和"我执"之后的物我浑然一体的非连续性的虚幻空间，也可说是"皆成实象虚象妙合而凝的妙象（虚实合成妙象）"。❸

需要说明的是，禅宗书画观的构图之美，不是第一阶段的外在山水（"法执"），也不是第二阶段的概念山水（"我执"），而是第三阶段非连续性

---

❶ 叶朗.中国美学史大纲［M］.上海：上海人民出版社，1985：278；徐复观.中国艺术精神［M］.上海：华东师范大学出版社，2001：214.

❷ 张节末.禅宗美学［M］.北京：北京大学出版社，2006：140.

❸ 赖贤宗.佛教诠释学［M］.北京：北京大学出版社，2009：110.

的圆融自适的山水（主体感应直觉到的场景），它给观者悦耳悦目的美感。

二、生命沉思中的虚实之美

从生命沉思的层次即悦心悦意的层次来看，禅宗书画观蕴含着虚实之美（象外）。

首先，了解生命的有机统一性、理解性与创造性。

一是生命的有机统一性。生命是有机统一体，生命的每一部分都是相互联系的。如《易经》的六十四卦可以被视为一全子式的整体。六十四卦中的每一卦，又同样可视为一全子式的自组织的生命单元。《易经》认为，事物可以触类旁通、可以举一反三，而使一种中国式的个体（实，在场）即整体（虚，不在场）的家族论式的理论范式得以真正彰显。

二是生命的理解性。人的真正生命只能以理解的方式存在，这是人的生命与动物的生命不同的地方。诚如马克思所言："动物和自己的生命活动是直接同一的……人则使自己的生命活动本身变成自己意志的和自己意识的对象。"❶人不仅要理解外物，而且也要理解自身，理解是人的生命存在方式。美国诺贝尔奖获得者卢里亚认为，人的生命"从集体而言，建立在语言基础的意识产生了文化和它的进化；从个体而言，意识使人产生了不同于其他动物的行为特性。"❷当人与自然处于完全同一的时候，人并没有生命意识。只有经过漫长的历史演变，人产生了意识和理解力之后，才会有生命意识的觉醒。在所有生物中，只有人的生命试图理解宇宙万物的奥秘（外在理解），感悟生老病死所带来的烦恼与困境（内在理解）。简言之，人的生命过程，也是理解自身和周围事物的过程。

三是生命的创造性。第八章第三节我们已经谈到生命过程就是创造的过程。这种创造是借用符号的创造。德国哲学家卡西尔对人的定义："我们应当把人定义为符号的动物（Animal Symbolicum）来取代把人定义为理性的动物。"❸美国人类学家怀特说得更直接："全部人类行为由文化的使用所组成，或依赖于符号的使用。人类的行为是符号的行为；反之，符号行

❶ 马克思.1844 年经济学哲学手稿［M］.北京：人民出版社，2000：57.
❷ 卢里亚.生命——一项未完成的实验［M］.北京：科学出版社，1985：121.
❸ 卡西尔.人论［M］.甘阳，译.上海：上海译文出版社：34.

为是人类行为。符号乃是人类特有的领域。"❶ 人类文化是生命创造的符号形式，也是人类理解世界的方式。

生命的三大特征，形成一体两翼的框架：有机统一性是指生命一体，理解性与创造性为其两翼，在理解中创造，在创造中理解，创造性与理解性均从属于生命的有机统一性。

其次，禅宗书画观的虚实之美，也就是中国古典美学语境中的"象外"❷ 之美，应该从生命沉思（生命整体性、理解性与创造性）角度去把握。

具体而言，"实"（象）是书画中有限的、局部的、在场的事物，如身体感应中的山水之美，"虚"（象外）是书画无限的、整体的、不在场的宇宙生命意蕴，如佛禅所谓"一切水月一月摄"，"芥子纳须弥"，"一毛孔内纳十方之虚空，一刹那中观亿佛之世界"。

先从整体性来看。

石涛说："明暗、高低、远近，不似之似似之。"❸ "似"就是"象"，"不似"就是"象外"，绘画之美处于"不似"（"象外"）与"似"（"象"）之间，即虚实之间。他提出的"一画"论，更是从生命整体（一）追求绘画之美。清代另一名僧澹归今释指出："大千世界同光明，本灯光明终不动，灯灯同此一灯用。"❹ "大千世界同光明"就是对生命整体的礼赞，今释肯定了宇宙万物的同一性。

禅宗参悟生命本体的过程，贯穿一个由"势"变为现实的动态过程。法国的朱利安在书中使用"Disposition"表达"势"的观念，这一词语在法文和英文中同时具有"倾向性的性情"（Emotional Response With Inclination）和"合理性的布置"（A Way or Condition of Being Intellectually Arranged）

---

❶ 怀特．文化科学［M］．杭州：浙江人民出版社，1988：21.

❷ "象外"是指中国古典美学传统中的意境说的概念，最早提出这个词的是南朝的谢赫。他在《古画品录》中说："若局以体物，则未见精粹；若取之象外，方厌膏腴，可谓微妙也。"谢赫所说的"象外"是针对"象"的局限性而言的，他强调画家不要停留在有限的物象上，应突破"象"的局限进入"象外"，这样的画才会"气韵生动"。他讲的"象外"与当时佛教理论家所讲的"象外"的含义是不同的。如僧肇《般若无知论》"穷心尽智，极象外之谈"，说的就是用形象传达出来的佛理。谢赫的"象外"说直接引发了唐代美学中的"境"的范畴。唐代美学中的"象外"，不是某种有限的"象"，而是突破有限形象的某种无限的"象"。参见叶朗．中国美学史大纲［M］．上海：上海人民出版社，1985：268-269.

❸ 石涛论画［M］//郁剑华，注释．中国古代画论类编．北京：人民美术出版社，1998：166.

❹ 皮朝纲．游戏翰墨见本心——禅宗书画美学著述选释［M］．成都：四川民族出版社，2013：298.

两层意义。"势"与朱熹所解释的性与情关系极其吻合:"谷之生是性,发为萌芽是情。"❶就是说,"性"相当于"势"的源头,"情"则是事物的萌芽。宋代张载也说:"变,其势也。动,其情也。情有邪正,故吉凶生变。能通之,则尽利。能正夫一,则吉凶可胜。"❷"势"指变化的过程,而"情"则是开始的发动。势因情而生。《十牛图》第一至第七幅图,说明人具有成佛的可能性,第八至第十幅图象征可能性通过苦苦修炼(寻牛、牧牛)变为现实(开悟)。在中国哲学的语境中,"势"意味着一种生命的整体创造力,一种连绵的气脉。

再从理解性来看。

按照禅宗的理解,由表层之"郁郁黄花",深层悟为"无非般若","青青翠竹"乃为"法身"的显现。在禅宗书画僧看来,自然山水花鸟(色)都是法身(空)的表现。"山川万物之具体:有反有正,有偏有侧,有聚有散,有近有远,有内有外,有虚有实,有断有连,有层次,有剥落,有丰致,有缥缈,此生活之大端也。"❸(石涛语)山水之间,可相互转化:有云在时会造出相互吸引的感觉:水气化为云而成为山,山液化为云而成为水。❹清虚谷的《菊鹤图》,画上几株菊花向上、下延伸,右侧石头上一只仙鹤侧头回望,一只爪子抬起又收拢,给人静中显动的感觉。整幅画面,着墨最多的是仙鹤,颈部、爪子、尾部都是浓墨,而仙鹤的身躯只用数笔勾勒,其他则更是空白一片,可谓虚实相生。从细部来看,菊花的设色也注意了浓淡相间,向阳的花朵着色就浓,背阳的地方则淡。仙鹤与石头也有浓淡区别:石头用浓墨,仙鹤用淡墨,作为静物的石头与作为动物的仙鹤之间形成虚实动静关系。八大山人的《小鱼》《鱼石图轴》更是虚实结合的典范。❺《小鱼》画面留下大片空白,中间一条小小的鱼,暗示着它就游弋于池水之中。《鱼石图轴》中的鱼儿略大,鱼眼却是白白的,暗示着鱼儿(也是画家)对世界的超脱与沉思。

最后,从创造性来看。

瑞士心理学家荣格把艺术分为心理式与幻想式两种类型。心理式类型

❶ 黎靖德.朱子语类(卷五九)[M].北京:中华书局,1986:1380.
❷ 方闻一.大易粹言(卷六十九)[M].文渊阁四库全书本.
❸ 周积寅,陈世宁.中国古典艺术理论辑注[M].南京:东南大学出版社,2010:57.
❹ 程抱一.中国诗画语言研究[M].南京:江苏人民出版社,2006:353-354.
❺ 八大山人:《小鱼》,藏于日本京都泉屋博物馆;《鱼石图轴》,藏于北京故宫博物院。

反映现实意识，而幻想式类型则是人类潜意识的表现。禅宗书画属于幻想式。对于禅师书画家而言，书画创作不是追求艺术效果，而是直指本心，让人参悟禅机。所以，他们在艺术取材、内容、形象、构图、布局上都很随意，大大淡化甚至取消中国传统绘画中的笔墨技巧，只是借用粗犷、轮廓乃至空白让观者悟道。画面切断了与现实生活日常逻辑的必然联系，就像禅宗公案打破逻辑思维一样，此乃为禅艺之"虚"（不即）。当然也不是完全没有"实"作为参禅契机（不离）。相传宋代廓庵禅师绘制的《十牛图》，其中第八幅《人牛俱忘》❶，画面没有一点痕迹，真可谓"不着一字，尽得风流"，一满幅空虚，仿佛承载着无限超融的宇宙境界。

清画僧渐江的山水画突出的特点就是"空无"。他的"空"（留白）主要体现在对所描绘景物的高度概括，他的山水题材基本取景黄山实景，构图洗练简逸，山石都用折带渴笔勾成大大小小的几何体，很少皴法，对山石、坡脚的暗部也没有细致繁复的皴擦，惜墨如金，树木枝疏叶朗，或立于峰底涧旁，或倒悬岩顶石间。这种"留白"，给人丰富的想象，启发观者彻悟禅境，这绝对不能与西方现代派的手法、功能相提并论。

廓庵、渐江、石涛、八大山人等禅师在书画观中表现出的虚实之美（生命整体性、理解性与创造性），对于沉迷感官享受的人而言仍然具有重要的警醒意义与美育价值。

三、宇宙超融中的境界之美

如果说构图之美、虚实之美主要是禅宗书画观的宇宙彰显价值的话，那么境界之美则是禅宗书画观的宇宙超融价值。因此，我们最后从宇宙超融的角度，即悦志悦神的层次来考察禅宗书画观的宇宙美育价值。

禅宗书画观将身体感应中的构图之美（悦耳悦目之"象"）与生命沉思中的虚实之美（悦心悦意之"象外"）融为一体，力求境界之美（悦志悦神之"境界"）。禅宗书画观中的构图之美，只是禅宗开悟之前的佛性本体之"相"，而禅宗书画观中的虚实之美，则是通过生命沉思即破"相"之后的性（虚）与相（实）相融的状态，是佛性本体之"用"；禅宗书画

❶ 卢辅圣．中国文人画史［M］．上海：上海书画出版社，2015：122．

观中的境界之美，则是超融状态下佛性真如之"体"。著名学者方东美说，孔子的人是时间的人，老子的人是空间的人❶，那么，禅宗书画观中的人则是在超融时空中的人，即领悟宇宙超融境界。这个宇宙超融境界，是"万古长空，一朝风月"，即时间被空间中断，虚促成了天地之间的相互作用，甚至时间和空间的相互作用与转化❷，顿悟刹那永恒。禅宗书画观的构图之美、虚实之美和境界之美形成前后相连的节奏与律动。

禅宗书画观中的境界之美，即人与宇宙（天）融为一体，人向宇宙（天）敞开，宇宙也向人敞开。人与天之间的完全彻底的融合，诚如"相看两不厌，唯有敬亭山"，"我见青山多妩媚，料青山见我应如是"一般，不分彼此、相互对话。这里涉及境界，仅进行简要说明。所谓境，是指中国古代追求天人合一的状态，落实到审美实践就是境界之美。人与地与天构成和谐的循环关系：人（居天地之间即阴阳之间）处于山（阳）与水（阴）构成的地（阴）上，面向天空（阳）敞开。由于他（画家或观者）投向整个山水画的目光，同时也是风景的组成部分。

我们认为，禅宗书画观中的境界之美，不是回归到出生前的宇宙无意识❸，而是回归到宇宙超融境界，即本章第二节提到的身体感应、生命沉思与外在宇宙融为一体的世界。❹

英国绘画评论家苏立文对著名画僧髡残的《蒸岚昏峦图》给予很高评价："精到的笔触，使人在最优美抒情的境界中想起肖邦，那花蜜那一场的沉静。"❺髡残隐居山中曾自述："既足供吾目，又言息吾跰"，是说宇宙万物既供我欣赏，又让我休憩，人与天达到了"不即不离"的本体呈现的境界。

清代高僧道需在《题〈清明上河图〉》中提出重要的命题，"宇宙之

❶ 程抱一.中国诗画语言研究［M］.南京：江苏人民出版社，2006：335.
❷ 程抱一.中国诗画语言研究［M］.南京：江苏人民出版社，2006：335.
❸ 顾明栋."离形去知，同于大通"的宇宙无意识——禅宗及禅悟的本质新解［J］.文史哲，2016（3）。这位作者提出的"宇宙无意识"，是指当胎儿在母体中感知世界的时候，并没有可以称得上我们通常所说的"意识"，其感知外在于自身的心理活动是一种最原始的无意识，胎儿在出生前感知的物我为一的存在就是"宇宙无意识"。
❹ 蒲震元.中国艺术意境论［M］.北京：北京大学出版社，1999：118.
❺ 迈珂·苏立文.山川悠远：中国山水画艺术［M］.上海：上海书画出版社，2015：140.

间，总是一幅大画。"❶ 他强调的就是绘画（人的创造）与大宇宙（天的造化）之间的融合关系，认为绘画创作要从"宇宙大画"着眼，跳出小我去表现宇宙大画。

还有石涛提出"一画"论，认为宇宙造化与人的造化都始于"一画"。"天"不是纯自然的天，而是人的深沉本性的投射；在绘画中，人被淡化或者没有出现，却并不因此而不在场，因为山水是经过人的内化（生命沉思）或符号化的山水。石涛的"蒙养生活"说，就包含了画家追求宇宙超融境界，回归到无法可依的天人合一状态之意。石涛所谓的"蒙养"，即"养蒙"，有回归天地的意思，就是"以天为象征的阳刚之气与以地为象征的阴柔之气的对立和谐统一。"石涛说过"先思其蒙，复审其养"，即指画家作画要掌握有无相生的规律、继承与创新相统一的规律。是"指自然审美对象和绘画形象的内在生命力、内在美；'生活'是'蒙养'的外在具体、生动、多样的形象表现。"❷ 石涛的"蒙养生活"说，强调了宇宙自然规律（天）与主体精神（人）之间的和谐整体性，正是这一点与禅宗书画观的宇宙超融美育价值极其相通。

髡残的《蒸岚昏峦图》，道需的"宇宙大画"，石涛的"一画""蒙养"，不管是绘画创作还是绘画评论都通向一个目标：宇宙超融的境界。

总之，禅宗书画观的境界之美，是对身体感应中的山水之美、生命沉思中的虚实之美的超越与融合，它为我们欣赏宇宙万物之美、领悟大宇宙生命整体（融合身体感应、生命沉思与外在宇宙为一体）提供了很好的思路，对现代人克服物欲至上、图像崇拜倾向具有警醒和启发意义。

本章小结

禅宗书画观虽然离不开禅师的身体感应与生命沉思，但是还必须依赖一定的时空环境，这便是本章所讨论的禅宗书画观的宇宙超融美育价值问题，即禅宗书画观中关于宇宙之美的论述，为我们提供宇宙美信息，具有

❶ 皮朝纲. 游戏翰墨见本心——禅宗书画美学著述选释［M］. 成都：四川民族出版社，2013：311.

❷ 杨成寅. 搜尽奇峰：石涛画学全解［M］. 北京：故宫出版社，2015：63-65，154.

领悟大宇宙生命的美育价值。围绕禅宗书画观的宇宙超融美育价值问题，我们从三个层次逐步展开：第一，从宏观上，考察佛禅的宇宙观，与第一章第三节禅宗的哲学智慧中所讲的"现象直观"是密切相关的，这可从佛教缘起论、无我论、禅宗本心论几个方面来看。第二，从中观上，弄清禅宗书画观的宇宙超融意蕴。第三，从微观上，看禅宗书画观的宇宙超融美育价值。当代美育话语体系构建的关键是身体和宇宙之间的相互观照、融合，而禅宗书画观集中体现了禅师重视身体与宇宙融合，即禅师通过书画活动向宇宙敞开自身，宇宙也同时呈现本来面目，生成"天人合一"的超融境界。禅宗书画观的宇宙超融美育价值表现在构图之美、虚实之美和境界之美三个层面。

禅宗书画观的身体、生命与宇宙三个方面的美育价值，正好与禅宗自性的相—用—体三个环节形成对应。禅宗书画观的身体感应美育价值，是从"相"（构图）上彰显的价值；禅宗书画观的生命沉思美育价值，是从"用"（虚实）上呈现的价值；本章讨论的宇宙超融美育价值则是从"本体"（境界）上展开的价值。

结　语

本书在借鉴禅宗书画美学研究、中国古代绘画空间研究、图像本体诠释与当代美育话语建构研究成果的基础上，以禅宗书画观为切入点，以图像本体诠释为方法，综合考察了禅宗书画观的生成基础、演变历程、本体诠释及美育价值。

一、禅宗书画观的生成基础

禅意作为禅宗书画观的生成基础，包括本体范畴、文化蕴藉、诗性智慧三个层面。

一是作为本体范畴的禅意。

其一，禅的初义。所为禅，包括习禅之禅与禅宗之禅。根据胡适、汤用彤、麻天祥等各位学者的研究，禅之初义即习禅之禅，是偏向于禅定的"坐禅"或"静虑"方法，具有修行成就佛果的手段的意思。这是与禅意之禅特别是南宗禅的顿悟法门有着较大的区别。

其二，禅的真谛。禅宗创立之后，禅的含义发生了由禅定方法向禅悟本体的根本改变，禅之真谛与创立之前的习禅初义相距甚远。禅是重直觉、反偶像、近自然的。禅意之禅作为一种意境，蕴含着特殊智慧和精神力量，是一种意境。禅宗之禅作为现象空观的产物，是禅宗的本体范畴。

二是作为文化蕴藉的禅意。

禅宗与儒道释的相关性。儒道释是禅宗思想形成的主要文化渊源，也是禅宗书画观的文化生成语境。

三是作为诗性智慧的禅意。

诗性智慧包括现象空观与自性自悟。禅宗的思维基础是现象空观，即强调禅意突破传统儒家、道家与玄学的地方。由于禅宗书画观是禅悟之禅

墨香禅意
——中国古代禅宗书画观研究

244

在书画领域的艺术呈现，因此，现象空观也是禅宗书画观的思维基础。

二、禅宗书画观的演变历程

借鉴布罗代尔长时段理论，并结合历史唯物主义的观点，我们把中国禅宗书画观的演变历程视为长时段，把唐五代、宋元、明清三个时期划分为三个中时段。从"长时段"看，能整体清晰地描述中国禅宗书画观的演变轨迹。

其一，唐五代禅宗书画观具有本土化和直觉化的特点。

这和身体美学主张身体践行和身体感知是极其相似的。怀素强调放开手脚、乘兴而作，贯休主张贵在"神力"，亚栖观书"若飞鸟出林，惊蛇入草"，齐己论画"坐看终未是，归卧始应真"，无不力主身体内求，反对外力和文字分析。

唐五代禅宗书画观还处于禅宗书画观的萌芽阶段，书画僧虽然发表过一些关于书画的观点，但都不够深入、系统，如慧能对书画的见解，贯休运用意象式批评方法对怀素作品怪异特点进行评点等。

其二，宋元时期禅宗书画观，具有文人化、境界化的特点。

它是指禅宗书画观中渗透了文人书画的文人意识与诗意追求。中国绘画在宋元时期发生了一个根本的转变，即由"写生"向"写意"的转变："传移模写"的"神品"境界朝向"境由心生"的"逸品"境界发展。禅学中的淡薄、清静、空寂等审美范畴，以及从自然之美中感悟生命存在的方式。

其三，明清禅宗书画观是由宋元禅宗向内转（心灵化）的书画观到明清禅宗向外转（现实化）的书画观的转变。

明清时期禅宗书画观出现了高度融合和走向世俗化的倾向。禅宗既是中国文人文化传统的重要因素，同时也与中国文人画传统构成密切的关联。

三、禅宗书画观的本体诠释

禅宗书画观的本体诠释包括三个方面：

一是禅宗书画观的自本体诠释，从生命本体出发，对禅宗书画观关联的四个方面：禅宗、禅师生命体验、中国古典美学、古典书画论进行诠释，获得一个整合对象。

二是禅宗书画观的对本体诠释，就是发掘禅宗书画观的本体特征，可以说是"小中见大"的思路。禅宗书画观的特征表现为直接性、偶发性、超融性和自由性四个方面。

三是结合中外图像诠释理论，提出图像本体诠释方法和思路。国外的图像本体诠释理论，注重对图像的本体进行诠释，而中国古代的图像诠释则往往重视自本体的诠释。禅宗书画观与图像本体诠释的共通性：一是两者都超越了认识论，把身体感性存在作为图像的根源；二是两者都存在表现本体的局限性；三是两者都具有可见与不可见的双重性；四是两者可以相互转化，走向视界融合。两者的差异性表现在两者产生背景、表达方式和沟通效果不同。

四、禅宗书画观的超融美育价值

从人的存在论来看，禅宗书画观的超融美育价值表现在三个方面：

一是禅宗书画观具有身体超融美育价值。

这是从生命原始动力（身体）来看的。禅宗书画观具有身体彰显价值和身体超越价值，值得现代人认真借鉴和深入反思。禅宗书画观的身体彰显价值又包括写经写真彰显身体感应状态、身体空间与外在空间的同构对应和画语与身体对应关系三个方面。禅宗书画观的身体超越价值主要是对身体欲望、物理时空的超越。

二是禅宗书画观具有生命超融美育价值。

在图像世界中身体与宇宙两极基础上，我们从生命意义境界进一步来探讨禅宗书画观的终极美育价值。禅宗书画观的生命美育价值也就是禅宗书画观在身体与时空环境之间超越图像世界的虚的维度。禅宗书画观的生命美育价值具体表现在三个方面：生命形象之美；生命过程之美；生命境界之美。

三是禅宗书画观具有宇宙超融美育价值。

这是从生命时空环境（宇宙）来论述的。当代美育话语体系构建的关键在于，身体和宇宙之间的相互观照、融合。禅宗书画观则将两者融合，即禅师通过书画向宇宙敞开自身，宇宙也同时呈现本来面目，生成"天人合一"的超融境界。禅宗书画观的宇宙美育价值包括四个方面：即阴阳之美、山水之美、虚实之美和人天之美。

禅宗书画观的上述三种美育价值，我们还可以借用佛教八识论与佛的三身说进一步阐述：其一，禅宗书画观的身体超融美育价值源自身体感应，即眼、耳、鼻、舌、身、意（前六识）的反应，故对应于化身（凡夫所见的佛身）；其二，禅宗书画观的生命超融美育价值源自生命沉思，即第七识末那识（自我意识）的反应，故对应于报身（菩萨所见的佛身）；其三，禅宗书画观的宇宙超融美育价值源自宇宙超融，即阿赖耶识（种子识）的反应，故对应于法身（佛的真身）。简单地说，禅宗书画观的美育价值包括三个层次：身体美育价值从凡夫层次讲的，生命美育价值是从菩萨层次说的，宇宙美育价值是从佛的层次说的。凡夫、菩萨、佛代表个体生命的三种觉悟程度，三者层层递进，前后关联。

参考文献

一、中文著作

（一）古籍整理成果

1.道宣.续高僧传（全三册）［M］.郭绍林，点校.北京：中华书局，2014.

2.玄奘.成唯识论校释（全三册）［M］.韩廷杰，校.北京：中华书局，1998.

3.慧能.坛经校释［M］.郭朋，校释.北京：中华书局，1983.

4.僧静，筠.祖堂集［M］//佛藏要籍选刊（第14册）.上海：上海古籍出版社影印.

5.普济.五灯会元［M］.苏渊雷，点校.北京：中华书局，1984.

6.道原.景德传灯录［M］.张华，释译.北京：东方出版社，2017.

7.道谦.大会普觉禅师宗门武库［M］//大正藏（第四十七卷）.

8.净善.禅林宝训［M］//大正藏（第四十七卷）.

9.智昭.人天眼目［M］//大正藏（第四十八卷）.

10.延寿.宗镜录［M］//大正藏（第四十八卷）.

11.赜藏主集.古尊宿语录［M］.上海：上海佛学书局影印明刻本。

12.赞宁.宋高僧传［M］.北京：中华书局，1987.

13.慧洪.冷斋夜话［M］.北京：中华书局，1988.

14.大慧宗杲.正法眼藏［M］.董群，点校.郑州：中州古籍出版社，2016.

15.罗大经.鹤林玉露［M］.孙雪霄，点校.上海：上海古籍出版社，2012.

16.郭若虚.图画见闻志［M］.黄苗子，点校.北京：人民美术出版社，

2016.

17. 邓椿.画继［M］//庄肃.画继补遗.黄苗子,点校.北京:人民美术出版社,2016.

18. 雪窦重显法师,圆悟克勤法师.碧岩录［M］.王诚,陈树,译.北京:东方出版社,2013.

19. 朱熹.四书章句集注［M］.北京:中华书局,2011.

20. 王阳明.王阳明全集［M］.北京:线装书局,2016.

21. 憨山.老子道德经解［M］.梅愚,点校.武汉:崇文书局,2015.

22. 憨山.庄子内篇注［M］.梅愚,点校.武汉:崇文书局,2015.

23. 蕅益.周易禅解［M］.刘俊堂,点校.武汉:崇文书局,2015.

24. 蕅益.四书蕅益解［M］.江谦,补注,梅愚,点校.武汉:崇文书局,2015.

25. 鸠摩罗什.金刚般若波罗蜜经［M］//大正藏(第八卷).

26. 刘勰.文心雕龙［M］.王志彬,译注.北京:中华书局,2012.

27. 宗密.禅源诸诠集都序［M］.阎韬,释译.北京:东方出版社,2017.

28. 玄觉.永嘉证道歌［M］//大正藏(第四十八卷).

29. 玄奘.解深密经(卷三)·分别瑜伽品第六［M］//大正藏(第十六卷).台北:台湾新丰出版公司,1983.

30. 庞居士语录［M］//新卍续藏经(第120册).

31. 破案祖先禅师语录［M］//新卍续藏经(第121册).

32. 张彦远.历代名画记［M］//于安澜.画史丛书(第1册).上海:上海人民美术出版社,1982.

33. 宣和书谱［M］.上海:上海书画出版社,1984.

34. 宣和画谱［M］.岳仁,译注.长沙:湖南美术出版社,1999.

35. 憨山德清.楞严经通议［M］.上海:上海佛学书局,2010.

36. 贯休.禅月集［M］//明复.禅门逸书初(第2册).台北:台湾明文书局股份有限公司,1981.

37. 历代书法论文选［M］.上海:上海书画出版社,1979.

38. 历代书法论文选续［M］.上海:上海书画出版社,1999.

39. 禅宗语录辑要［M］.上海:上海古籍出版社,2011.

40. 周积寅,陈世宁.中国古典艺术理论辑注［M］.南京:东南大学出版社，2010.

41.明复.禅门逸书初［M］.台北：台湾明文书局股份有限公司，1981.

42.叶朗.中国历代美学文库［M］.北京：高等教育出版社，2003.

43.十三经（标点本）［M］.杨伯峻，等，点校.北京：北京燕山出版社，1991.

44.石峻等.中国佛教思想资料选［M］.北京：中华书局，1992.

45.赖永海.佛教十三经（全十册）［M］.北京：中华书局，2013.

46.兰吉富.禅宗全书［M］.北京：北京图书馆出版社，2004.

47.禅宗经典精华［M］.宗文，点校.北京：宗教文化出版社，2015.

48.汪小洋.中国宗教美术史料辑要［M］.上海：上海大学出版社，2011.

（二）哲学·宗教·美学

1.冯友兰.中国哲学史［M］.上海：华东师范大学出版社，2011.

2.张世英.张世英文集·第9卷：美在自由——中欧美学思想比较研究［M］.北京：北京大学出版社，2016.

3.张世英.哲学导论［M］.北京：北京师范大学出版社，2014.

4.成中英，杨庆中.从中西会通到本体诠释——成中英教授访谈录［M］.北京：中国人民大学出版社，2013.

5.饶宗颐.文化之旅（增订纪念版）［M］.北京：中华书局，2018.

6.李泽厚.中国古代思想史论［M］.合肥：安徽文艺出版社，1994.

7.熊十力.新唯识论［M］.北京：商务印书馆2010.

8.张祥龙.现象学导论七讲：从原著阐发原意［M］.北京：中国人民大学出版社，2011.

9.刘述先.儒家哲学的三个大时代［M］.北京：中华书局，2017.

10.熊伟.自由的真谛——熊伟文选［M］.北京：中央编译出版社，1997.

11.王元化.思辨录［M］.上海：华东师范大学出版社，2017.

12.蒙培元.中国哲学主体思维［M］.北京：人民出版社，1993.

13.傅伟勋.从西方哲学到禅佛宗［M］.北京：生活·读书·新知三联书店，1989.

14.傅佩荣.哲学与人生［M］.上海：上海三联书店，2010.

15. 杨成寅 . 太极哲学［M］. 上海：学林出版社，2003.

16. 孙丽君 . 伽达默尔的诠释学美学思想研究［M］. 北京：人民出版社，2013.

17. 黄鸣奋 . 数码艺术潜学科群研究［M］. 上海：学林出版社，2014.

18. 方立天 . 中国佛教哲学要义［M］. 北京：中国人民大学出版社，2012.

19. 任继愈 . 中国佛教史［M］. 北京：中国社会科学出版社，1981.

20. 黄其洪 . 时间与实践——一种生存论的元实践学导论［M］. 北京：人民出版社，2016.

21. 胡伟希 . 中观哲学导论［M］. 北京：北京大学出版社，2016.

22. 宋志明 . 现代儒学的走向［M］. 北京：北京师范大学出版社，2009.

23. 太虚 . 真现实论［M］. 北京：中国人民大学出版社，2004.

24. 印顺 . 中国禅宗史［M］. 上海：上海书店 1992.

25. 季羡林 . 禅与文化［M］. 北京：中国言实出版社，2006.

26. 顾伟康 . 禅宗：文化交融与历史选择［M］. 上海：上海知识出版社，1990.

27. 太虚 . 真现实论［M］. 北京：中国人民大学出版社，2004.

28. 陈兵 . 佛教心理学［M］. 西安：陕西师范大学出版总社，2015.

29. 孙昌武 . 禅宗十五讲［M］. 北京：中华书局，2016.

30. 汤用彤 . 隋唐佛教史稿［M］. 北京：中华书局，1982.

31. 杜继文 . 佛教史［M］. 南京：江苏人民出版社，2008.

32. 葛兆光 . 中国禅思想史［M］. 北京：北京大学出版社，1995.

33. 元音老人著述 . 略论明心见性［M］. 北京：宗教文化出版社，2014.

34. 洪修平 . 中国禅学思想史［M］. 北京：中国人民大学出版社，2007.

35. 洪修平 . 中国佛教文化历程（增订本）［M］. 南京：江苏教育出版社，2005.

36. 赖永海 . 中国佛性论［M］. 北京：中国青年出版社，1999.

37. 潘桂明 . 中国禅宗思想历程［M］. 北京：今日中国出版社，1992.

参考文献

38. 葛兆光.中国禅思想史［M］.北京：北京大学出版社，1995.

39. 丁刚.中国佛教教育：儒佛道教育比较研究［M］.成都：四川教育出版社，2010.

40. 何锡蓉.佛学与中国哲学的双向建构［M］.上海：上海社会科学院出版社，2004.

41. 张节末.禅宗美学［M］.北京：北京大学出版社，2006.

42. 赖永海.佛学与儒学（修订版）［M］.北京：中国人民大学出版社，2017.

43. 赖贤宗.佛教诠释学［M］.北京：北京大学出版社，2009.

44. 皮朝纲.禅宗美学思想的嬗变轨迹［M］.成都：电子科技大学出版社，2003.

45. 董群.禅宗伦理［M］.杭州：浙江人民出版社，2000.

46. 董群.慧能与中国文化［M］.贵阳：贵州人民出版社，2001.

47. 黄河涛.禅与中国艺术精神［M］.北京：中国言实出版社，2006.

48. 吴信如.佛教世界观［M］.北京：中国藏学出版社，2008.

49. 陈兵著.新佛教辞典［M］.北京：中国世界语出版社，1994.

50. 道坚法师.禅宗决疑集讲记［M］.成都：四川大学出版社，2013.

51. 杨玲.宋代出版文化［M］.北京：文物出版社，2012.

52. 麻天祥.中国禅宗思想史略［M］.北京：中国人民大学出版社，2007.

53. 麻天祥.中国的佛教［M］.北京：东方出版社，2016.

54. 周齐.清代佛教与政治文化［M］.北京：人民出版社，2015.

55. 敦煌坛经合校译注［M］.李申，校译，方广锠，简注.北京：中华书局，2018.

56. 陈远宁.中国佛教与宋明理学［M］.长沙：湖南人民出版社，2002.

57. 释妙峰.曹溪禅研究［M］.北京：中国社会科学出版社，2002.

58. 龚隽.禅史钩沉：以问题为中心的思想史论述［M］.北京：生活·读书·新知三联书店，2006.

59. 宣化法师讲述.金刚般若波罗蜜经浅释［M］.北京：宗教文化出版社，2008.

墨香禅意
——中国古代禅宗书画观研究

60. 叶朗.中国美学史大纲［M］.上海：上海人民出版社，1985.

61. 高月明.佛法人生量子说［M］.郑州：河南人民出版社，2016.

62. 黄夏年.六祖慧能研究［M］.郑州：大象出版社，2013.

63. 释果如.参禅要义［M］.北京：中央编译出版社，2013.

64. 黄夏年.东山法门研究［M］.郑州：大象出版社，2013.

65. 成中英.美的深处：本体美学［M］.杭州：浙江大学出版社，2011.

66. 朱光潜.西方美学史（全2册）［M］.南京：江苏人民出版社，2015.

67. 朱光潜.谈美书简［M］.上海：华东师范大学出版社，2014.

68. 宗白华.美学散步［M］.上海：上海人民出版社，1981.

69. 宗白华.美议［M］.北京：北京大学出版社，2010.

70. 陈明.审美意识价值论［M］.合肥：安徽大学出版社，2006.

71. 李泽厚.美学三书［M］.合肥：安徽文艺出版社，1999.

72. 王建疆.修养·境界·审美：儒释道修养美学解读［M］.北京：中国社会科学出版社，2007.

73. 徐复观.中国艺术精神［M］.上海：华东师范大学出版社，2001.

74. 王振复.周易的美学智慧［M］.长沙：湖南出版社，1991.

75. 潘知常.中国美学精神（修订本）［M］.南京：江苏人民出版社，2017.

76. 赖贤宗.意境美学与诠释学［M］.北京：北京大学出版社，2009.

77. 朱良志.中国美学十五讲［M］.北京：北京大学出版社，2006.

78. 赵志军.作为中国古代审美范畴的自然［M］.北京：中国社会科学出版社.

79. 曾繁仁.走向二十一世纪的审美教育［M］.西安：陕西师范大学出版社，2000.

80. 陈望衡.美在境界［M］.武汉：武汉大学出版社，2014.

81. 余虹.禅宗与全真道美学思想比较研究［M］.北京：中华书局，2008.

82. 张世英.美在自由——中欧美学思想比较研究［M］.北京：北京大学出版社，2016.

83.王先霈.文学批评术语辞典［M］.上海：上海文艺出版社，1999.

84.赖贤宗.意境美学与诠释学［M］.北京：北京大学出版社，2009.

85.李壮鹰.中华古文论选注［M］.天津：百花文艺出版社，1991.

86.刘建平.徐复观与20世纪中国美学［M］.北京：中国社会科学出版社，2015.

87.彭富春.论儒道禅［M］.北京：人民出版社，2019.

88.程亚林.诗与禅［M］.南宁：江西人民出版社，1998.

89.孙昌武.佛教与中国文学［M］.上海：上海人民出版社，1988.

90.孙昌武.禅思与诗情［M］.北京：中华书局，1997年版

91.周裕锴.文字禅与宋代诗学［M］.北京：高等教育出版社，1998.

92.周裕锴.禅宗语言［M］.杭州：浙江人民出版社，1999.

93.谭扬芳、向杰.马克思主义视域下的体验美学［M］.北京：社会科学文献出版社，2014.

94.吴言生.禅宗哲学象征［M］.北京：中华书局，2001.

95.吴言生.禅宗思想渊源［M］.北京：中华书局，2001.

96.李昌舒.意境的哲学基础——从王弼到慧能的美学考察［M］.北京：社会科学文献出版社，2008.

97.祁志祥.中国佛教美学史［M］.北京：北京大学出版社，2010.

98.刘方.中国禅宗美学的思想发生与历史演进［M］.北京：人民出版社，2010.

99.彭锋.完美的自然——当代环境美学的哲学基础［M］.北京：北京大学出版社，2005.

100.徐文明.中土前期禅学史［M］.北京：北京师范大学出版社，2013.

101.任晓红.禅与中国园林［M］.北京：商务印书馆国际有限公司，1994.

（三）书学·画学·诗学

1.朱耷（八大山人）.八大山人书画集［M］.北京：人民美术出版社，1985.

2.潘运告.唐五代画论［M］.长沙：湖南美术出版社，1997.

3. 潘运告.宋人画评［M］.长沙：湖南美术出版社，2010 年第 2 版。

4. 潘运告.元代书画论［M］.长沙：湖南美术出版社，2002.

5. 潘运告.明代画论［M］.长沙：湖南美术出版社，2002.

6. 潘运告.清代画论［M］.长沙：湖南美术出版社，2003.

7. 陈师曾.中国绘画史（简体彩印本）［M］.北京：中国人民大学出版社，2007.

8. 陈师曾、黄宾虹.中国绘画史　古画微［M］.北京：中华书局，2015.

9. 陶明君.中国书论辞典［M］.长沙：湖南美术出版社，2001.

10. 周积寅.中国画论大辞典［M］.南京：东南大学出版社，2011.

11. 郑昶.中国画学全史［M］.长沙：岳麓书社，2010.

12. 审美语境篇［M］.上海：上海书画出版社，2000.

13. 皮朝纲.中国禅宗书画美学思想史纲［M］.成都：四川美术出版社，2012.

14. 皮朝纲.游戏翰墨见本心：禅宗书画美学著述选释［M］.成都：四川民族出版社，2013.

15. 皮朝纲.墨海禅迹听新声：禅宗书学著述解读［M］.上海：上海三联书店 2013.

16. 杨成寅.搜尽奇峰：石涛画学全解［M］.北京：故宫出版社，2015.

17. 王世襄.中国画论研究［M］.北京：生活·读书·新知三联书店，2013.

18. 卢辅圣.中国书画全书［M］.上海：上海书画出版社，1993.

19. 卢辅圣.中国文人画史［M］.上海：上海书画出版社，2015.

20. 巫鸿.全球景观中的中国古代艺术［M］.北京：生活·读书·新知三联书店，2017.

21. 蒋勋.写给大家的中国美术史［M］.北京：生活·读书·新知三联书店，2015.

22. 杜哲森.中国传统绘画史纲：画脉文心两征录［M］.北京：人民美术出版社，2015.

23. 王逊.中国美术史［M］.薄松年，导读校注.北京：人民美术出版社，

2018.

24. 朱良志 . 八大山人研究 [M] . 合肥：安徽教育出版社，2008.

25. 李月林 . 中国古代绘画空间观物法研究 [M] . 北京：人民出版社，2017.

26. 朱良志 . 南画十六观 [M] . 北京：北京大学出版社，2013.

27. 毛秋瑾 . 墨香佛音——敦煌写经书法研究 [M] . 北京：北京大学出版社，2014.

28. 石守谦 . 移动的桃花源：东亚世界中的山水画 [M] . 北京：生活·读书·新知三联书店，2015.

29. 石守谦 . 从风格到画意：反思中国美术史 [M] . 北京：生活·读书·新知三联书店，2015.

30. 长北 . 中国艺术论著导读 [M] . 北京：高等教育出版社，2016.

31. 苏荟敏 . 石涛《画语录》美学思想研究 [M] . 北京：中国社会科学出版社，2011.

32. 陈滞冬 . 中国书画与文人意识 [M] . 桂林：广西师范大学出版社，2017.

33. 徐书城 . 绘画美学 [M] . 北京：人民出版社，1991.

34. 金学智 . 中国书法美学 [M] . 南京：江苏文艺出版社，1994.

35. 王树人，喻柏林 . 传统智慧再发现 [M] . 北京：作家出版社，1996.

36. 中国古代画论类 [M] . 郁剑华，注释 . 北京：人民美术出版社，1998.

37. 刘墨 . 中国画论与中国美学 [M] . 北京：人民美术出版社，2003.

38. 彭修银 . 中国绘画艺术论 [M] . 太原：山西教育出版社，2001.

39. 彭修银，刘建蓉 . 中国画美学探骊 [M] . 北京：北京大学出版社，2012.

40. 张强 . 中国绘画美学 [M] . 郑州：河南美术出版社，2005.

41. 周雨 . 文人画的审美品格 [M] . 武汉：武汉大学出版社，2006.

42. 张乾元 . 周易意象学与中国书画美学 [M] . 北京：中国书店，2006.

43. 程抱一 . 中国诗画语言研究 [M] . 南京：江苏人民出版社，2006.

44. 刘长林 . 中国象科学观：易道与兵医 [M] . 北京：社会科学文献

出版社，2007.

45.林保尧著.佛教美术讲座［M］.北京：文物出版社，2008.

46.陈中浙.一超直入如来地——董其昌书画中的禅意［M］.北京：中华书局，2008.

47.陈中浙.中国艺术与哲学［M］.北京：商务印书馆，2018.

48.张郁乎.画史心香：南北宗论的画史画论渊源［M］.北京：北京大学出版社，2010.

49.尚荣.中国佛教艺术100讲［M］.天津：百花文艺出版社，2010.

50.朱剑.澄怀观道——中国山水画精神［M］.南京：南京大学出版社，2012.

51.陈传席.中国绘画美学史［M］.北京：人民美术出版社，2012.

52.姜宇辉.画与真：梅洛·庞蒂与中国山水画境［M］.上海：上海人民出版社，2013.

53.王伯敏等.画学集成［M］.石家庄：河北美术出版社.

54.王杰.审美幻象研究：现代美学导论［M］.北京：北京大学出版社，2012.

55.陈燮君.翰墨荟萃：细读美国藏中国五代宋元书画珍品［M］.北京：北京大学出版社，2012.

56.张露.宋元绘画研究：庆贺薄松年教授从教60周年［M］.北京：故宫出版社，2015.

57.范景中，严善錞.艺术及其历史［M］.北京：商务印书馆，2018.

58.徐小虎.画语录：听王季迁谈中国书画的笔墨［M］.桂林：广西师范大学出版社，2014.

59.李鸿祥.图像与存在［M］.上海：上海书店出版社,，2011.

60.丘新巧.姿势的诗学：日常书写与书法的起源［M］.杭州：浙江人民美术出版社，2016.

61.王海龙.视觉人类学［M］.上海：上海文艺出版社，2016.

62.徐建融.晋唐美术史十论［M］.上海：上海大学出版社，2011.

63.于建华，于津.中国佛门书画家图典［M］.上海：学林出版社，2013.

参考文献

二、外文译著

（一）哲学·宗教·美学

1. 中共中央马克思恩格斯列宁斯大林著作编译局.马克思恩格斯全集〔M〕.北京：人民出版社，1979.

2. 马克思.1844年经济学哲学手稿〔M〕.北京：人民出版社，2000.

3. 柏拉图.理想国〔M〕.刘丽，译.北京：台海出版社，2016.

4. 亚里士多德.诗学〔M〕.陈中梅，译.北京：商务印书馆，1996.

5. 胡塞尔.内时间意识现象学〔M〕.倪梁康，译.北京：商务印书馆，2009.

6. 莱辛.拉奥孔〔M〕.朱光潜，译.北京：商务印书馆，2016.

7. 恩斯特·卡西尔.人论〔M〕.甘阳，译.上海：上海译文出版社，1985.

8. 海德格尔.存在与时间〔M〕.陈嘉映，王庆节，译.北京：生活·读书·新知三联书店，1999.

9. 伽达默尔.真理与方法〔M〕.洪汉鼎，译.上海：上海译文出版社，1999.

10. 康德.康德三大批判合集〔M〕.邓晓芒，译，杨祖陶，校.北京：人民出版社，2009.

11. 维克多·弗兰克尔.活出生命的意义〔M〕.吕娜，译.北京：华夏出版社，2018.

12. 安靖如.圣境：宋明理学的当代意义〔M〕.吴万伟，译.北京：中国社会科学出版社，2017.

13. 安乐哲.和而不同：中西哲学的会通〔M〕.温海明，等译.北京：北京大学，2009.

14. 牟复礼.中国思想之渊源〔M〕.王重阳，译.北京：北京大学出版社，2016.

15. 迈克尔·波兰尼.认知与存在：迈克尔·波兰尼文集〔M〕.李白鹤，译.南京：南京大学出版社，2017.

16. 欧根·赫里格尔.学箭悟禅录〔M〕.北京：今日中国出版社，1993.

17. 黑格尔.美学〔M〕.朱光潜，译.北京：商务印书馆，1979.

18. 汤浅泰雄.灵肉探微〔M〕.北京：中国友谊出版公司，1990.

墨香禅意——中国古代禅宗书画观研究

19. 铃木大拙 . 禅风禅骨［M］. 耿仁秋，译 . 北京：中国青年出版社，
1989.

20. 铃木大拙，弗洛姆 . 禅与心理分析［M］. 北京：中国民间文艺出
版社，1986.

21. 铃木大拙 . 不惑［M］. 江月，译 . 北京：团结出版社，2016.

22. 铃木大拙 . 不惧［M］. 江月，译 . 北京：团结出版社，2016.

23. 阿部正雄 . 禅与西方思想［M］. 上海：上海译文出版社，1989.

24. 威廉·哈特 . 内观［M］. 台湾内观禅修基金会翻译小组，译 . 海口：
海南出版社，2009.

25. 阿伦·瓦兹 . 禅之道［M］. 蒋海怒，译 . 长沙：湖南美术出版社，
2018.

26. 拉·莫阿卡宁 . 荣格心理学与西藏佛教［M］. 江亦丽，罗照辉，
译 . 北京：商务印书馆，1994.

27. 舍尔巴茨基 . 佛教逻辑［M］. 宋立道，舒晓炜，译 . 北京：商务印
书馆，1997.

28. 荣格 . 现代灵魂的自我拯救［M］. 北京：工人出版社，1987.

29. 荣格，卫礼贤 . 金花的秘密：中国的生命之书［M］. 张卜天，
译 . 北京：商务印书馆，2016.

30. 朱利安 . 山水之间——生活与理性的未思［M］. 上海：华东师范
大学出版社，2017.

31. 朱利安 . 淡之颂：论中国思想与美学［M］. 上海：华东师范大学
出版社，2017.

32. 叔本华 . 叔本华美学随笔［M］. 韦启昌，译 . 上海：上海人民出版
社，2018.

33. 马丁·布伯 . 我和你［M］. 杨俊杰，译 . 杭州：浙江人民出版社，
2017.

34. 席勒 . 审美教育书简［M］. 冯至，范大灿，译 . 北京：北京大学出
版社，1985.

35. 海德格尔 . 在通向语言的途中［M］. 孙周兴，译 . 北京：商务印书
馆，2004.

36. 海德格尔 . 存在与时间［M］. 陈嘉映，王庆节，译，熊伟，校 . 北

京：生活·读书·新知三联书店，1987.

37.海德格尔.诗·语言·思［M］.北京：文化艺术出版社，1991.

38.吉奥乔·阿甘本.剩余的时间：解读《罗马书》［M］.钱立卿，译.北京：中央编译出版社，2016.

39.乔治·斯坦纳.语言与沉默——论语言、文学与非人道主义［M］.李小均，译.上海：上海人民出版社，2013.

40.艾朗诺.美的焦虑：北宋士大夫的审美思想与追求［M］.杜斐然等，译.上海：上海古籍出版社，2013.

41.阿瑞提.创作的秘密［M］.沈阳：辽宁人民出版社，1987.

42.苏珊·朗格.情感与形式［M］.滕守尧，译.北京：中国社会科学出版社，1983.

（二）书学·画学·诗学

1.何慕文.如何读懂中国画［M］.石静，译.北京：北京大学出版社，2015.

2.巫鸿."空间"的美术史［M］.钱文逸，译.上海：上海人民出版社，2018.

3.乔纳森·卡勒.论解构［M］.陆扬，译.北京：中国社会科学出版社，1998.

4.高居翰.图说中国绘画史［M］.李渝，译.北京：生活·读书·新知三联书店，2014.

5.卜寿珊.心画：中国文人画五百年［M］.皮佳佳，译.北京：北京大学出版社，2017.

6.迈珂·苏立文.中国艺术史［M］.徐坚，译.上海：上海人民出版社，2014.

7.迈珂·苏立文.山川悠远：中国山水画艺术［M］.洪再新，译.上海：上海书画出版社，2015.

8.松冈正刚.山水思想［M］.韩立冬，译.北京：中国友谊出版公司，2017.

9.莫罗·卡波内.图像的肉身：在绘画与电影之间［M］.曲晓蕊，译.上海：华东师范大学出版社，2016.

10. 梅洛·庞蒂. 眼与心［M］. 刘韵涵，译. 北京：中国社会科学出版社，1992.

11. 丹纳. 艺术哲学［M］. 傅雷，译. 北京：人民文学出版社，1963.

12. 汪德迈. 中国思想的两种理性：占卜与表意［M］. 金丝燕，译. 北京：北京大学出版社，2017.

13. 梅洛·庞蒂. 可见的与不可见的［M］. 罗国祥，译. 北京：商务印书馆，2016.

14. 米歇尔·福柯. 词与物：人文科学的考古学［M］. 莫伟民，译. 上海：上海三联书店，2016.

15. 雷吉斯·德布雷. 图像的生与死：西方观图史［M］. 黄迅余，黄建华，译. 上海：华东师范大学出版社，2014.

参考文献

后　记

　　本书的写作与出版，可谓是"因缘和合"的结果。一是十五年前我从地方城市调入省会长沙，结识了更多的专家学者，拓宽了美学研究视野，提升了学术研究兴趣；二是五年前有幸得到国家社科基金办的大力资助，开始对禅宗美学新天地——中国古代禅宗书画观进行了较全面梳理与潜心研究；三是本书被远在北京的知识产权出版社列入出版选题。

　　本书作为"禅宗书画观的本体诠释及其超融美育价值研究"（16BZW018）的最终成果，也是国内首次从本体诠释学角度研究中国古代禅宗书画美学思想的专著，它将拓宽禅宗美学研究领域。本书在借鉴禅宗书画美学研究、中国古代绘画空间研究、图像本体诠释与当代美育话语建构研究成果的基础上，以禅宗书画观为切入点，以图像本体诠释为主要方法，综合考察了中国古代禅宗书画观的生成语境、演变历程、本体诠释及美育价值。全书由生成论、本体论和价值论三个部分组成，总共九章。

　　上编以马克思主义辩证法为理论指南，主要探讨禅宗书画观的生成语境和演变历程。本编首先从禅宗本体范畴、文化蕴藉和诗性智慧，揭示禅宗书画观的生成基础，接着分步描述唐五代、宋元和明清时期禅宗书画观的演变轨迹。中编主要包括两章内容：一是禅宗书画观的本体诠释，二是禅宗书画观与图像本体诠释之间的比较。下编是从人的生命存在方式，探究禅宗书画观的身体、生命和宇宙超融美育价值。本编包括三个方面的内容：一是禅宗书画观的身体超融美育价值，二是禅宗书画观的生命超融美育价值，三是禅宗书画观的宇宙超融美育价值。

　　本书的写作与出版，首先要感谢四川师范大学文学院皮朝纲教授的无比厚爱。皮先生以其严谨的治学态度、深厚的学术功底和提携后学的精神，对本书的目录框架、基本观点与研究方法等方面都提出了许多宝贵的意见，使本书增色不少。皮先生年事已高，还亲自将他的大著《禅宗美学

墨香禅慧
——中国古代禅宗书画观研究

思想的嬗变轨迹》《中国禅宗书画美学思想史纲》《墨海禅迹听新声：禅宗书学著述解读》《游戏翰墨见本心——禅宗书画美学著述选释》寄来给我参考。我仔细拜读先生大著之后，对中国古代禅宗书画美学智慧才有了较深入的领悟，并获得了本书写作的灵感与思路。此刻，我谨向尊敬的皮先生表示最真诚的谢意！

其次要感谢深圳大学高建平教授、北京师范大学刘成纪教授、首都师范大学王德胜教授、浙江大学张节末教授、南京大学潘知常教授、扬州大学姚文放教授、母校华东师范大学朱志荣教授、湘潭大学季水河教授、湖南师范大学赵炎秋教授、中南大学毛宣国教授、四川师范大学李天道教授和马正平教授、河南师范大学丁永祥教授等诸位学者的鼓励与指导。

再次要感谢国家社科基金办和湖南第一师范学院的大力资助，也要感谢湖南第一师范学院科研处和文学与新闻传播学院诸位领导及同事的鼓励支持。还要感谢知识产权出版社领导的厚爱，尤其要感谢本书责任编辑李婧女士的严格要求与辛勤付出。

此外，《四川师范大学学报》《西南民族大学学报》《求索》《中国文学研究》《贵州文史丛刊》等杂志刊发了本书的部分章节，同时本书写作还参阅或引用了众多学者的宝贵研究成果，在此一并致谢！最后，我还要特别感谢我的另一半何晓润女士——没有她的悉心照顾与默默奉献，我不可能顺利完成本书的写作。有的感谢是无法用语言表达的，我想，那就以自己的行动去表示吧。

本书作为中国传统文化研究成果，能在当代图像文化背景下获得出版机会，我不仅甚感高兴，而且也清醒地意识到本书在文献征引、理论阐述等方面还存在这样那样的不足，恳请方家指正。徒持芥子，若藏大千，读者不捐，余之幸也。

邓绍秋

2021 年 9 月于长沙润芳园

后记

263